唐太宗像　國立故宮博物院藏

步輦圖

圖為吐蕃贊普松贊干布派遣的使者至長安拜見唐太宗的景象。後來唐太宗以文成公主嫁之。

上陽臺帖 北京故宮博物院藏

李白唯一傳世的書法真蹟。上書「山高水長，物象千萬，非有老筆，清壯可窮。十八日，上陽臺書，太白」。

青絲開山迴
嶋岨連歐長
穴人方結業行
李自閣錦迷
為名和州郎
鶯芳與忙年
陳失姚氏北宗
近華唐
甲午新秋
尚題

明皇幸蜀圖 唐李昭道 國立故宮博物院藏
唐玄宗為避安史之亂逃往四川。右下角著牛衣者即為唐玄宗。

虢國夫人遊春圖　唐張萱（宋摹本）遼寧省博物館藏
虢國夫人是楊貴妃二姊。圖中可見當時貴族遊春時的奢華場面。

男侍從圖　唐楊訔楊謹　唐李重潤墓壁畫

此圖畫七位侍從雙手持笏，身著圓領長袍，腰間繫黑色皮帶，著黑色靴。從此圖可一窺唐朝官員服色。

賓客圖　唐章懷太子墓壁畫

左方三人乃唐朝官員，引導三位外國賓客。

李白像

杜甫像

唐史可以這樣讀

讀唐詩觀大唐盛世

鄧小軍・鮑遠航 著

目錄

前言

我們是唐人的後代。

很多年前，隴海鐵路西行的快車上，白底黑字的站牌一一掠過我眼前：洛陽—新安—潼關，心裡不禁湧起一個聲音：我正走在杜甫寫「三吏」、「三別」的路上！

唐代的詩史，似乎還和我們今天的生活息息相關。

今年七月上旬的一天，人民網強國論壇同時出現過兩個引用杜詩的帖子，其中一個寫道：「通讀杜詩，發現詩聖一生都在爲社會的公平正義吶喊……」

這本小書，從唐詩說唐史，以唐詩爲引子，講述唐史知識，是爲青少年讀者提供的一本通俗讀物。唐詩中往往可見唐史，所以唐詩不失爲激發青少年讀者對唐史產生更大興趣的引子。

唐詩的繁花碩果，是從唐史——唐代社會生活——這棵參天大樹上生長出來的。我們觀賞繁花碩果，可以進而觀賞生長繁花碩果的參天大樹。同樣，我們欣賞唐詩，也可以進而了解產生唐詩的唐史。

不少唐詩有對唐史的深刻反映。以下舉三個例子。

第一例，唐詩對貞觀之治的深刻反映。杜牧〈過魏文貞公宅〉詩云：「蟪蛄寧與雪霜期，賢哲難教俗士知。可憐貞觀太平後，天且不留封德彝。」這首詩說的是武德九年（六二六）十月，唐太宗即位不久，舉行的那場決定唐朝政治方向的辯論決策會議。當時，魏徵依據儒家的人性善論，主張實行儒家仁政；封德彝等則依據法家的人性惡論，主張實行法家高壓統治，太宗最後的決策是實行仁政，並且「力行不倦」。到了貞觀四年（六三〇），海內安寧，農業豐收，全年全國範圍內死刑案件只有二十九件，「幾至刑措」。撫今追昔，太宗情不自禁地說：「唯惜不得使封德彝見之。」杜牧詩說「蟪蛄寧與雪霜期，賢哲難教俗士知」，蟪蛄過不了冬，所以不知春秋，喻指眼光短淺、主張性惡論和法家高壓統治的封德彝；賢哲指主張性善論和仁政的魏徵。早在貞觀元年六月，封德彝就去世了，所以杜牧詩說「可憐貞觀太平後，天且不留封德彝」。杜牧的這首小詩，精闢地寫出了貞觀之治的根源。讀者諸君知道，貞觀之治，是中國古代政治的典範。

第二例，唐詩對中書、門下制度和諫官制度的深刻反映。杜甫〈北征〉題下自注曰：「歸至鳳翔，墨制放往鄜州作。」詩中云：「雖乏諫諍姿，恐君有遺失。」至德二載（七五七），唐肅宗出自搶奪皇位的陰暗心理，罷免曾爲玄宗舊臣的積極參與平定安史之亂的宰相房琯、張鎬，詔命三司會審敢於進諫的左拾遺杜甫，最後用一紙墨制放逐杜甫回鄜州省家。杜甫〈北征〉詩中的這兩句是說，實行墨制是破壞了中書、門下制度，詔命三司會審敢於進諫的左拾遺是違背了諫官制度。唐朝的制書敕書，必須經過中書省起草、門下省審查同意，始能成立，否則制敕不能成立。唐代用於公務的墨制，則是皇帝的公務命令直接下達施行，而不經中書省起草、門下省審查的程式，故無兩省之署名與朱印。因無朱印粲然，故名墨制。一句話，墨制就是一張不合法的白條子。唐朝的監察制度，包括專門負責監察皇帝、諫諍皇帝的諫官系統，和專門負責監察百官、彈劾百官的御史臺系統。杜甫任職的左拾遺，就屬於專門負責監察皇帝、諫諍皇帝的諫官系統。杜甫的〈北征〉詩，直接涉及唐朝的中書、門下制度和諫官制度。讀者一眼就可明白，最高決策起草權、審查權分立的中書、門下制度，和專門負責監察皇帝的諫官制度，是唐朝也是中國古代史上最有意思、最有價值的兩大政治制度。

第三例，唐詩對唐與胡化割據的河北之間軍事防線的反映。中唐詩人馬戴〈寄賈島〉詩云：「海上不同來，關中俱久住。」這是說自己與賈島先後都是從河北取道渤海、東海海路歸唐住在關中，而非取道河東（今山西）或河南（今河南）陸路。本來，從河北到關中不必繞道渤海、東海海路，而應直接取道河北與河東或河南之間的陸路，爲什麼賈島、馬戴都要繞道渤海、東海海路呢？陳寅恪《唐代政治史述論稿》指出，「唐代中國疆土之內，自安史亂後……雖號稱一朝，實成爲二國……除擁護李氏皇室之區域，即以東南財富及漢化文化維持長安爲中心之集團外，尚別有一河北藩鎮獨立之團體，其政治、軍事、財政等與長安中央政府實際上固無隸屬之關係，其民間社會亦未深受漢族文化之影響，即不以長安、洛陽之周孔名教及科舉仕進爲其安身立命之歸宿。故論唐代河北藩鎮問題必於民族及文化二端注意，方能得其眞相所在也」。安史亂後，河北藩鎮實行胡化割據，實爲當時中國的國中之國，這是陳寅恪所揭示出的中國史上長期被忽視的一大史實。

中唐馬戴、賈島都是河北人，卻要繞道渤海、東海海路歸唐，由此可見，在當時，胡化割據的河北與唐河東、河南之間的陸路並不能隨便通過，是被軍事防線或軍事分界線所切斷的。我們再讀李翺〈韓公（愈）行狀〉。長慶二年（八二二），「鎮州亂，……詔公往宣撫，既行，眾皆危之，元稹奏曰：『韓愈可惜。』穆宗亦悔，有詔令至境觀事勢，無必於入。」（《李文公集》卷十一）可見，胡化割據的河北與唐河東之間，實有一條軍事防線或軍事分界線（「境」）。我們再讀《資治通鑑》卷二三八唐憲宗元和四年（八〇九）記載當時人的對話：「師不跨河二十五年矣。」胡三省注：「自德宗討田悅不克，王師不復跨河。」《資治通鑑》卷二四四唐文宗大和七年八月條：「杜牧憤河朔三鎮之桀驁，而朝廷議者專事姑息，乃作書名曰〈罪言〉，大略以爲：國家自天寶盜起河北，百餘城不得尺寸，人望之若回鶻吐蕃，無敢窺者。」《通鑑》引用杜牧〈罪言〉，是有卓識。但是杜牧關鍵的原文，《通鑑》未能引出。杜牧〈罪言〉說：「天寶末，燕盜徐起，……郭、李輩常以兵五十萬，不能過鄴。自爾一百餘城，天下力盡，不得尺寸，人望之若回鶻吐蕃，義無有敢窺者。國家因之畦河修障戍，塞其街蹊。」（《樊川集》卷二）可見，胡化割據的河北與唐河南之間，確實有一條軍事防線或軍事分界線（「師不跨河」、「畦河修障戍」），故馬戴與賈島歸唐，便只能從河北取道渤海、東海海道，而不能取道河東或河南陸路了。馬戴〈寄賈島〉詩反映了中唐政治史上一個重大的現實問題。

唐詩對唐史的反映是廣大的、豐富多彩的。以膾炙人口的唐詩名句為例：「大漠孤煙直，長河落日圓」，包含著唐朝的軍事制度；「故人具雞黍，邀我至田家」，可能和唐朝的均田制不無關係；「九天閶闔開宮殿，萬國衣冠拜冕旒」，反映了唐朝的中外關係；「國破山河在，城春草木深」，反映了安史之亂的現實；「沉舟側畔千帆過，病樹前頭萬木春」，關係著王叔文集團政治革新的史實；「春風得意馬蹄疾，一日看盡長安花」，背後是唐朝的科舉制度；「故人西辭黃鶴樓，煙花三月下揚州」，背景是唐代士子的漫遊風氣；「忽如一夜春風來，千樹萬樹梨花開」，背景是唐朝經營西北與士人的出塞從軍；「座中泣下誰最多？江州司馬青衫溼」，反映了唐代官員的服飾和等級；「三月三日天氣新，長安水邊多麗人」，寫照了唐代的風俗和時事。諸如此類，舉不勝舉。

唐詩對唐史的反映，可以激發我們對唐史的興趣，或許也可以補充我們對唐史的知識。當然，也可以深化我們對唐詩的認識。

這本小書的讀者，想來都是唐詩和唐史的愛好者。希望這本小書能夠引起讀者——青少年讀者——對唐詩和唐史的進一步興趣。

這本書稿由我和鮑遠航君分工合作，其中貞觀之治、河汾之學與貞觀之治的關係、唐朝的中書門下制度、唐代士子的漫遊風氣四章，是我寫的，其餘各章是由鮑遠航君寫的。

這本書起因於中華書局的約稿，在此謹向中華書局表示衷心的感謝。
眞誠地歡迎讀者對書中存在的缺點、錯誤提出批評指正。

鄧小軍
二〇〇八年八月

可憐貞觀太平後，天且不留封德彝——貞觀之治

可憐貞觀太平後，天且不留封德彝

蟪蛄寧與雪霜期，賢哲難教俗士知。
可憐貞觀太平後，天且不留封德彝。
——杜牧〈過魏文貞公宅〉

晚唐小杜這首詩說的是，知了活不過秋天，怎能指望它見到下雪天呢？俗士眼光短淺，怎能指望他理解賢哲之士的高瞻遠矚呢？只可惜，當貞觀之治呈現的時候，老天沒讓封德彝活到這一天——讓他親眼看見天下太平。

在寫貞觀之治的唐詩中，杜牧這首詩真好。好在哪裡？如果把貞觀之治比作一棵大樹，它也經歷了生根發芽、開花結果。杜牧的詩，好就好在寫出了貞觀之治是如何生根發芽的。

詩的背後，有一個故事。

性善論與貞觀之治

武德九年（六二六）十月，唐太宗與魏徵等舉行了一次討論古代爲政得失的會議。太宗說：「當今大亂之後，不能迅速實現教化（指儒家仁政）。」諫議大夫魏徵說：「不然。民在危困，則憂死亡，憂死亡，則思太平，思太平，則容易教化。所以大亂之後容易教化，好比飢餓的人容易吃飯。」太宗說：「好人治國百年，才能消除殘暴。大亂之後，難道就可以迅速實現教化嗎？」魏徵說：「這是常人治國，不是聖哲治國。若是聖哲治國，上下同心，人民回應，不求迅速，也會迅速，一個月就可以成功，三年成功，還算是晚的了。」太宗聽了，深以爲然。右僕射封德彝等人群起反對魏徵，說：「三代以後，人漸澆訛（人心逐漸變壞。澆指薄德，訛指奸詐），故秦任法律（秦朝專用法家高壓統治），漢雜霸王道（漢朝混用霸王道，霸道指法家高壓統治，王道指儒家仁政），都是想教化而不能，哪裡是能教化而不想？魏徵書生，不識時務，若信他的空話，恐敗亂國家！」魏徵說：「五帝三王，不是換了人民而實行教化的。只要實行教化，就能實現太平。歷史記載表明，黃帝、顓頊、商湯、周武王、周成王，也都是在平定亂世之後就實行教化、實現太平的。若言人漸澆訛，不返淳樸，至今應該全都變爲鬼魅，怎麼還可能實行教化呢？」（見《貞觀政要．政體》）封德彝等說不過魏徵，但全都認爲不可實行教化。

在決定唐朝政治方向的這場辯論中，兩種主張針鋒相對。魏徵主張實行儒家仁政，其依據是儒家的人性善論；封德彝等主張實行法家的高壓統治，其依據則是法家的人性惡論。太宗最後的決策是採取魏徵的主張，實行仁政，並且「力行不倦」。到了貞觀四年（六三〇），海內康寧，農業豐收，全國範圍內全年死刑案件只有二十九件，「幾至刑措」（幾乎沒有判刑的事了），「米斗三錢」（一斗米價格三錢，貞觀元年一斗米價格是一匹絹）（《新唐書．魏徵傳》），東到海濱，南到嶺南，行旅不用再帶糧食，沿途都有供應了。再加上這時唐朝擊破夙敵東突厥，解除了北方的嚴重邊患，唐朝聲威遠播，四夷君長來賀，尊太宗爲「天可汗」。面對這天下太平的大好局面，太宗無限感慨地對侍臣說：「貞觀之初，眾臣都說人主應該實行威權統治，唯有魏徵勸我行仁義，幾年之間，就有了今天的局面，這全是由於魏徵的功勞啊！」又對魏徵說：「玉石不經良工琢磨，和石頭沒有區別，若經良工琢磨成美玉，便是萬代之寶。朕雖無美質，爲公所切磋，以仁義規範我，以道德開導我，使朕功業至此，公亦足爲良匠。唯惜不得使封德彝見之！」（《貞觀政要．政體》、《新唐書．魏徵傳》）回顧唐太宗即位後那場決定唐朝政治方向的辯論決策會議，即使不用濃墨重彩來書寫，也是中國歷史上最光輝的篇章了。杜牧詩句「可憐貞觀太平後，天且不留封德彝」，出典就是貞觀四年三月太宗講的話：「惜不令使封德彝見之。」（《新唐書．魏徵傳》）爲什麼說是可惜呢？因爲早在貞觀元年六月，封德彝就去世了。

白居易詩歌稱讚貞觀之治說：「功成理定何神速，速在推心置人腹。」又說：「以心感人人心歸。」

（《新樂府・七德舞》）點出了貞觀之治的本質——實行人道政治（歷史條件下的人道政治），所以能感動民心，獲得百姓擁戴。

那麼，貞觀之治是如何行仁義的呢？首先，是實行仁政，包括推行均田、獎勵墾荒、興修水利、輕傜薄賦、不奪農時、獎勵婚嫁、繁育人口，乃至釋放宮女三千、從突厥贖回被掠的中原人口近兩百萬等。同時，實行法治，對貪污腐敗者、侵害人民者，一律「必無赦免」、「置以重法」，這樣一來，官員則普遍廉潔奉公，王公貴族、民間豪強則「無敢侵欺細民」。沒有這些實行仁政、實行法治的措施，哪有「米斗三錢」、「幾至刑措」的局面？所有這些措施的背後，都是一個理念：以民爲本。舉兩個小例子。貞觀二年，太宗問黃門侍郎王珪：「近代君臣理國多劣於前古，何也？」王珪說：「古之帝王爲政，皆志尚清靜，以百姓之心爲心。近代則唯損百姓，以適其欲。」（《貞觀政要・政體》）貞觀二年，太宗說：「國以人爲本（唐代文獻避太宗李世民諱，民字改寫爲人字），人以衣食爲本。凡營衣食，以不失時爲本。夫不失時者，在人君簡靜，乃可致耳。若兵戈屢動，土木不息，而欲不奪農時，其可得乎？」（《貞觀政要・務農》）可見貞觀君臣對於愛民、不擾民這些自古以來儒家的也是道家的政治理想，確實是念念不忘。

所以，貞觀之治最值得留心的成就，還是它高品質的文化品質。如果拿漢代、隋代來做比較，就可以看得更加清楚了。

貞觀之治與漢代政治的比較

貞觀二年（六二八），太宗說：「朕今所好者，惟在堯舜之道，周孔之教，以爲如鳥有翼，如魚依水，失之必死，不可暫無耳。」（《貞觀政要．愼所好》）這是旗幟鮮明地表示，貞觀之治的指導思想是儒學，也就是上面說到的人性善論、仁政等儒家思想。不妨對比漢代。漢宣帝殺害敢於進諫的大臣楊惲、蓋寬饒等，太子劉奭奉勸宣帝說：「陛下用法家統治太深，還是應該用儒家。」宣帝大怒說：「漢家自有制度，本以霸王道雜之，怎麼可能專用儒家？」（《漢書．元帝本紀》）所謂「以霸王道雜之」，其實是以法家高壓統治爲主，儒家仁政做點綴。宣帝是漢代的第八代皇帝，他的話，是法家政治的自白。

貞觀六年（六三二），太宗說：「天子者，有道則人推而爲主，無道則人棄而不用，誠可畏也。」魏徵馬上對答說：「古語云：『君，舟也。人，水也。水能載舟，亦能覆舟。』陛下以爲可畏，誠如聖旨。」（《貞觀政要．政體》）在歷史上，太宗講出這番話，眞是非同小可。因爲這等於是公開承認了人民有權推翻無道君主，也就是公開認同了儒家的君權有限合法性思想（君主有道爲合法，君主無道爲不合法，可以易位，可以誅，可以革命。有道、無道，就看政治的好壞、人民生活的好壞）。這個學說對於統治者，好比一把懸在頭上的達摩克利斯劍（註），公開承認它，就等於承認人民有權在必要時取下這把劍，對自己開刀。這就促使統治者不能不從切身的利害來考慮人民的利益。太宗、魏徵的對話，說明貞觀君臣在儒家的君權有限合法性思想上達成了共識。不妨對比漢代。有一次，在漢景帝面前，儒家學者轅固生與法家學者黃生進行了一場革命是否合法的學術爭論。法家是主張君權絕對化的，當然反對革命學說。黃生說：「商湯、周武王誅滅夏桀、商紂，是犯上作亂。」轅固生說：「不對。桀、紂是暴君，湯、武革命，獲得人民擁護，是順應天意民心。」黃生說：「桀、紂雖然失道，仍是君上；湯、武雖是聖人，仍是臣下。臣下誅滅天子，不是犯上作亂是什麼？」轅固生說：「那麼高祖代秦即天子之位，也錯了？」於是景帝發話了，「吃肉不吃馬肝，不算不是美食家；學者不討論革命，不算沒學問。」從此以後，再沒有學者敢討論革命了（《史記・儒林列傳》）。漢景帝下令在革命問題上設立禁區，表明他害怕、反對儒家的君權有限合法性思想。相比而言，太宗開明多了。

貞觀十四年（六四〇），特進魏徵上疏，特別提出君主應該尊重臣下，其中引用了孟子的話：「君視臣如手足，則臣視君如腹心；君視臣如犬馬，則臣視君如國人；君視臣如草芥，則臣視君如寇仇。」孟子的意思是說，君臣之間的關係是相對的而不是絕對的，臣對君的態度取決於君對臣是否尊重。魏徵上疏中接著說：「做為君主，怎麼可以對臣無禮呢！」太宗讀了魏徵的上疏，深表讚賞和接受（《貞觀政要・君臣鑑戒》）。可見，貞觀君臣在儒家君臣關係相對性思想上也達成了共識。而在漢代，尊君卑臣的法家思想是主流意識形態。貞觀二十一年（六四七），太宗總結自己成功的五個原因，其中一個是，「自古人主大多厭惡正直之士，公開或不露痕跡地殺害正直之士，歷代都有這樣的事。朕即位以來，正直之士比肩於朝，未曾黜責過一人。」（《資治通鑑》卷一九八）應該說，太宗基本上做到了尊重臣下、尊重正直之士。

杜甫詩歌寫貞觀之治說：「文物多師古，朝廷半老儒。直詞寧戮辱，賢路不崎嶇。」（《行次昭陵》）

註：「達摩克利斯之劍」源自義大利古國敘拉古斯國王迪奧尼修斯與大臣達摩克利斯的故事，國王以一根髮絲懸利劍於座位上頭，以喻當頭之險。

指出貞觀之治尊重儒學、尊重直言、尊重賢臣，眞是說到點子上了。

任賢與從諫

先秦儒家主張「選賢與（舉）能」（《禮記．禮運》），任用賢才；法家主張「遺賢去智」（《商君書．禁使》），任用奴才。到後來，「親賢臣，遠小人，此先漢所以興隆也；親小人，遠賢臣，此後漢所以傾頹也」（諸葛亮〈出師表〉），其實是公認的歷史常識了，只是君主要做到也難。任賢，人才濟濟，是貞觀之治的突出成就；唯賢是用，不咎既往，是太宗用人的特色。例如魏徵，隋末曾經從事李密、竇建德，唐武德末，太子李建成聞其名，又用爲太子洗馬，太子與秦王李世民兄弟爲爭奪皇位繼承權而暗中爭鬥，魏徵見此，曾經勸建成早做準備。武德九年六月四日玄武門之變，李世民消滅了李建成勢力，召來魏徵，責問：「你離間我兄弟，是爲什麼啊？」眾人都替魏徵提心吊膽，魏徵慷慨自若，從容回答：「皇太子若聽臣言，必無今日之禍。」太宗聽了，不禁肅然起敬，非常禮遇魏徵，擢拜魏徵爲諫議大夫，多次把魏徵請到臥室內，請教如何治國。魏徵當然不負期望，在實現貞觀之治的功業中，做出了決定性的貢獻（《貞觀政要．任賢》、《唐書．魏徵傳》）。

又如馬周。馬周也是豪傑之士，他貧苦潦倒，以布衣西入長安，至新豐（今陝西臨潼新豐鎮），住在旅館。主人只招待商販旅客，不理睬馬周，馬周命拿酒來，要了一斗八升，悠然獨酌，令眾人側目。至京師（今陝西西安），住在中郎將常何家。貞觀五年（六三一），太宗令百官上書討論政治得失，馬周爲常何代寫了二十餘條意見，條條切中現實問題。常何上奏，太宗對常何的政治才能感到非常驚訝，便追問常何，常何對答：「這不是爲臣所能寫的，乃臣家客人馬周所起草。馬周每與臣談話，從來沒有不關心國家的。」太宗立即召見馬周，馬周人還沒到，太宗已經四次遣使去催促，馬周前去謁見，太宗與他談話，大喜，令直門下省，後來歷官至中書令。太宗又以常何舉薦得人，賜帛三百匹。馬周奏事，具有卓識。太宗曾說：「我於馬周，暫時不見，則便思之。」（《貞觀政要．任賢》、《唐書．馬周傳》）

中唐李賀詩詠馬周故事說：「零落棲遲一杯酒，主人奉觴客長壽。主父西遊困不歸，家人折斷門前柳。吾聞馬周昔作新豐客，天荒地老無人識。空將箋上兩行書，直犯龍顏請恩澤。我有迷魂招不得，雄雞一聲天下白。少年心事當拏雲，誰念幽寒坐嗚呃！」（〈致酒行〉）李賀的詩，表達了唐代多少寒士對太宗慧眼識馬周的嚮往之情，對貞觀之治的嚮往之情。

在君主制度下，由於君主擁有最大權力，一個隨意的決策就可以導致極大災難，因此，臣能不能進諫（諫，就是政治批評），尤其是君能不能從諫，對政治的好壞、人民的禍福以及國家的安危，都起著關鍵的作用。所以，儒家思想非常重視諫諍與從諫的價值，儒家經典講「唯木從繩則正，後從諫則聖」（《尚書．說命》），就是說，樹木依據木工的繩墨就可以裁爲直材，君主聽從臣的諫議就可以成爲聖君。在日常生活中，普通人都不容易聽得進批評，何況是萬人之上、君臨天下的君主呢？在中國歷史上，拒諫的君主眞是數也數不清。愈是剛愎自用的暴君，愈是拒諫。遠的如秦始皇，下令「有敢偶語詩書者棄市，以古非今者族」（《史記．秦始皇本紀》），連兩個人說悄悄話也要砍頭，根據傳統批評現實的更要滅族，哪裡還談得上什麼進諫、從諫？近的如隋煬帝，天性「憎諫」，說：「我性不欲人諫。若位望通顯而來諫我，以求當世之名者，彌所不耐！」（《隋書．五行志上》）又說：「有諫我者，當時不殺，後必殺之！」（《新唐書．吳兢傳》）對進諫的人「必殺之」，言路就堵死了。秦始皇、隋煬帝「殺人滅口」、箝制批評的結果是導致了極端專制、惡劣的政治環境，和政權的迅速滅亡。隋朝的滅亡，給了唐太宗極其深刻的教訓。在中國歷史上，能夠從諫的君主並不多，從諫如流的君主更是寥若晨星。唐太宗李世民，便是中國歷史上最能從諫如流的君主。

魏徵的勇於進諫，太宗的從諫如流，成爲貞觀之治的標誌，也是中國古代明君賢臣的典範。與另一組明君賢臣的典範劉備、諸葛亮對比，太宗的明智遠遠超過了劉備。

魏徵性格正直，有經國之才，他的進諫，有的切中時弊，有的則關係治國根本。如本書中書、門下制度篇所述魏徵諫止徵兵中男一事，就是切中時弊。上述貞觀之初討論決策唐朝政治方向時魏徵主張實行仁政一事，則是關係治國的根本。又如貞觀二年，太宗問魏徵：「何謂爲明君、暗君？」魏徵說：「君之所以明者，兼聽也；其所以暗者，偏信也。」（《貞觀政要・君道》）兼聽則明，偏聽則暗，這樣的至理名言，早已成爲中國傳統政治智慧的結晶。再如貞觀十三年，魏徵見太宗近年頗好奢侈，比起貞觀之初的敦厚樸實、勵精圖治，漸不克終（漸漸不能始終如一），便根據民爲邦本的道理提出十條諫議，都是關係治國的根本。這就是有名的〈十漸不克疏〉。太宗讀了深加讚歎，說：「人臣事主，順旨甚易，忤情尤難。公做朕耳目股肱，經常提出諫議，朕今聞過能改，希望能夠善始善終。若違此言，有何顏面與公相見？更何辦法治理天下？已列在屛障，朝夕瞻仰。」（《貞觀政要・論慎終》）

貞觀之治二十餘年，進諫的官員有數十人，其中，魏徵一人僅從武德九年末到貞觀三年任祕書監參預朝政之前，就曾進諫兩百餘事。難得的是，太宗都能從善如流。貞觀十七年（六四三）魏徵去世後，太宗對侍臣說：「夫以銅爲鏡，可以正衣冠；以古爲鏡，可以知興替；以人爲鏡，可以明得失。朕常保此三鏡，以防己過，今魏徵殂逝，遂亡一鏡矣。」說著話，不覺流下眼淚。並且下詔：「過去唯有魏徵每次都能指出我的過失，自從他去世後，我有過失也沒人指出，難道朕只是過去有過失，而如今都是對的嗎？恐怕是因爲百官苟且順從、害怕觸犯龍鱗吧？所以朕反省自己，如果進諫而不採用，那麼，是朕的錯誤，如果採用而不進諫，那麼，是誰的責任呢？從此以後，各人都要講眞話，發現問題，就要直言無隱。」（《貞觀政要．任賢》）可見魏徵進諫的榜樣，直到他去世以後仍影響不絕。

貞觀之治開展唐代的言論自由

太宗求諫若渴、廣開言路，激勵「直言無隱」、「知無不言」。貞觀六年（六三二），御史大夫韋挺、中書侍郎杜正倫、祕書少監虞世南、著作郎姚思廉等各進封事（諫書），太宗感到很滿意，對大臣們說：「朕歷觀自古以來人臣盡忠之事，若遇明主，便好盡誠規諫，至於像龍逄（夏桀的賢臣）、比干（殷紂王的賢臣），就不免以忠諫而被殺，甚至全家被殺。爲君不易，爲臣極難。朕又聞龍可以馴服，但是喉下有逆鱗，卿等能夠不怕觸犯，各進封事，常能如此，朕難道還會憂慮國家的滅亡嗎？」（《貞觀政要．求諫》）

貞觀八年（六三四），太宗對侍臣說：「朕每閒居靜坐，則自內省，常恐上不稱天心，下爲百姓所怨，就渴望正直的人匡諫，使朕了解外面的情況，使人民無怨。最近見人來奏事，多懷有恐懼，以致語無倫次。尋常奏事，都是如此，何況是諫諍？必是怕會觸犯逆鱗吧？所有進諫，縱不合朕心，朕亦不以爲忤。如果加以責備，使人心懷恐懼、戰戰兢兢，怎肯進諫？」（《貞觀政要．求諫》）

貞觀十五年（六四一），太宗問魏徵：「近來朝臣都不進諫，這是爲什麼？」魏徵對答說：「陛下虛心採納，應該會有進諫的。人之才器，各有不同。懦弱之人，心懷忠直而不敢言；疏遠之人，恐不被相信而不敢言；看重官位之人，顧慮不利於自己而不敢言。所以全都啞口無言，得過且過。」太宗說：「誠如卿言。朕每思之，人臣要進諫，就會恐懼招致死亡之禍，進諫與赴鼎鑊就死刑、上戰場冒白刃，有什麼不同啊？故忠貞之臣，不是不想竭誠，要竭誠，乃是極難。所以禹拜昌言（禹拜求直言），豈不爲此也？朕今開懷抱、納諫諍，卿等不要害怕，以至不極言。」（《貞觀政要．求諫》）

可見太宗對進諫者顧慮觸犯逆鱗的心理，有深刻的理解，因此能做出不以爲忤、不加責備的保證，以解除進諫者的顧慮，鼓勵極言進諫。

貞觀之治廣開言路，包括建設中書、門下制度，這是貞觀之治的重大成就。

「悅諫」（《舊唐書．劉洎傳》）、「從諫如流」、「直言無隱」、「極言無隱」（《貞觀政要．政體》）、「知無不言」（《舊唐書．溫大雅傳》）、「言無不盡」（《貞觀政要．誠信》）、「以人爲鏡」、「兼聽則明，偏聽則暗」、「言者無罪，聞者作戒」（白居易〈與元九書〉），這些凝聚著中國傳統政治智慧——鼓勵政治批評、提倡言論自由——的名言，都是來自貞觀之治的實踐經驗。

貞觀之治開出的從諫風氣，對整個唐代政治史產生了正面影響。例如至德二年（七五七），唐肅宗藉故罷免宰相房琯，左拾遺杜甫疏救房琯，觸怒肅宗，詔三司（刑部、御史臺、大理寺）會審杜甫，宰相張鎬站出來講話：「甫若抵罪，絕言者路。」肅宗只好下令釋放杜甫（《新唐書．杜甫傳》）。又如元和十四年（八一九），唐憲宗奉迎佛骨，刑部侍郎韓愈提出諫諍，憲宗大怒，第二天，將韓愈的疏奏出示給宰臣看，要殺韓愈。宰相裴度、崔群進奏說：「請求稍賜寬容，以來諫者（以表示接受諫諍）。」憲宗只好改變殺韓愈的原意，改貶韓愈爲潮州刺史（《舊唐書．韓愈傳》）。請留意，在這兩個故事中，宰相們站出來講話，解救觸怒皇帝的人，都是依據一個理由：不能「絕言者路」，而盛怒的皇帝們聽了此話則不得不有所收斂。太宗開出的「家法」，後代皇帝至少是不能太違背了。這正是貞觀之治的正面影響。

無庸諱言，貞觀之治也有其陰暗面。尤其是貞觀後期，太宗漸漸產生了「喜聞順旨之說」、「而不悅逆耳之言」的驕氣、暮氣（《貞觀政要．誠信》）。但這些畢竟是貞觀之治的次要方面。

唐太宗是經過武德九年六月四日玄武門事變殺害其兄弟建成、元吉，逼迫其父傳位，而取得皇位的，內心難免有很深的愧疚。太宗在貞觀之治中所表現出的很高的政治道德，應當是由很深的內心愧疚轉化而來。可以說，太宗是負疚心愈深，向善心愈深。

貞觀之治開了唐代的言論自由。從諫如流的風氣，實際就是言論自由的風氣。活潑優美、百花齊放的唐詩，就是植根於唐代言論自由的肥壤沃土之上的。宋代的唐史專家洪邁曾經敏銳地指出：「唐人歌詩，其於先世及當時事，直辭詠寄，略無避隱。至宮禁嬖昵（宮中寵愛），非外間所應知者，皆反覆極言，而上之人亦不以爲罪。如白樂天〈長恨歌〉、諷諫諸章（指〈秦中吟十首〉、〈新樂府〉五十首等），元微之〈連昌宮詞〉，始末皆爲明皇而發。杜子美尤多，如〈兵車行〉、前後〈出塞〉、〈新安吏〉、〈潼關吏〉、〈石壕吏〉、〈新婚別〉、〈垂老別〉、〈無家別〉、〈哀王孫〉、〈悲陳陶〉、〈哀江頭〉、〈麗人行〉、〈悲青坂〉、〈公孫舞劍器行〉，終篇皆是，……如此之類，不能悉書。……今之詩人不敢爾也。」（《容齋隨筆．唐詩無諱避》）洪邁列舉出的大量唐詩名篇名句，大多數是時事詩，即描寫批評當下現實的政治抒情詩，少數是描寫批評唐朝當代史的政治抒情詩。這些優秀的政治抒情詩，構成了唐詩世界的半壁河山。如果沒有言論自由、言者無罪、聞者足戒的風氣，如像大興文字獄、動輒滅九族的清代，這些優秀的政治抒情詩就難以產生並流傳千古了。所以說，沒有貞觀之治，就沒有言論自由的風氣，也就沒有百花齊放的唐詩。

說到底，貞觀之治是儒家政治，是儒家政治思想的大體落實，並成爲中國歷史上治世的最佳典範。在當時的世界上，歐洲進入被稱爲黑暗時代的中世紀，日本則正在接受中國文化的影響，唐朝無論在政治、經濟，還是文化上，都走在世界的最前列。

四更山吐月，殘夜水明樓——河汾之學與貞觀之治的關係

四更山吐月，殘夜水明樓。

——杜甫〈月〉

天下皆憂得不憂？梧桐暗認一痕秋。
歷歷四更山吐月，悠悠殘夜水明樓。

——王夫之〈讀文中子〉

「四更山吐月，殘夜水明樓」是杜甫晚年漂泊三峽時寫的名句。詩句描寫四更天月出巫山，江樓從黑暗轉變為光明，暗示徹夜不眠的詩人由於體驗月出照亮天地，從而汲取了精神的生機，心靈從苦悶到光明的復甦。

〈讀文中子〉是王夫之抗清復明失敗後隱居湖南時寫的詩。「天下皆憂得不憂」，天下人都在憂患之中，我獨能不憂患嗎？「梧桐暗認一痕秋」，從一片梧桐樹葉的落下，便可知天下都在肅殺的秋意裡了，這裡暗喻滿清的血腥鎮壓，如揚州十日、嘉定三屠。「歷歷四更山吐月，悠悠殘夜水明樓」，是借用杜詩原句，暗示憂患之中的自己，由於讀《文中子》一書，從而汲取了精神的生機，心靈從苦悶復到光明。

隋末政治黑暗，大儒文中子王通與弟子對話，魏徵問：「先生有憂乎？」王通說：「天下皆憂，吾獨得不憂乎？」又問：「先生有疑（困惑）乎？」王通說：「天下皆疑，吾獨得不疑乎？」魏徵退，王通對董常說：「樂天知命吾何憂，窮理盡性吾何疑？」（文中子《中說・問易篇》）這是說，由於對天道（天、理）人性（命、性）的信心，從而有了對天下未來的樂觀，不再有憂慮、困惑。王夫之讀《文中子》，指的就是書中的這一段對話。

王通的感召力是如此之大，他的生平事蹟和思想，當然會使我們產生興趣。進一步說，「世傳隋末王通講學河汾，卒開唐代貞觀之治，此固未必可信。」（陳寅恪〈論韓愈〉）。究竟是不是可信，更是和本書所說的唐史主題密切相關。如果可信，講了貞觀之治，而不講河汾之學，便難免片面了。

河汾之學的創始人王通

王通，字仲淹，隋文帝開皇四年（五八四）生，龍門（今山西河津）縣人。仁壽元年（六〇一）參加秀才科舉考試，成績優等。兩年之後，年僅十八歲的王通懷著濟世之心西遊長安，見隋文帝，上〈太平十二策〉，卻沒有被採用。在長安，王通目睹隋朝政治腐敗，已不可救藥，從此守道不仕，躬耕自養。隋朝先後四次徵召，王通始終不仕，充分體現了士的獨立自由品格。面對文化傳統失落已久、隋朝政治腐敗殘暴的現實，王通毅然奮起，承擔起爲千載以上往聖繼絕學、以文化傳統扭轉現實政治、爲千載以下生民開太平的重任。王通隱居河汾（汾水流經龍門縣南注入黃河，龍門故稱河汾），續修六經，講學授業。他所傳授的學說就被後人稱爲河汾之學。王通講學的地點，一是在龍門縣萬春鄉（今山西萬榮縣通化鄉），二是在呂梁山脈南端黃頰山（今黃頰山）。王通的弟子先後有數百人，其中薛收、姚義、杜淹等十餘人稱爲俊穎。隋煬帝大業十三年（六一七）五月十五日，王通病逝於萬春鄉甘澤里宅第，終年三十四歲。門人考行，取《周易》「黃裳元吉，文在中也」（文化道德在其中）之義，謚之爲文中子。（以上內容依據薛收〈隋故徵君文中子碣銘〉、陳叔達〈答王績書〉、呂才〈王無功文集序〉、王績《五卷本會校王無功文集》、文中子《中說》）

貞觀思想：與河汾思想一脈相承

要說河汾之學與貞觀之治有沒有關係，先得看兩者之間在政治思想上有沒有一致性，然後要看貞觀之治的功臣中有無受河汾之學者。

隋末王通河汾之學的思想史意義，是重新發明了失落已久的先秦儒學，扭轉了漢儒董仲舒以來夾雜法家思想的儒學傳統。從漢代到隋末，儒學的這一歧出已有數百年歷史。

人性思想是政治思想的基礎，先秦儒家的人性思想是性善論，認爲天賦人性本善、天賦人性平等。漢儒董仲舒以夾雜法家性惡論思想的性善惡混、人性三等之說，扭曲了先秦儒家的性善論。王通和弟子對話，薛收請問人性，王通說：「人性是五常（仁、義、禮、智、信）的根本。」（《中說・述史篇》）這是說，人性是道德的根本，人性本善。王通告訴薛收：「我沒見過嚮往仁義而得不到的人，如果得不到，那就是沒有人性的人。」（《中說・魏相篇》）這是說，人性人人具有，人性本來平等。王通重新發明了先秦儒家的性善論，扭轉了漢儒性善惡混、人性三等說。

先秦儒家民本思想主張民貴、君輕，民爲根本，民的地位高於君主。主張君臣關係具有相對性，君臣以道義合，不合則去，君臣關係是相對的而不是絕對的。漢儒董仲舒以「屈民伸君」、「善皆歸於君，惡皆歸於臣」的理論，歪曲了先秦儒家的君臣關係相對性思想。王通說：「從事君主，要根據道，道不能行，就不合作。」（《中說・事君篇》）又說：「臣的職責是規正君主，保護人民。」（《中說・魏相篇》）有弟子問：「善皆歸於君，惡皆歸於己，是不是忠呢？」王通回答說：「那是失掉自己。」（《中說・立命篇》）王通重新詮釋了先秦儒家君臣關係的相對性思想，扭轉了漢儒屈民伸君之說。王通說：「不以天下易一民之命（天下，指政權；易，輕視）。」（《中說・天地篇》）又說：「古之從仕者養人（民），今之從仕者養己。」（《中說・事君篇》）王通肯定個體之民的生命權利至高無上，肯定政治的目的是爲民，反對他所生活的時代君貴民輕的思想，使先秦儒家民本思想重新受到重視，先秦儒家君臣關係相對的思想重新得到伸張。

先秦儒家君權有限思想主張道高於君，君主有道爲合法，無道爲不合法；可以諫，可以易位，可以誅，可以革命；有道無道，表現爲人民生活狀況的好壞。漢儒董仲舒以「受命之君，天意之所予也」的君權神授思想，也就是法家的絕對君權思想，歪曲了先秦儒家的君權有限合法性思想。王通說：「古之大臣，廢昏舉明，所以康天下也。」（《中說・事君篇》）這是說，君主無道，可以廢除。王通注《易經》，到〈革〉卦，讀到「湯武革命，順乎天而應乎人」時，不覺嘆氣，說：「可以了，那麼誰能擔當這件事呢？」讀到「初九」一爻時，又說：「我面臨著這件事，又怎麼來實行呢？」（《中說・述史篇》）面對隋末暴政，王通不僅重新挖掘了先秦儒家的君權有限合法性思想，矯正了漢儒君權神授說，而且準備親自擔當革命的使命。這樣的儒者，歷史上有幾個？

先秦儒家君主必須從諫的思想認爲，君主只有接受政治批評，政治才可能有道。董仲舒的絕對君權、屈民伸君說，扭曲了先秦儒家的君主必須從諫的思想。王通說：「天子要接受天下人的批評。」又說：「言之無罪，聞之以戒。」（《中說・問易篇》）王通重新闡述了先秦儒家的從諫思想。

唐初貞觀之治大體落實了先秦儒家的政治思想。

性善論是決定貞觀之治政治方向的理論基礎。武德九年（六二六），唐太宗即位不久，君臣討論政治方向，封德彝認爲人心澆訛，主張參照秦漢，實行法家的霸道，即高壓統治；魏徵認爲人心淳樸，主張實行儒家的教化，即仁政。唐太宗的決策是採取魏徵的主張，並「力行不倦」，從而實現了貞觀之治的大好局面（《貞觀政要・政體》）。

貞觀之治規定了儒學是指導思想。貞觀二年（六二八），唐太宗說：「朕今所好者，惟在堯舜之道、周孔之教，以爲如鳥有翼，如魚依水，失之必死，不可暫無耳。」（《貞觀政要．慎所好》）這與漢宣帝「漢家自有制度，本以霸王道雜之」（《漢書．元帝本紀》）的法家自白，形成鮮明對照。

君權有限合法性思想成爲貞觀君臣的共識。如貞觀六年（六三二），唐太宗說：「天子者，有道則人（民）推而爲主，無道則人棄而不用，誠可畏也。」魏徵對答說：「君，舟也。人，水也。水能載舟，亦能覆舟。陛下以爲可畏，誠如聖旨。」（《貞觀政要．政體》）唐太宗明確認同儒家的君權有限合法性思想，這與漢景帝下令「言學者不言湯武革命」、禁止討論百姓是否有權革命，又形成鮮明對照。

君臣關係相對性思想也成爲貞觀君臣的共識。貞觀十四年（六四〇），魏徵上疏，提出君主應該尊重臣，其中引用孟子的話：「君視臣如手足，則臣視君如腹心；君視臣如犬馬，則臣視君如國人；君視臣如草芥，則臣視君如寇仇」，並指出：「爲人主者，安可以無禮於下哉。」唐太宗讀了魏徵的上疏，深表贊同和接受（《貞觀政要．君臣鑑戒》）。

臣敢於諫尤其是君能從諫，是貞觀之治的鮮明特徵。唐太宗多次激勵「知無不言」、「言無不盡」，「縱不合朕心，朕亦不以爲忤」，基本上做到了「從諫如流」。在中國歷史上，貞觀之治是言論自由、君主從諫的典範。

河汾之學重新伸張的先秦儒家思想，尤其是人性本善、君臣關係相對性、君主必須從諫的思想，在貞觀之治中獲得大體落實。隋末河汾之學與唐初貞觀之治在時間上存在著連續性，在政治思想上存在著一致性，可見河汾之學與貞觀之治之間存在著一定的因果關係。

王通門人：參與唐初創業和貞觀之治

現在進一步說王通門人及問學者參與唐初開國創業和貞觀之治。文獻確實可考的人，有薛收、魏徵、杜淹、陳叔達。

薛收（五九二—六二四）是王通的高足。他的父親薛道衡是隋朝內史侍郎，被隋煬帝冤殺，薛收不忘殺父之仇，義不仕隋。薛收的生母姓王（《舊唐書．薛收傳》），薛收在敘述自己師從王通時說「義極師友，恩兼親故」（〈隋故徵君文中子碣銘〉），可見王、薛兩家不僅是世交（「故」），而且是姻親（「親」），薛收生母王氏，當出自王通家。王通、薛收兩人的深摯情誼，亦介於師友之間，因爲王通只比薛收大八歲。大業十三年（六一七）五月十五日王通去世那天，正是李世民太原起義之日，薛收〈隋故徵君文中子碣銘〉最後寫道：「値此亂世，弟子將投身於王道事業，不能像孔子弟子子游、子夏那樣爲老師守墓了，心裡無限懷念老師。」隋末天翻地覆、如火如荼的時代氛圍，薛收繼承師志投身革命的非凡志向，撲撲躍動於字裡行間。薛收歸唐，由秦府記室房玄齡舉薦，李世民即日召見，問以經略，非常滿意，授秦府主簿。在武德元年至六年（六一八—六二三）李世民領導的統一全國的戰爭中，檄書露布，多出於薛收手筆。薛收言辭敏捷，檄書往往馬上即成。

武德四年（六二一），李世民討王世充的洛陽之戰，是唐統一全國戰爭中最艱難的決定性戰役。當時竇建德自河北率兵來支援王世充，諸將都認爲敵強我弱，主張撤退，薛收力排眾議，建策說：「世充據有洛陽，建德親率軍隊來援，如果得逞，兩寇相連，今後戰爭將會曠日持久。現在應該分兵咬住洛陽，深築溝防，不與之戰；大王親率主力，搶占成皋天險，以逸待勞，一戰必勝。打敗建德，世充必敗，二十天內，可以俘虜兩人。退兵是下策。」成皋，秦爲虎牢關，漢名成皋縣，隋名汜水縣（今河南滎陽汜水鎮），城築在山上，北臨黃河，絕岸峻崖，形勢險要。薛收提出的圍點打援、搶占成皋天險、以逸待勞、決戰決勝的戰略，爲李世民所採納，果然取得了洛陽之戰的全面勝利，俘虜了王世充、竇建德。薛收被授爲天策府記室參軍。平定洛陽後，李世民入觀隋東都宮殿，薛收進言：「唐堯居住土階茅屋，而國運昌盛。殷紂王居住巍峨宮殿，而國家滅亡。秦始皇大修阿房宮，而迅速滅亡。隋煬帝完全不能吸取歷史教訓，使隋朝土崩瓦解，就是由於奢侈暴虐的緣故。」李世民讀了很喜悅。武德六年（六二三），薛收以本官兼文學館學士，與房玄齡、杜如晦受到李世民的特別重視。李世民喜歡圍獵，勞民傷財，薛收上書諫獵，李世民手書答謝：「您的諫言，肝膽相照，使我改過，是您的力量。珍寶無數，也比不上您諫言的價值。我將引以爲戒，表達心裡不盡的感謝！」武德七年（六二四），薛收病逝。李世民即位後，曾說：「薛收若在，朕會用他做宰相。」（《舊唐書・薛收傳》）

魏徵（五八〇—六四三）亦是王通的門人。王績〈答馮子華處士書〉說：「亂極則治，王途漸亨（通）。天災不行，年穀豐熟。賢人充其朝，農夫滿於野。又知房、李諸賢，肆力廊廟（在朝廷努力工作）。吾家魏學士，亦申其才。公卿勤勤，有志禮樂。元首明哲，股肱惟良（輔佐賢良），何慶如之也。所恨姚義不存，薛生已歿，使雲羅天網，有所不該，以爲嘆恨耳。」「吾家魏學士」，是指魏徵。《舊唐書・魏徵傳》記載：「徵少孤貧，出家爲道士，見天下漸亂，尤屬意縱橫之說。」可見魏徵青年時代所學很雜，本來並非有志於儒學，特別專注於縱橫家學說。後來在唐初貞觀時期，魏徵卻表現出非常純正深厚的儒學素養。尤其是唐太宗即位時君臣討論唐朝的政治方向，魏徵主張性善論和由此而來的儒家仁政，反對封德彝主張的性惡論和由此而來的法家高壓政治，表明魏徵對先秦儒家的性善論有深刻的體認和牢靠的把握。自從漢儒董仲舒提出性善惡混、人性三等之說以來，先秦儒家的性善論失落已久，直到隋末始被王通重新伸張。魏徵早年用功的縱橫家學說，只講事功，不擇手段，損人利己，與性善論的儒學冰炭不相容。顯然，魏徵爲學的宗旨曾經發生過根本的轉變，而這一根本轉變是由於接受王通之學，是唯一合情合理而又有文獻證據的解釋。若非師從王通，魏徵如何可能拋棄縱橫家學說、選擇失落已數百年之久的儒家性善論呢？先秦儒家的性善論，經隋末王通重新伸張，然後是由魏徵運用、落實到了唐初貞觀之治中。

杜淹（？—六二八）亦是王通門人。王績〈遊北山賦〉說：「（門人）京兆杜淹等十餘人，稱爲俊穎。」武德九年（六二六）六月唐太宗實際即位，七月杜淹任御史大夫，貞觀元年（六二七）九月參預朝政（《舊唐書・杜淹傳》）。貞觀二十年（六四六）黃門侍郎褚遂良上表，回顧杜淹的功績說：「貞觀初，杜淹爲御史大夫，代理選拔官員之職，此人至誠在公，確實稱職。總計採訪七十餘人，屢屢聞其好名聲，再長時間地反覆考察，對於一個人選，往往經過上百次查問，確知其具有器識才幹，再加以進舉。杜淹病重，臥床經年，臨終之前，猶進名不已。杜淹選拔的人才，陛下全部擢用，全都廉潔、能幹，爲眾所欽望。大唐得人，於斯爲美。陛下任一杜淹，得七十餘人，天下稱之。」（《唐會要・選部上》）

陳叔達（？—六三五）是王通的問學者。陳叔達在〈答王績書〉中說：「賢兄文中子……乃興《元經》，以定眞統（確定歷史正統）。……叔達……有隋之末，濫尸（主持）貴郡，因沾善誘（承蒙教誨），頗識大方（道）。」陳叔達隋末爲絳郡（今山西新絳）通守，龍門是絳郡鄰縣，叔達自述因此地利條件，曾受文中子教誨。太原起義後，叔達以郡歸唐，授丞相府主簿，掌軍書機密。武德元年授黃門侍郎，四年拜侍中。叔達善於明辨，言行有風度，每有進奏，爲眾所矚目。江南名士遊長安，多加以薦舉。太子建成、齊王元吉讒譭秦王世民，高祖惑其言，要貶謫世民，叔達力諫，高祖乃止（《舊唐書‧陳叔達傳》）。

從人才資源來說，王通門人及問學者薛收、魏徵、杜淹、陳叔達等，是唐初開國創業和貞觀之治的參與者、創造者。薛收在政治、軍事上爲唐初開國創業以及貞觀諫議風氣，做出了傑出貢獻，被李世民視爲宰相。魏徵、杜淹、陳叔達都是貞觀朝宰相。魏徵爲達成貞觀之治，做出了決定性貢獻。杜淹在幹部隊伍的建設上，爲貞觀之治做出了傑出貢獻。而杜淹至誠在公、鞠躬盡瘁、死而後已的精神，也成爲貞觀之治中爲官的典範。陳叔達在唐初開國創業及貞觀之治中也做出了重要貢獻。

從思想資源來說，王通河汾之學對貞觀之治產生了根本性的作用。在決定唐朝政治方向的辯論決策中，魏徵所依據的性善論，發生了決定性的作用。貞觀君臣在君權有限合法性、君臣關係相對性等思想上，達成了共識。這些先秦儒家思想，是自漢代以來失落已久、而由隋末王通所重新伸張、然後由王通弟子們落實到了唐初貞觀之治上的。河汾之學重新伸張了失落已久的先秦儒學，貞觀之治大體上落實了河汾之學重新伸張的先秦儒學。就貞觀之治的文化品質而論，其源出於河汾之學。

《隋書》不立王通傳的背後：貞觀陰暗面

唐初官修《隋書》，沒有爲王通立傳。以王通的人格、學問和教育成就，《隋書》應當爲王通立傳，而實際上卻一字不提。原因在哪裡呢？這就要說到貞觀之治的陰暗面。

以長孫無忌爲首的勛戚勢力素與儒臣爲敵，是貞觀朝中一股缺乏理性的陰暗勢力。長孫無忌是太宗長孫皇后之兄，又是武德九年（六二六）六月四日帶頭入玄武門殺建成、元吉，幫助李世民奪取皇位繼承權的佐命元勛，因此受到太宗的極度恩寵。太宗曾經要長孫無忌提批評意見，無忌說：「陛下武功文德，超越古今，發號施令，事事利民。臣順從都來不及，從沒見陛下有過失。」（《舊唐書·長孫無忌傳》）一副阿諛奉承的嘴臉。貞觀六年（六三二），太宗設宴招待近臣，無忌說：「王珪、魏徵，往事息隱，臣見之若仇，不謂今者又同此宴！」（《貞觀政要·任賢》）魏徵、王珪自武德九年爲太宗所用，對開創貞觀之治功績卓著，然而時至貞觀六年，無忌竟然還當著太宗的面，公然對他們表示敵意。杜淹雖然未曾從事過建成、元吉，但長孫無忌也素來與他爲敵（《舊唐書·杜淹傳》）。可見長孫無忌爲人不正派。還有一位人物叫高士廉，是太宗長孫皇后之舅，又是武德九年六月四日玄武門事變的密謀者、參與者，也是勛戚勢力的核心人物。貞觀元年（六二七），高士廉爲門下省侍中，黃門侍郎王珪有密表附從士廉進奏，高士廉竟敢私自壓下而不上奏，事發後被貶爲安州都督（《舊唐書·高士廉傳》）。可見高士廉爲人也不正派。還有一位人物是侯君集，雖非國戚，但也是玄武門事變的積極密謀者、參與者，因此也是勛戚勢力的重要人物。貞觀十七年（六四三），侯君集因謀反伏誅（《新唐書·侯君集傳》）。這三個人，都與下面的故事相關。

貞觀元年（六二七），王通亞弟王凝任監察御史，彈劾侯君集有無君之心，事情牽連到長孫無忌，因此得罪了長孫無忌。當時杜淹爲御史大夫，密奏太宗王凝樸直忠厚，直言無罪，王凝才倖免於罪。長孫無忌聽聞此事後大怒，從此與杜淹結怨。當時在朝的王氏兄弟王凝、王績，皆被壓制而不用（《中說》附錄〈東皋子答陳尚書書〉）。次年十月，杜淹去世，以長孫無忌爲首的勛戚勢力便伺機打擊報復王氏兄弟。

貞觀四年（六三〇），監察御史王凝做爲朝廷使臣出使益州（今成都），益州大都督府長史高士廉以勛戚自重，不遵禮法，「於路左下馬」（《大唐開元禮》卷一三〇），迎接王凝，而是帶領眾僚屬坐在升仙亭等候。不料王凝性格正直剛強，不畏勛戚勢力，不與高士廉行相見禮，喝退高士廉，維護了朝廷使臣的尊嚴。高士廉惱羞成怒，但自知理虧，無可奈何，暫時忍下了這刻骨仇恨。貞觀五年（六三一），高士廉入朝任吏部尚書，掌握官員銓選（考核）大權，遇上王凝赴選，便利用職權公報私仇，把王凝貶爲胡蘇縣令（《唐會要．出使》）。貞觀十七年（六四三）侯君集謀反伏誅，王凝才於貞觀十九年（六四五）被起用爲洛州錄事（《中說》附錄〈王氏家書雜錄〉）。

高士廉與長孫無忌是舅甥，長孫無忌與王凝有宿怨，高士廉代爲報復，那是自然的事。貞觀四年（六三〇）高士廉不遵禮法侮辱王凝，明明是爲其甥長孫無忌報私怨。次年高士廉任吏部尚書，一掌銓選就把王凝貶爲胡蘇縣令，更是勛戚勢力蓄意已久的對王氏兄弟的打擊報復。

王績時任太樂丞，也罷了官，從此守道不仕，躬耕自養。王績在〈無心子〉中託一位機士之口對王績說：「嘻！子賢者，而以罪廢！」可見是以莫須有的罪名罷官。王績家住汾水東南岸，故自號東皋子，寫有〈東皋野望〉詩：「東皋薄暮望，徙倚欲何依？樹樹皆秋色，山山唯落暉。牧人驅犢返，獵馬帶禽歸。相顧無相識，長歌懷采薇。」詩中從樹木落葉、夕陽落山到牧人農夫黃昏歸家的景物變化，暗示了詩人從失落到安放再到歸隱的心路歷程。通過獨立蒼茫的意境，寫出了獨立自由的人格，正直的人性。

既然王通兄弟得罪了長孫無忌、高士廉等勛戚勢力，唐初官修《隋書》不載王通，便容易理解了。唐初官修《隋書》，第一次始於武德五年（六二二），綿歷數年，不就而罷。第二次始於貞觀三年（六二九），貞觀十年（六三六）成書上進，即今本《隋書》紀傳五十五卷，其總撰者爲魏徵。第三次始於貞觀十五年（六四一），唐高宗顯慶元年（六五六）成書上進，即今本《隋書》十志三十卷，其監修爲長孫無忌。

《隋書》能否爲王通立傳，關係到紀傳部分的總撰魏徵。魏徵雖然爲太宗器重，但太宗做爲君主，不可避免地會對主要大臣有猜忌心理。一次，太宗罷朝，憤怒地說：「我要殺了這鄉巴佬！」皇后問是誰，太宗說：「魏徵經常廷辱我！」（《資治通鑑》卷一九四）有人說魏徵阿黨親戚，太宗派御史大夫溫彥博檢查，並無證據，但還是責備魏徵。魏徵去世後，太宗還派人到魏徵家檢視文字，甚至聽信讒言，停止魏徵子叔玉與衡山公主的婚姻，並推倒親自爲魏徵撰寫的墓碑。可見，魏徵一方面要爲政治上軌道極言直諫，另一方面則不能不小心翼翼。魏徵的行爲，不可避免地會有一定的局限性。魏徵與太宗的關係還是以光明面爲主，因爲太宗關心的是要政治好，所以重視魏徵。魏徵與勛戚勢力的關係則要複雜得多，因爲勛戚勢力關心的是要保持權勢、排斥異己，所以敵視魏徵。魏徵對勛戚勢力的敵視態度採取了退避三舍的策略。貞觀十二年（六三八），侯君集拜吏部尚書後，魏徵曾密薦侯君集有宰相之材（《舊唐書．魏徵傳》）。貞觀初，王凝彈劾侯君集有無君之心。貞觀四年（六三〇），李靖斷言侯君集「欲反」（《新唐書．侯君集傳》），魏徵不會不知道。魏徵密薦侯君集當宰相，只能是在未識破侯君集爲人的情況下，爲了緩和與勛戚勢力的緊張關係，對勛戚勢力做出的妥協。可見，當貞觀初王凝彈劾侯君集得罪長孫無忌，王通兄弟王凝、王績皆被壓制而不用。貞觀五年（六三一）高士廉打擊報復王氏兄弟，王凝貶黜、王績罷官之後，魏徵由於對長孫無忌、高士廉等勛戚勢力的顧忌和妥協，未能在《隋書》中爲王通立傳。

貞觀十七年（六四三）侯君集謀反伏誅、十九年（六四五）王凝平反起用後，有沒有可能在《隋書》中爲王通立傳呢？回答是不可能。因爲曾爲王通門人及問學者的朝臣薛收、魏徵、杜淹、陳叔達皆已去世，《隋書》紀傳也早已成書上進。關鍵是，從貞觀初直到《隋書》最後成書上進的顯慶元年（六五六），敵視王氏兄弟的長孫無忌始終權勢在握。《隋書》不爲王通立傳，便成定案。長孫無忌監修的《隋書》十志，是在侯君集伏誅十三年後成書上進的，《隋書・經籍志》不著錄王通著述，表明長孫無忌對王氏兄弟始終未能釋恨。

王績對於《隋書》不載王通及王氏兄弟無辜受害、貞觀朝中王通門人無人援手，深感不平。於是，鳴不平成了王績集中的一個「中央題目」（借用傅斯年語）。「八千子弟，今無一人！」（〈項羽死烏江〉）「倘安天下，還如此平！」（〈陳平分社肉〉）「爲師有日，報德何年？」（〈張良遇黃石公〉）「此猶知報，而況吾人！」（〈蛇銜珠報隋侯〉）這些詩，是爲文中子鳴不平。「繡衣使者，誠爲異人！」（〈禹接蒼水使者〉）「君王先兆，還應見知。」（〈太公釣渭濱〉）「朱雲獻直，意在亡身。願請神劍，除君佞臣。抗辭折檻，輸忠犯鱗。」（〈朱雲折檻〉）「藺生詭說，其心則貞。」（〈藺相如奪秦王璧〉）這些詩，是爲洞燭機先、忠而被貶的監察御史王凝鳴不平。

《隋書》不載王通，乃是《隋書》的一個嚴重缺陷。在《隋書》最後成書之後的二八九年，成書於後晉開運二年（九四五）的《舊唐書》，著錄了《中說》，記載了王通的生平事蹟。在《隋書》最後成書之後的四二八年，成書於北宋元豐七年（一〇八四）的《資治通鑑》，也記載了王通的生平事蹟，司馬光並且撰寫了長篇〈文中子補傳〉，流傳至今。後世的史家們，補救了《隋書》的缺陷。

大漠孤煙直，長河落日圓——唐朝的開拓西域

大漠孤煙直，長河落日圓

單車欲問邊，屬國過居延。征蓬出漢塞，歸雁入胡天。
大漠孤煙直，長河落日圓。蕭關逢候騎，都護在燕然。

——王維〈使至塞上〉

大漠孤煙直 長河落日圓

開元二十五年（七三七），河西節度副使崔希逸戰勝吐蕃，王維以監察御使的身分奉節勞軍，在奉使途中寫下了這首詩。其中「大漠孤煙直，長河落日圓」兩句，是曾被王國維嘉許為「千古壯觀」的名句。

這兩句詩好在哪裡呢？一是寫景時注意到了繪畫上的構圖原理，平曠的大漠、直上青天的孤煙、圓圓的落日，構成一幅橫線、垂線、圓相互組合的立體空間畫面，並且境界闊大而生動。二是顯現山邊境平安、唐王朝國勢強盛的氣象，表現了戍邊將士的自豪。其象外之意是：廣大邊塞，平安無事；守邊健兒，功績卓著。是對健兒守邊功績最含蓄的讚美，是盛唐邊塞鞏固的最有力的暗示。其中寫到的「孤煙」指的是「平安火」。唐杜佑《通典．兵五．守拒法》「烽臺」條載：「每晨及夜平安，舉一火；聞警，因舉二火；見煙塵，舉三火；見賊，燒柴籠。如每晨及夜平安火不來，即烽子為賊所捉。」可知，唐代的軍事制度規定，舉烽火報信號的時間是每天早晨及入夜時分。平安的信號是舉一道火，報警的信號是舉兩道火、三道火。《通典》所載的「每晨及夜平安，舉一火」之「夜」，是指入夜時分。《資治通鑑》唐玄宗天寶十五年六月辛卯載：「及暮，平安火不至，上始懼。」胡三省注曰：「《六典》：唐鎮戍烽候所至，大率相去三十里。每日初夜，放煙一炬，謂之平安火。」席豫〈奉和聖製送張說巡邊〉詩云：「春冬見岩雪，朝夕候烽煙。」這「烽煙」就是早晨和入夜時分的平安火。元稹〈遣行〉云：「迎候人應少，平安火莫驚。」姚合〈窮邊詞〉之二：「沿邊千里渾無事，惟見平安火入城。」元、姚的詩裡直接提到了「平安火」。杜甫〈夕烽〉云：「夕烽來不近，每日報平安。」也可以為證。王維詩中之「落日」，與唐代軍事制度規定的舉烽火報信號時間為入夜時分相合；詩中之「孤煙」，與規定的報平安信號為「舉一火」相合，可見詩是描寫黃昏時分的平安火。

王維此詩，並非溢美之詞。詩寫經過居延國、蕭關，寫都護在燕然山，都表明唐朝邊塞遠比漢代邊塞更遠，唐朝版圖闊大，國防鞏固。初盛唐時期，唐王朝對於西域的控制，確實是比較牢固的。

控制與爭奪西域

自漢代以來，人們通常稱玉門關（今甘肅安西雙塔堡）、陽關（今甘肅敦煌古董灘）以西地區爲西域。西域有廣、狹二義，狹義指葱嶺以東而言，廣義指通過狹義西域所到之地，包括中亞、西亞、印度半島、歐洲東部、非洲北部。本文所指的西域用狹義。建元三年（前一三八），漢武帝派張騫出使大月氏，通西域，隨後令霍去病將匈奴逐出河西，於元鼎六年（前一一一）置敦煌等河西四郡，開通陸上絲綢之路。此後，漢民族與西域政治、經濟、文化方面的聯繫日益加深。魏晉南北朝時朝，中原分崩離析，戰亂不斷，行政管轄權雖未及西域，但中原與西域仍然保持著政治、經濟和文化上的聯繫。隋朝統一後，對突厥的征伐取得了階段性勝利，而後積極開展經營西域的活動。隋煬帝曾親至張掖（今甘肅張掖西北），盛陳衣服、車馬以示中國之盛。大業四年（六〇八），隋滅吐谷渾，在吐谷渾故地設西海（今青海共和石乃亥鄉）、河源（今青海興海東南）、鄯善（今新疆若羌）、且末（今新疆且末）四郡，次年，又設伊吾（今新疆哈密）郡。隋末，伊吾及西域諸國趁中原戰亂，恢復了自己的故地，並依附於突厥。

唐對東突厥和吐谷渾的勝利

代隋而興的唐朝，非常關注西域形勢。貞觀四年（六三〇），在唐太宗親自策畫下，唐將李靖等大勝東突厥，消滅了稱雄大漠百餘年、盛極一時的世界第一大草原帝國——東突厥汗國。唐王朝在西域的勢力使西域各族爲之震動，各地首領紛紛要求歸附。伊吾城主率所屬七城自願歸順唐朝，唐朝置西伊州（後改稱伊州，今新疆哈密）。西域門戶洞開，游牧酋長紛紛率部歸附於唐，尊唐太宗爲「天可汗」（參見《資治通鑑》卷一九三貞觀四年）。這些都爲唐朝統一西域各地創造了條件。

貞觀八年（六三四），吐谷渾入侵唐之西部邊境。十餘萬唐軍與近二十萬吐谷渾聯軍，在廣闊的青海草原上，展開了生死戰，吐谷渾慘敗。王昌齡〈從軍行〉詩即描述此事：「大漠風塵日色昏，紅旗半卷出轅門。前軍夜戰洮河北，已報生擒吐谷渾。」

設立安西都護府和北庭都護府

地處絲路要衝的高昌國（今新疆吐魯番東南）是一個以漢人爲主的城邦小國，國王叫麴文泰。他追隨西突厥，反叛唐朝，勒索並時常扣留西域各地到長安去的使者與商人。唐太宗詔見麴文泰，被麴文泰拒絕，還對太宗說：「你是天上的老鷹，我是蒿草中的公雞，我們各得其所，你管不著我。」（《新唐書・高昌傳》：「鷹飛於天，雉竄於蒿，貓遊於堂，鼠安於穴，各得其所，豈不活耶！」）太宗決定消滅高昌國。貞觀十四年（六四〇），唐將侯君集率領精銳騎兵橫度大漠，長驅三千里直取高昌都城，一戰而下。

攻克高昌後，大唐王朝在當地設立了駐守西域的第一個最高統治機構——安西都護府，管轄西域軍政事務。貞觀二十二年（六四八），唐朝終於打敗了與之作對的西突厥勢力，將安西都護府治所由西州移至龜茲（今新疆庫車），設龜茲、疏勒（今新疆喀什）、焉耆（今新疆焉耆西南）、于闐（今新疆和田西南）四鎮，史稱「安西四鎮」。安西四鎮之首的龜茲，北通烏孫，南連于闐，東西有絲綢之路中道貫穿。龜茲處在西域中心的十字路口上，是唐代著名的軍事重鎮。唐朝在龜茲駐軍三萬人，有組織地進行屯田和放牧，建成了當時西域最大的屯田基地。疏勒鎮是絲綢之路中道和南道的會合之地。駱賓王

〈從軍中行路難〉有「陣雲朝結晦天山，塞沙夕漲迷疏勒」、王維〈老將行〉有「誓令疏勒出飛泉，不似潁川空使酒」，都寫出了當時疏勒的地理特點——風沙多，飲水少，行路艱難。焉耆位於絲綢之路中道。岑參〈早發焉耆懷終南別業〉有「一身虜雲外，萬里胡天西。終日見征戰，連年聞鼓鼙」、陳陶〈塞下曲二首〉其二有「牛羊奔赤狄，部落散燕耆」，可見焉耆散居著許多游牧民族部落。于闐位於塔克拉瑪干沙漠南沿，是絲綢之路南道上的重鎮。唐朝以于闐爲中心，守衛西域南部的國防線。姚合〈窮邊詞二首〉其二之「箭利弓調四鎮兵，蕃人不敢近東行」，說的就是安西四鎮所起的作用。安西四鎮的設置，標誌著唐朝統一西域的宏圖大業終於完成。

太宗死後，瑤池都督阿史那賀魯反叛，安西四鎮失陷，安西都護府撤回西州。唐高宗顯慶二年（六五七），唐平叛，生擒阿史那賀魯。安西四鎮恢復，安西都護府移回龜茲。

隨著大唐帝國的興起，還有兩個強國正在悄悄崛起，一個就是青藏高原上有史以來最強大的帝國——吐蕃帝國（定都拉薩），還有就是中東崛起了阿拉伯帝國黑衣大食（阿拔斯王朝，首都巴格達）。這兩個國家成爲與唐帝國爭奪西域的勁敵。

安西四鎮的興旺很快就引起了吐蕃的覬覦。唐高宗咸亨元年（六七〇），吐蕃入西域，對安西都護府發動了第一次攻擊，拉開了兩國爭奪西域的序幕。唐朝放棄安西四鎮，安西都護府撤回西州。此後，在唐與西突厥、吐蕃、突騎施等鬥爭過程中，四鎮幾經爭奪後，終於被唐收復。調露元年（六七九），唐設立碎葉鎮（今吉爾吉斯斯坦托克馬克），代焉耆爲四鎮之一。武后長壽元年（六九二），唐軍打敗吐蕃後，遣軍兩萬四千常駐四鎮，使安西都護府穩定地設置在龜茲王城達百年之久。

長安二年（七〇二），武則天在庭州金滿城（今新疆吉木薩爾北破城子）設立北庭都護府，掌管天山北路東起伊吾、西至碎葉河的軍政大權。北庭都護府與安西都護府一北一南，使西域的政治、軍事中心增加到兩個。兩都護府大體以天山爲界，安西都護府守護絲路中道和南道，防範日益強大的吐蕃王朝；北庭都護府沿絲路北道駐兵屯田，防止突厥進犯。

北庭都護府設置後，碎葉鎮轉歸北庭都護府管轄，四鎮名目雖存，但實際上安西都護府所轄只有龜茲、于闐、疏勒三鎮。開元七年（七一九），唐玄宗應允了西突厥十姓可汗提出的移居碎葉的請求，又以焉耆代碎葉。此後四鎮復爲龜茲、疏勒、于闐、焉耆。天寶六年（七四七），唐將高仙芝攻破由吐蕃控制的小勃律（今喀什米爾吉爾吉特），招降小勃律王，改國號爲歸仁，派兵鎮戍。高仙芝的勝利標誌著唐朝對西域的控制達到了頂峰。此時，唐王朝控制了帕米爾山谷地區，成了吐火羅（今阿富汗北部）地區的保護者。

與阿拉伯國家的爭戰　阿拉伯帝國趁唐軍這一時期在青海和吐蕃進行大規模的戰爭，無暇顧及西域，就憑藉地理上的巨大優勢，在西域逐漸進行擴張。唐朝先是利用突騎施（突厥族的一個部落），給了阿拉伯相當沉重的打擊。突騎施可汗名叫蘇祿，唐玄宗把交河公主嫁給了他。突騎施受唐朝的安撫，也爲了自身利益，與阿拉伯人多次交戰，很大程度上牽制了阿拉伯。後來，蘇祿反唐攻四鎮，被部屬殺死，突騎施分裂（《資治通鑑》卷二一三玄宗開元十四年），阿拉伯阿拔斯王朝迅速恢復了在中亞的統治地位。

爲了打破阿拉伯的統治，天寶十年（七五一），安西節度使高仙芝以石國無蕃臣禮節爲由，發動了對石國的戰爭。石國是中亞小國（今烏茲別克斯坦塔什干一帶），唐高宗顯慶年間成爲唐朝的屬國，後來石國助唐討突騎施蘇祿可汗有功，高宗冊封其王爲順義王。石國起初一直與唐保持良好的關係，但其後雙方關係發生了變化。高仙芝討伐石國固然有打擊阿拉伯在中亞的勢力的目的，但也有貪功好利的因素。據《資治通鑑》卷二一六天寶九年載，石國王請和，「高仙芝僞與石國約和，引兵襲之，虜其王及部眾以歸，悉殺其老弱。仙芝性貪，掠得瑟瑟十餘斛，黃金五六橐駝，其餘口馬雜貨稱是，皆入其家。」天寶十年正月，高仙芝又將石國王獻於朝廷斬首。石國王子逃到中亞諸國，告仙芝欺誘貪暴之狀。諸國皆怒，想要暗中引大食共謀四鎮。高仙芝只好與大食作戰了。

這就是著名的怛羅斯（今哈薩克斯坦江布林城附近）戰役。天寶十年八月，高仙芝率蕃、漢兵七萬人出擊大食，深入七百餘里，在怛羅斯城與大食軍相遇。兩軍相持五日，最後，唐軍因葛羅祿部眾倒戈，在大食軍和葛羅祿軍的夾攻下大敗，大批唐朝士兵或死亡或被俘。高仙芝逃回安西，所餘才數千人，杜佑就提到這次戰爭，說是「七萬眾盡沒」（《通典》卷一八五）。

安西都護府在怛羅斯之戰後損失慘重，精銳損失殆盡，但是盛唐時期的恢復能力是驚人的，僅僅過了兩年，升任安西節度使的封常清就於天寶十二年（七五三）進攻受吐蕃控制的大勃律（今喀什米爾巴勒提斯坦），「大破之，受降而還」。這說明安西都護府的實力已經大體恢復，如若不是安史之亂，安西都護府是有能力再次和阿拉伯人一爭高下的。

安史之亂後與西域各國的關係

天寶十四年（七五五），安史之亂爆發，安史叛軍從東北邊疆長驅南下，攻陷兩京，玄宗倉皇奔蜀。唐肅宗在靈武即位之後，調集西北邊軍勤王平叛，守衛西域的安西、北庭節度使屬下的邊兵被大批調往內地，同時徵發西域各國本地的軍隊幫助平叛。

西域邊兵大批內調，對平定安史之亂起了重要的作用，但是卻大大削弱了唐朝在西域的勢力。唐西域防禦能力的衰退，給吐蕃提供了入侵的時機，吐蕃於是大舉進攻河西。到廣德元年（七六三），吐蕃軍隊已經盡陷蘭、廓、河、鄯、洮、岷、秦、成、渭等州，占領了河西、隴右的大部分地區（《資治通鑑》卷二二三）。張籍〈西州〉詩有「羌胡居西州，近甸無邊城」、白居易〈西涼伎〉有「平時安西萬里疆，今日邊防在鳳翔」，即指此而言。此後西域守軍與內地的聯繫斷絕，但仍然奉唐正朔，堅守西域。唐德宗建中二年（七八一），四鎮留守郭昕的奏表到了長安，朝廷任他爲安西大都護。一直到貞元五年（七八九），安西四鎮仍然爲唐軍駐守（〈悟空行記〉，參見《宋高僧傳》卷三〈唐上都章敬寺悟空傳〉、〈唐北庭龍興寺戒法傳〉）。當時的形勢是：大食帝國仍然控制著蔥嶺以西的西域地區；四鎮、北庭以及西州還掌握在唐朝守軍的手中；吐蕃政權西據伊吾，東有隴右，占據河隴地區，隔斷了四鎮與朝廷間的聯繫；而回鶻汗國則占據了金山以東的漠北草原，並進而左右著北庭地區的局面。

貞元五年（七八九）冬，吐蕃軍隊以葛邏祿部等做爲嚮導，聯合大舉進攻北庭，北庭被吐蕃攻陷，節度使楊襲古率殘兵兩千人逃往西州。而後楊襲古與回鶻謀求奪回北庭，但又被吐蕃戰敗，楊襲古被回鶻殺死（《舊唐書》卷二〇六）。此後，西州、于闐等地也被吐蕃攻陷，唐朝勢力最終退出西域，從而結束了長達一個半世紀的經營西域的活動。

經營西域：軍政設置與建設

唐代在一個半世紀內（六四〇—七九〇）曾在西域設立了完備的行政體系，將西域劃歸隴右道，並設立安西四鎮做爲西域地區的主要城市，自此，今新疆地區繼漢代以後再度成爲中國政府的行政區劃之一。

唐前期對西域的統治，根據不同情況，採取了不同的措施。

州縣制、羈縻府州與都護府並存 一種情況是實行與中原相同的州縣制。如在伊吾設伊州，在高昌設西州，在西突厥原屯兵的可汗浮圖城設庭州，在州縣鄉里按律令推行與中原大同小異的均田制、租庸調、差科、府兵制、學校等制度。

一種情況是羈縻府州。唐朝極盛時西邊的疆界直達鹹海，在天山以北和蔥嶺以西等地區，設立了羈縻性質的都護府、都督府和羈縻州，安置歸附唐朝的部落。這些羈縻府州均歸安西都護府和北庭都護府管轄。

一種情況是設置軍事性質的都護府。唐在西域最先建立的是安西都護府。都護府之下，從太宗到玄宗時期陸續添置軍、鎮、戍、守捉、堡、烽堠等一系列級別的軍事建置。

烽堠密布 唐朝開疆拓地，西邊的疆界直達鹹海，範圍甚廣。而在天山南北地區，由於沙漠地帶較多，軍防只能以城鎮爲中心向四周輻射布局軍、鎮、戍、守捉與烽堠，控制絲綢之路要道。武則天時，崔融〈拔四鎮議〉云：「並南山（祁連山）至於蔥嶺爲府鎮，煙火相望焉。」（《全唐文》卷二一九）可見唐代西域烽堠之稠密。

烽堠成了唐代西域一大重要景觀，也自然爲邊塞詩人所經常吟詠。從這些詩作中我們還可以體會到當時守邊將士的思想和感情。如李頎〈古從軍行〉：「白日登山望烽火，黃昏飲馬傍交河。」韓愈〈烽火〉：「登高望烽火，誰謂塞塵飛？」這些詩人把烽堠看作邊關常景，甚至把看烽堠當作尋常樂事，字裡行間充溢著戰鬥豪情。在李益的詩中，還出現了烽堠的具體名稱。李益〈暮過回樂烽〉：「烽火高飛百尺臺，黃昏遙自磧南來。昔時征戰回應樂，今日從軍樂未回。」〈夜上受降城聞笛〉：「回樂烽前沙似雪，受降城外月如霜。」詩中的「回樂烽」在唐靈州回樂縣（今寧夏靈武西南）。

烽堠對於唐王朝在西域的軍事守備至關重要。無論吐蕃或別的敵人從何方入侵唐屬西域或絲綢之路，安西都護府都可依託鎮、戍、烽堠，利用靈活快捷的輕騎遠端奔襲。岑參〈走馬川行奉送封大夫出師西征〉云：「匈奴草黃馬正肥，金山西見煙塵飛，漢家大將西出師。」〈使交河郡，郡在火山腳，其地苦熱無雨雪，獻封大夫〉云：「昨者新破胡，安西兵馬回。鐵關控天涯，萬里何遼哉。」就是保衛絲路交通安全的眞實寫照。

唐朝的烽堠一般和供官員、使臣往來休息的館驛相連。唐制，烽和驛都隸屬兵部，皆三十里一置，故有時在重要驛道上會出現烽驛並置、烽主放烽火、驛主傳牒的情景。所以，唐人將烽驛相提並論。岑參詩中就曾說：「寒驛遠如點，邊烽互相望。」（〈武威送劉單判官赴安西行營，便呈高開府〉）崔顥〈送單于裴都護赴西河〉稱「漢驛通煙火」，也是指通往西域的驛道上烽驛相連。

總之，西域烽堠爲保衛大唐邊疆、維護祖國統一和確保絲綢之路的安全立下過重要功勞。時至今日，絲綢之路上還留存有許多烽燧的故跡。茫茫戈壁，夕陽殘照，這些斷壁殘垣彷彿一個個歷史標本，記錄著湮沒於千年風沙下的亙古歲月。

恩威並施，建設西域　唐朝統治者「恩威並施」，對西域諸部族懷之以德，羈縻而治之，既保持強大的軍事威懾，又常實行懷柔招撫政策。常建〈塞下曲四首〉其一即說：「玉帛朝回望帝鄉，烏孫歸去不稱王。天涯靜處無征戰，兵氣銷爲日月光。」唐王朝的招撫策略，使得邊疆地區得到，定的安寧，有利於邊疆社會秩序的穩定和人民的生產與生活，客觀上沖淡了民族偏見，推動了民族融合。

這一時期，大批漢人來到西域戍邊、赴任、經商、謀生，他們廣泛傳播中原先進的科技、文化知識，對西域產生了深遠影響。張籍〈涼州詞〉云：「邊城暮雨雁飛低，蘆筍初生漸欲齊。無數鈴聲遙過磧，應馱白練到安西。」這是絲綢之路上的和平牧歌。唐朝政府經常雇用商隊越過茫茫戈壁，向安西都護府運送以絲綢爲主的各種物資，做爲戰功賞賜和貿易商品。

唐朝在西域興水利、開屯田，促進了西域的經濟發展。岑參〈敦煌太守後庭歌〉云：「太守到來山出泉，黃沙磧裡人種田。敦煌耆舊鬢皓然，願留太守更五年。」元稹〈西涼伎〉云：「吾聞昔日西涼州，人煙撲地桑柘稠。葡萄酒熟恣行樂，紅豔青旗朱粉樓。」唐朝官民和其他各族人民一道開山引泉，發展農業生產，變沙漠爲綠洲，使得昔日的荒涼之地，漸漸物阜民豐，人煙稠密。

隨著共同的勞作和交往，民族間的聯繫也日益加強，西域各族和睦相處。岑參〈奉陪封大夫宴得征字時封公兼鴻臚卿〉云：「幕下人無事，軍中政已成。座中殊俗語，樂雜異方聲。醉裡東樓月，偏能照列卿。」唐朝官員和各族將帥、酋長雖然語言不通，習俗各異，但同飲美酒，共賞明月，相互尊重，平等共處。

正是依靠民族間的團結協作，唐朝才能政局統一，社會穩定，始終掌握著西域的政治主導權。即使在安史之亂後唐朝國力大衰、秦隴爲吐蕃所陷、西域與內地隔絕的時期，唐朝的安西、北庭都護府仍能於絕境中守土三十五年，原因也在此。

中原與西域的文化交流

唐代對西域將近一個半世紀（六四〇—七九〇）的經營，不僅對鞏固唐代西北邊防、保護東西方內陸交通起到十分重要的作用，而且對促進民族融合、推進西域和內地的文化交流，意義更爲重大。

文化輸出，人口輸入　唐朝在西域的經營和中原漢人的西入，使得漢文化在西域得到普遍傳播。如唐代中葉，有波斯僧侶來華傳教，學得養蠶繅絲的技術。歸國時，順便帶回一些蠶卵，因而這項技術就傳到東羅馬的首都君士坦丁堡。再如高仙芝敗於怛羅斯後，其隨軍的造紙工人被大食俘虜，由是造紙術傳入大食。此外，中國的絲織品、瓷器、書畫也在這時陸續傳入中亞與東歐一帶。從沈彬的〈塞下曲〉「胡兒向化新成長，猶自千回問漢王」，可以看出西域各族對中原文化的嚮往。

在內地漢人大量來到西域的同時，西域人遷到內地者也愈來愈多。他們大多是胡商、傳教士、諸國質子、各國進獻者及戰亂避難者等，移民人數估計有四五十萬（葛劍雄、關松弟《中國移民史》第一〇一頁，福建人民出版社，一九九七年）。西域移民主要分布在東起營州（今遼寧朝陽市）、西至沙州（今甘肅敦煌）的廣闊沿邊地區，以及長安、洛陽、廣州、揚州、泉州等地。西域移民的內遷，也擴大了民族間的交流，加深了彼此間的影響。

唐詩中的民族文化交流　唐與西域民族文化間的交流，在唐詩中顯現出來。人們對西域的認識，開始由陌生到熟悉了。唐代詩人喜歡將西域的古國名、地名及古城甚至古代的民族、部落名稱引到詩歌作品中來。如：李白〈戰城南〉：「洗兵條支海上波，放馬天山雪中草。」

大漠孤煙直，長河落日圓

杜甫〈房兵曹胡馬〉：「胡馬大宛名，鋒稜瘦骨成。」王維〈送平淡然判官〉：「須令外國使，知飲月氏頭。」岑參〈輪臺歌奉送封大夫出師西征〉：「羽書昨夜過渠黎，單于已在金山西。」陶翰〈燕歌行〉：「雪中凌天山，冰上渡交河。」詩中的條支、大宛、月氏、渠黎、交河等，都是西域國名、地名。條支在今伊拉克境內。大宛的地理位置相當於今天的中亞費爾干納盆地。月氏是中國古代西部的早期部落，後大部分西遷入伊犁河流域及其以西一帶，稱大月氏；小部分入南山（今祁連山），與羌人雜居，稱小月氏。渠黎在今新疆輪臺縣西南。交河在今吐魯番西北。西域地名在唐詩中的頻繁出現，側面反映出人們對西域的熟悉、民族間的親密往來。

西域的開發，使漢民族的眼界日益開闊，人們也把眼光沿著絲綢古道，投向遙遠的西域。王維〈送元二使安西〉云：「渭城朝雨浥輕塵，客舍青青柳色新。勸君更盡一杯酒，西出陽關無故人。」陽關，在今甘肅敦煌西南古董灘。從長安過陽關到安西，正是唐朝絲綢之路的骨幹。隨著西域的不斷開發，立功邊塞成爲士子走上仕途的重要路徑和人生理想，這一切都在邊塞詩中得到淋漓盡致的表現。在唐邊塞詩中，我們可以看到西域奇異的風光，也可以看到將士們淨掃邊塵、以身許國的壯志豪情。

其實，西域對於文學的影響，還遠不止於邊塞詩。可以說，唐代一流的詩人如李白、杜甫，都在很大程度上受到了西域文化和風俗的影響。

李白出生於西域，父祖輩一百餘年流寓西域，李白很可能有西域民族的血統。無疑，李白深切地受到了西域文化的影響，其放蕩不羈、豪放爽朗的性格與他出生在深受西域文化影響的家庭有著密切關係。李白大約從他父輩那裡學到了西域月支文（蕃文），其〈寄遠十一首〉其十云：「魯縞如玉霜，筆題月氏書。寄書白鸚鵡，西海慰離居。行數雖不多，字字有委屈。」

他能用月支文給住在西域鹹海一帶的友人寫信。范傳正〈李公新墓碑序〉也說李白在翰林院時，「論當事務，草答蕃書，辯若懸河，筆不停綴。」西域文化也豐富了李白詩歌創作的內容。李白詩中涉及到西域風物的多達幾十首。西域風光、西域歌舞、西域服飾、胡客、胡姬、胡馬、胡雁、胡床等，在李白詩歌中比比皆是。例如李白的〈客中行〉說：「蘭陵美酒鬱金香，玉碗盛來琥珀光。」鬱金香和琥珀都來自西域。

杜甫未曾到過西域，但杜甫詩中涉及西域文化的卻相當豐富。大凡西域地名、國名，西域神話、典故，西域胡人的性格、習俗，西域音樂、舞蹈、飲食，無不被杜甫攝入詩中。西域文化爲杜詩提供了大量新的主題和新的表現內容。針對西域戰爭，杜甫或持反戰的態度，如〈奉送郭中丞兼太僕卿充隴右節度使三十韻〉說：「和虜猶懷惠，防邊詎敢驚。古來于異域，鎮靜示專征。」他更希望守邊將領能得其人，如〈遣興三首〉其一：「故老行嘆息，今人尙開邊。漢虜互勝負，封疆不常全。安得廉頗將，三軍同晏眠。」安史之亂以後，隨著民族矛盾的尖銳，杜甫對西域給予了更多的關注和思考。〈寄董卿嘉榮十韻〉說：「犬羊曾爛漫，宮闕尙蕭條。猛將宜嘗膽，龍泉必在腰。黃圖遭污辱，月窟可焚燒。會取干戈利，無令斥候驕。」這是寫吐蕃入侵、占領長安。

其實，唐代文學不僅僅是詩歌受到了西域歷史和文化的很大影響，詞、變文等文學樣式，更是在西域文化的薰陶及與中原文化的交融中產生、演變和發展的。敦煌曲子詞是產生較早的民間詞，對晚唐五代詞乃至宋詞都有重要影響。變文是一種有說有唱的唐代新興文體。有些變文如〈張議潮變文〉，講的是張議潮收復瓜州沙州、投歸唐朝的故事，是有關西域現實題材的作品。

西域文化對唐代藝術的影響 在音樂、舞蹈、繪畫、雕塑等方面，西域文化對唐代的影響也很大。元稹曾作〈法曲〉慨嘆道：「女爲胡婦學胡妝，伎進胡音務胡樂……胡音胡騎與胡妝，五十年來競紛泊。」王建〈涼州行〉也說：「城頭山雞鳴角角，洛陽家家學胡樂。」可見，中唐時期西域的音樂舞蹈在中原很流行，「胡樂東漸」的現象勢頭不減。

西域的樂器種類繁多，主要有胡笳、羌笛、胡琴、琵琶等。軍旅幕府佐宴演奏時經常使用這些樂器。岑參〈白雪歌送武判官歸京〉寫道：「中軍置酒飲歸客，胡琴琵琶與羌笛。」〈酒泉太守席上醉後作〉又說：「琵琶長笛曲相和，羌兒胡雛齊唱歌。」即使深居內地的人，也會經常聽到西域的音樂，如孟浩然〈涼州詞〉：「異方之樂令人悲，羌笛胡笳不用吹。」又如白居易〈聽曹綱琵琶兼示重蓮〉：「撥撥弦弦意不同，胡啼蕃語兩玲瓏。誰能截得曹綱手，插向重蓮衣袖中。」

唐代由西域諸國傳入許多樂舞，風靡長安與中原。奏樂者與歌舞者往往技藝高超，令人讚歎不已。白居易和元稹各有〈胡旋女〉詩，記述來自西域的胡旋舞。白居易〈胡旋女〉說：「胡旋女，出康居，徒勞東來萬里餘。中原自有胡旋者，鬥妙爭能爾不如。天寶季年時欲變，臣妾人人學圜轉。中有太眞外祿山，二人最道能胡旋。」白居易〈胡旋女〉題下注：「天寶末，康居國獻之。」向達先生認爲：「唐玄宗開元、天寶時，西域康、米、史、俱密諸國屢獻胡旋女子，胡旋舞之入中國，當始於斯時。」（向達《唐代長安與西域文明》第七十頁，河北教育出版社，二〇〇一年）詩中講胡旋女自國外萬里而東來獻藝舞蹈，不想卻被楊玉環和安祿山後來居上了。可見胡旋舞多姿多采、新奇絢麗，引起了內地舞者跟進學習。來自西域的樂舞除了胡旋舞外，柘枝舞在當時也很知名。劉禹錫〈觀柘枝舞〉二首其一說：「胡服何葳蕤，仙仙登綺墀。神飆獵紅藻，龍燭映金枝。」沈亞之〈柘枝舞賦序〉說：「今自有土之樂舞堂上者，惟胡部與焉，而柘枝益肆於態。」可見柘枝舞的舞姿大膽、潑辣、有力。總之，唐代西域樂舞以其優美歡悅、技藝高超而流行朝野，深入民間。

西域文化還深入到唐人社會生活的各個方面，影響到人們的飲食起居。胡服和胡帽在中原的流行，化妝用胭脂加朱砂，都是受西域文化的影響。唐人普遍喜歡從西域諸國傳入的胡食。白居易〈寄胡餅與楊萬州〉就說胡餅非常可口：「胡麻餅樣學京都，麵脆油香新出爐。」都市酒肆又樂於聘用來自西域的年輕女子來賣酒，胡姬當壚，遂成街頭一景。如李白〈少年行〉：「落花踏盡遊何處？笑入胡姬酒肆中。」胡姬當壚，可廣爲招徠客人。這主要是因爲胡姬的聲歌樂舞最可娛賓。如賀朝〈贈酒店胡姬〉：「胡姬春酒店，弦管樂鏘鏘。紅氍鋪新月，貂裘坐薄霜。」李白〈醉後贈王歷陽〉：「雙歌二胡姬，更奏遠清朝。」表現的都是胡姬以歌唱演奏來佐酒助興的情景。

總之，邊疆民族的內遷和文化交流在文學、藝術、文化以及社會生活各方面都產生了重要影響，即所謂的胡化。正如向達先生所言，在中原，「胡化盛極一時」，「胡化大率爲西域風之好尚：服飾、飲食、宮室、樂舞、繪畫，競事紛泊」向達（《唐代長安與西域文明》第四十二頁，河北教育出版社，二〇〇一年）。唐代的漢胡，不同的文化經過接觸、碰撞，已經愈來愈緊密地交融在一起了，西域文化在中原文化的軀體中注入了新鮮的血液。而此一現象，正是唐王朝對西域一個半世紀苦心經營的最大收益。

九天閶闔開宮殿，萬國衣冠拜冕旒——唐朝的民族關係和中外關係

九天閶闔開宮殿，萬國衣冠拜冕旒

九天閶闔開宮殿　萬國衣冠拜冕旒

絳幘雞人報曉籌，尚衣方進翠雲裘。

九天閶闔開宮殿，萬國衣冠拜冕旒。

——王維〈和賈至舍人早朝大明宮之作〉

九天閶闔開宮殿，萬國衣冠拜冕旒

絳幘雞人報曉籌，尚衣方進翠雲裘。
九天閶闔開宮殿，萬國衣冠拜冕旒。
——王維〈和賈至舍人早朝大明宮之作〉

九天閶闔開宮殿　萬國衣冠拜冕旒

唐肅宗乾元元年（七五八）的一天，中書舍人賈至作〈早朝大明宮〉，杜甫、王維、岑參都依題酬和賈至。王維在詩中描繪了大明宮早朝的莊嚴氣象與皇帝的威儀。「萬國衣冠拜冕旒」，說明朝拜皇帝的不只是朝廷的文武官員，還有許多來自不同國家和地區的使節、客臣。萬國來朝的景觀，從一個側面反映了當時唐王朝的強盛與對外經濟文化交流的繁榮。

唐王朝與周邊民族的關係

朝唐的使節、客臣，有一部分是來自唐王朝周邊的吐蕃、回紇、南詔、渤海國等鄰國、屬國或羈縻州府的。唐王朝與這些地方的民族關係是複雜多變的。

唐與吐蕃　吐蕃與唐王朝的關係最爲重要和複雜。七世紀初，松贊干布統一青藏高原的羌族諸部，建立起吐蕃政權。《新唐書》卷二一六下〈吐蕃傳下〉贊曰：

> 唐興，四夷有弗率者，皆利兵移之，蹶其牙、犁其廷而後已。唯吐蕃、回鶻號強雄，為中國患最久。贊普遂盡盜河湟，薄王畿為東境，犯京師，掠近輔，殘馘華人。謀夫虓帥，環視共計，卒不得要領。晚節二姓自亡，而唐亦衰焉。

吐蕃確實是唐的一大對手，與唐王朝的戰爭頻頻發生。如唐前期與吐蕃爭奪吐谷渾的戰爭、吐蕃進犯安西四鎮與唐軍的戰爭等。唐玄宗時期，唐、蕃戰爭以河隴一帶爲主戰場，同時爭奪對西域控制權的戰爭也仍在進行。東突厥及突騎施衰落後，唐、蕃爭奪的重點又轉移到蔥嶺以南地區。在爭奪中，唐王朝頗具進攻態勢。天寶前期，唐將高仙芝、封常清先後攻破小勃律（今喀什米爾吉爾吉特）、大勃律（今喀什米爾巴勒提斯坦）。至此，唐在對吐蕃的戰爭中取得了全面勝利。安史之亂爆發後，唐朝調河西、隴右、西域等地軍隊的精銳東援。吐蕃趁虛而入，當地守軍力不能支，河隴、西域之地先後爲吐蕃所占，所謂「西戎背和好，殺氣日相纏」（杜甫〈西山三首〉其一）。吐蕃經常長驅直入，唐都長安也處於吐蕃的威脅之下，唐代宗廣德元年（七六三）甚至一度攻占長安。唐將郭子儀親赴回紇軍營，說服回紇大將，合力擊敗了吐蕃軍。杜甫〈近聞〉云：

> 近聞犬戎遠遁逃，牧馬不敢侵臨洮。
> 渭水逶迤白日淨，隴山蕭瑟秋雲高。
> 崆峒五原亦無事，北庭數有關中使。
> 似聞贊普更求親，舅甥和好應難棄。

從詩中可以看出，這一時期唐朝戰略上漸漸處於防禦態勢。後來，唐分化瓦解了吐蕃與回紇、南詔的同盟關係，使吐蕃四面受敵，加上吐蕃內部矛盾加劇，吐蕃進入衰亡時期。到了唐宣宗時，河隴漢人乘吐蕃內訌之際，在張議潮率領下驅逐吐蕃，收取沙、瓜等州。吐蕃失去了河隴，統治崩潰，國土分裂。

唐和吐蕃也曾修好，有過相對和睦的時期。這些時期對於唐蕃的共同發展，更爲重要。貞觀十四年（六四〇），吐蕃贊普松贊干布（即棄宗弄贊）向唐請婚，唐太宗以文成公主嫁之，其後贊普對唐帝均自稱甥。唐中宗景龍三年（七〇九），金城公主再度入蕃，舅甥關係更加穩固。在《全唐詩》中，以〈奉和聖製送金城公主適西蕃應制〉爲題的十餘首詩，即是唐代詩壇對金城公主遠嫁吐蕃的文學見證。如張說詩說：

青海和親日，潢星出降時。戎王子婿寵，漢國舅家慈。

甥舅關係的建立，在一定時期內，使得唐蕃關係相對穩定，有利於漢藏經濟文化的交流，因而在歷史上被傳爲美談。吐蕃不僅自唐傳入佛教文化，也引進了漢族的傳統文化和生產技術，促進了邊疆與內地之間的交流，也繁榮了吐蕃文化。文成公主入蕃時，帶去了佛像、經書、工藝品、綢緞、農作物種子及樂器、工匠等，唐高宗時唐朝政府又送給吐蕃蠶種及製酒、碾磑、紙墨等工匠。金城公主入吐蕃時，隨從大批技藝工匠，並攜帶大批錦緞。吐蕃的商隊，也從內地採購綢緞、繒帛以及軍用的弓箭等。李肇《唐國史補》中記載了一個有趣的小故事：唐朝使臣出使吐蕃，在帳中烹茶，吐蕃贊普問他烹的是什麼東西。唐朝使臣說：「這就是人們常說的茶，它可以解除口渴、滌除煩悶。」沒想到，贊普說：「這東西我也有。」他讓人拿出來給唐朝使臣看，並且還一一介紹其產地。這些茶都來自唐朝內地。這說明，唐蕃重建友好關係後，雙方的經濟交流進入了前所未有的繁榮時期。

唐與回紇　回紇又稱回鶻，乃維吾爾族的先民，是建立於漠北的游牧汗國。隋末唐初，回紇役屬於突厥。唐貞觀四年（六三〇），唐滅東突厥前汗國後，回紇遂與薛延陀族並稱雄於漠北。貞觀二十年（六四六），回紇助唐滅薛延陀及其部落，兼有其地，回紇等十二部酋長都請歸附於唐，唐太宗接受諸部酋長所上「天可汗」的尊號。唐給回紇等部以府、州的名稱，冊封回紇可汗吐迷度爲瀚海都督府都督。回紇等漠北諸部對唐歲貢貂皮，唐對諸部有救災平亂之責，雙方互利。唐高宗時，回紇助唐收復北庭（今新疆吉木薩爾北破城子），擊滅西突厥可汗阿史那賀魯，又助唐攻高麗。唐徙燕然都護府於回紇，改名爲瀚海都護府；徙故瀚海都護府於雲中古城，改名雲中都護府。此後，回紇漸趨強大，成爲漠北唯一強國，控制著東到黑龍江上游、西到阿爾泰山的廣大地區。天寶三年（七四四），唐玄宗冊封其首領爲懷仁可汗。此後，即使回紇強大，唐較衰弱，但可汗繼位總賴唐加以冊封，很少大舉侵略唐邊境和奪取唐土地。

安史叛亂發生後，長安、洛陽相繼陷落。次年，唐肅宗借回紇騎兵平亂。杜甫〈北征〉記載了當時的情況：「陰風西北來，慘澹隨回紇。其王願助順，其俗善馳突。送兵五千人，驅馬一萬匹。此輩少爲貴，四方服勇決。所用皆鷹騰，破敵過箭疾。聖心頗虛佇，時議氣欲奪。伊洛指掌收，西京不足拔。」回紇兵長於騎射，驍勇善戰，在平息安史叛亂中戰功顯赫。唐肅宗封回紇統帥葉護（懷仁可汗之子）爲忠義王，約定每年送給回紇絹兩萬匹；又立馬市，收買回紇馬。不久，又冊封回紇葛勒可汗爲英武威遠毗伽闕可汗，嫁幼女寧國公主爲葛勒可汗妻。

但回紇畢竟是游牧國家，剽悍善掠。在幫助唐軍平叛的過程中，也表現出其貪婪的一面。唐軍收復洛陽後，回紇入城大肆殺掠，殺人上萬，火燒房屋一二十天不滅，搶得財物無數。杜甫〈留花門〉有記：

北門天驕子，飽肉氣勇決。高秋馬肥健，挾矢射漢月。
自古以為患，詩人厭薄伐。修德使其來，羈縻固不絕。
胡為傾國至，出入暗金闕。中原有驅除，隱忍用此物。
……
胡塵逾太行，雜種抵京室。花門既須留，原野轉蕭瑟。

花門即指回紇。杜甫的意見是，對於回紇，隱忍用之，「此輩少爲貴」，不可使其傾國至，傷害田地莊稼、殺掠百姓。和親回紇，也不見得就是明智之舉。杜甫〈即事〉對唐王朝的「和親」之舉也提出反思：

聞道花門破，和親事卻非。人憐漢公主，生得渡河歸。
秋思拋雲髻，腰支勝寶衣。群凶猶索戰，回首意多違。

回紇可汗死，國人要以寧國公主（肅宗親女）殉葬。此事雖未實行，但寧國公主卻不得不依回紇習俗剺面哭喪，匆匆歸國。杜甫認爲，和親並不能達到定國安邦的效果，「群凶猶索戰」說明依靠外族不可能實現平定禍亂、安撫人心的目的。這是杜甫在總結多年戰爭經驗後的認識，事實也證明了杜甫的認識是正確的。唐代宗向回紇借兵助討史朝義，回紇登里可汗應召來助。登里可汗態度驕橫，讓迎接他的唐天下兵馬元帥李適（即後來的唐德宗）向他行拜舞禮。李適的隨從官員據理力爭，登里可汗則讓手下毒打李適從僚。杜甫對這件事也表示了極度的憤慨：「蜂蠆終懷毒，雷霆可震威。莫令鞭血地，再溼漢臣衣。」（〈遣憤〉）

受到侮辱的李適即位後，怨恨回紇，雙方頗多芥蒂。回紇登里可汗驕橫自大，貪得無厭，根本不懂得保持與唐的和好關係。登里可汗死後，回紇馬上發生內亂，從而走向了衰亡。唐文宗開成五年（八四〇）前後，回鶻（七八八年更名）可汗被殺，汗國瓦解，諸部離散，其中一部分南下降唐，其餘西遷。

唐與南詔　南詔是烏蠻族在今雲南地區建立的一個少數民族政權。唐初，在洱海地區存有六詔（即六個部落王）。六詔之一的蒙舍詔，因在其他五詔之南，又稱南詔。唐玄宗時，南詔在唐朝的支持下，吞併另外五詔。開元二十六年（七三八），唐玄宗封蒙舍詔主皮邏閣為雲南王，南詔政權正式建立，並與唐保持友好關係。唐扶植南詔的目的是聯合南詔與吐蕃抗衡，以確保唐帝國西南邊疆的安全。

天寶初，南詔開始向外擴張。唐王朝儘管不滿，但為了共同對付吐蕃，仍與之維持和平友好的局面。天寶九載（七五〇），直接管理南詔事務的劍南節度使鮮于仲通驕橫暴躁，其部屬雲南太守張虔陀貪財好色、貪暴苛求，導致南詔起兵叛亂，殺張虔陀，背唐而依附吐蕃。次年，唐派鮮于仲通率八萬大軍討伐南詔。鮮于仲通自恃兵多將廣，數次拒絕南詔的求和，南詔被迫向吐蕃求援。在詔、蕃聯軍的夾擊下，唐軍大敗，「士卒死者六萬人，仲通僅以身免」。當時的丞相楊國忠與鮮于仲通交好，竟然為鮮于仲通向唐玄宗請功，並且為了掩飾失敗，大舉募兵以擊南詔。人們早就聽說雲南瘴癘多、戰爭苦，都不肯應募。楊國忠就派人大量捉丁。「於是行者愁怨，父母妻子送之，所在哭聲振野。」（《資治通鑑》卷二一六）杜甫〈兵車行〉記述當時情景說：「車轔轔，馬蕭蕭，行人弓箭各在腰。耶孃妻子走相送，塵埃不見咸陽橋。牽衣頓足攔道哭，哭聲直上干雲霄。」這次戰爭以後，南詔轉而投靠吐蕃，與吐蕃結盟，共同反對唐廷。天寶十三載（七五四）六月，唐將李宓率七萬大軍再次進討南詔，又遭大敗。次年，安史之亂爆發，唐朝無暇南顧，南詔遂發展爲西南地區一個強大的地方政權。

廣德至建中年間，吐蕃侵唐，常以南詔軍爲前鋒。由於南詔軍隊肆意掠奪和殺戮，蜀人相語：「西戎尚可，南蠻殘我。」大曆十四年（七七九），南詔、吐蕃聯兵二十萬分三路進犯西川，企圖奪取成都。唐將李晟大勝南詔軍，並一鼓作氣，把詔、蕃聯軍趕過大渡河。戰後，南詔元氣大傷，吐蕃卻將慘敗的罪責歸咎於南詔，置南詔於臣屬藩邦的地位，向南詔徵收重稅，占據了南詔的險要之地，調遣南詔軍隊出兵助防，使南詔疲憊不堪。南詔投靠吐蕃，反受挾制。

唐德宗貞元十年（七九四），南詔由於不堪吐蕃的奴役剝削，又遣使向唐求和，唐德宗遣使與南詔在點蒼山神祠會盟，結束了唐與南詔對峙隔絕四十餘年的局面。盟後，南詔趁吐蕃徵調南詔軍助其攻打回鶻之機，突然襲擊，大破吐蕃。這在客觀情勢上有助於扭轉唐王朝在西南、西北邊疆的被動局面。

唐文宗太和三年（八二九），南詔統治者爲了掠奪財富，背盟毀約，向唐發動多次戰爭，曾一度攻陷成都，掠奪了大量人口、財物。次年，南詔又遣使入朝謝罪，與唐繼續保持臣屬關係。唐宣宗大中十三年（八五九），南詔王世隆繼位，因其名犯太宗、玄宗之諱，唐不予冊封。世隆乃自稱皇帝，不再奉唐正朔，與唐決裂。世隆派兵侵擾唐朝邊境，一度曾攻陷交趾（今越南河內），入侵西川，圍攻成都，都被唐擊敗。唐昭宗天復二年（九〇二），在唐王朝即將滅亡的前夕，南詔也因爲權臣政變而滅亡。

在經濟文化方面，南詔與唐的交流卻從未中斷。南詔社會的發展，無不受到漢族地區的深刻影響。南詔在與唐交好時，多有貴族子弟前往唐朝內地就學。如唐西川節度使韋皋曾允許南詔貴族子弟輪流到成都就學，學成回國者至少有數百人。這對於改變南詔文化習俗的落後，無疑是大有裨益的。

唐與渤海國　渤海國是居於我國東北地區的粟末部建立的一個少數民族政權，武周時自稱「震」。開元元年（七一三），唐玄宗封粟末首領大祚榮爲渤海郡王，渤海國從此建立，並統屬於唐。渤海與唐始終保持著友好關係，因此，渤海國受到漢族文化的影響也最爲巨大。渤海王常派子弟往學於唐。溫庭筠〈送渤海王子〉有「疆理號重海，車書本一家」之句，即是當時情況的寫照。

唐王朝的中外關係

參拜唐廷的「萬國衣冠」中，還有很多是來自中亞諸胡國，南亞天竺，西亞波斯、大食，以及東亞新羅、日本等國的使節、客臣。

唐與中亞諸胡國　中亞諸胡國，如吐火羅諸國、粟特諸國等，與唐朝關係相當密切。在唐代以前，諸國由西突厥控制，唐朝滅西突厥汗國之後，在這裡設置了羈縻都督府州，但仍然保持了各國統治者原來的地位。

吐火羅故地居於絲綢之路南道要衝，與唐朝一直交往不斷，安史之亂時，吐火羅還曾發兵援助唐平叛，被編在朔方軍之下。

唐代粟特地區以康國爲中心，形成了主要由康、安、曹、石、米、何、史等國組成的所謂「昭武九姓」國。唐朝平定西突厥阿史那賀魯叛亂後，在粟特及鄰近地區也建立了一些羈縻都督府和羈縻州，以各國國王爲都督或刺史，與粟特地區的關係更加密切。安史之亂以後，邊兵內調，吐蕃占據河隴，大食勢力也在中亞逐步穩住了根基，粟特諸國與唐朝的政治關係由密而疏。

粟特諸國與唐朝曾有較多的經濟文化交流，粟特人經商的範圍遍及中亞及東亞、北亞各地，從而形成了「伊吾之右，波斯以東，職貢不絕，商旅相繼」（《唐大詔令集》卷一三〇〈討高昌王麴文泰詔〉）的局面。

唐與南亞天竺諸國　唐朝與南亞天竺諸國的交往，尤其是玄奘取經，加強了兩國的文化聯繫。玄奘在研究佛經過程中，發現了佛經譯文有很多錯處，決心到佛教的發源地天竺學習佛經。貞觀元年（六二七），玄奘從長安出發，踏上了西行取經求法的漫漫征途。玄奘過西域到天竺，並留天竺十五年，遍歷天竺諸國，訪求名僧，研習佛典。貞觀十九年（六四五），玄奘回到長安，帶回佛經六百五十七部，受到了唐朝官民、僧俗的熱烈歡迎。

玄奘歸唐後，唐太宗爲他專門設立了翻譯場所，詔令他擔任新落成的慈恩寺主持，修建了佛塔，保存他從印度帶回來的佛經。慈恩寺是唐高宗爲太子時爲他母親而建，故稱「慈恩」，建於貞觀二十一年（六四七）。數年後，玄奘在慈恩寺建塔，即大雁塔。詩人杜甫與高適、岑參、儲光羲、薛據等曾同遊寺塔。高適、薛據首先賦詩，杜、岑、儲三人都和詩一首。岑參〈與高適薛據登慈恩寺浮圖〉云：

塔勢如湧出，孤高聳天宮。登臨出世界，磴道盤虛空。

突兀壓神州，崢嶸如鬼工。四角礙白日，七層摩蒼穹。

杜甫〈同諸公登慈恩寺塔〉云：

高標跨蒼穹，烈風無時休。自非曠士懷，登茲翻百憂。

方知象教力，足可追冥搜。仰穿龍蛇窟，始出枝撐幽。

杜、岑兩詩都是佳作，詩中既讚歎了寺塔之宏偉壯觀，又讚歎了佛法的深奧，引人遐思。

佛教從印度傳入中國後，求法僧人又經常把漢譯佛經攜至天竺，從而出現了佛教「倒流」印度的現象。如玄奘就曾將《大乘起信論》譯爲梵文，使其在印度流傳。這說明，唐朝對印度文化並不是僅限於被動吸收，而是在包括佛教在內的各個領域，對印度文化都曾產生過積極而深遠的影響。

玄奘成爲中印兩國友好往來的榜樣。他歸國後，唐朝廷爲了加強對天竺諸國的了解，又派王玄策三次出使天竺。王玄策的出使，使兩國及沿途國家的物產，如天竺的蔗糖、唐朝的「綾帛」、泥婆羅國的菠菜等，都通過出使得到交流。同時，也大大推動了兩國文化和藝術交流。例如，與王玄策同到天竺的畫工宋法智等人，在天竺專門從事臨摹佛像的工作，回到長安後，他們的創作引起了轟動，使得道俗競相模擬。

唐與西亞波斯、大食等國　唐朝與西亞波斯、大食等國也多有交往。

波斯是古代伊朗歷史上的政權之一。唐太宗時，大食人開始大舉入侵波斯，波斯與大食交戰兵敗，在貞觀末最終滅亡。波斯政權歷時數百年。波斯王子卑路斯避居波斯東境，組成流亡政權。高宗時，唐朝設置波斯都督府，並以卑路斯爲都督。卑路斯後來入覲唐朝，最終客死於中土，唐朝冊立其子泥涅師爲波斯王，泥涅師最後也病死於長安。

波斯商人足跡遍布唐朝各地，他們把胡椒、藥品、波斯棗、香料、珠寶等帶到中國，又把中國的絲綢、瓷器、紙張等運往波斯，並轉運到西方。還有，波斯金銀器對唐朝金銀器皿製造業的大發展產生了重要的影響。唐代金銀器皿的數量驟然激增，很可能與波斯金銀器皿製造技術傳入中國有關。中國出土的唐代文物中，有一些具有濃厚薩珊波斯風格的銀器，這些器物很可能就是波斯的輸入品。波斯銀幣的流行，是中古時代中國對外文化交流的一項重要內容。此外，在今新疆、陝西、甘肅、河南、山西等地區，都曾發現波斯銀幣，尤其以新疆唐代遺存中出土的爲多。

在長期的經濟、文化交往過程中，大批波斯人進入中國，並具備了高深的漢文化修養。如唐末五代波斯人李珣就是其中的突出代表。李珣的祖先是波斯胡人。李珣文學修養甚高，曾以賓貢及第。五代後蜀何光遠《鑒誡錄》卷四載，尹鶚曾戲謔李珣說：「異域從來不亂常，李波斯強學文章。假饒折得東堂桂，胡臭熏來也不香。」《花間集》中收錄李珣的詞三十七首。做爲一個波斯人，能有這樣的文才，自然讓人感到驚訝。

大食是唐代對阿拉伯帝國的稱呼。唐高宗永徽二年（六五一），大食帝國消滅波斯，首次遣使來唐。此後，隨著大食勢力的擴張，唐朝與大食的接觸日漸頻繁。伊斯蘭教先知穆罕默德有一條著名的聖訓稱：「學問雖遠在中國，亦當求之。」

唐玄宗開元、天寶年間，唐朝由東而西，吐蕃由南而北，大食由西而東，三方勢力在西域交匯。

此時，受到大食侵擾的波斯、昭武九姓國和吐火羅故地各政權都紛紛請求唐朝加以庇護，但唐朝的力量不足以有效保護這些政權。天寶十年（七五一），唐安西節度使高仙芝征討石國（今烏茲別克斯坦塔什干一帶），殺石國王。石國王子引西域諸胡國及大食兵，在怛羅斯（今哈薩克斯坦江布林城附近）將高仙芝打得大敗。此後大食實力大大加強，而唐對西域的控制力則漸趨削弱。但是這次戰役在東西文化傳播的歷史上卻有著極爲重要的意義。在戰爭中，大批唐朝士兵包括工匠被俘往阿拉伯地區，其中就有造紙工匠，他們對中國造紙術的西傳起了重要的作用。《通典》作者杜佑的族子杜環，也在怛羅斯戰役中被大食軍隊俘虜。他在大食境內飄泊十年之久，於唐代宗寶應年間返唐。杜環根據他在大食境內流寓的經歷及見聞，寫了《經行記》，留下了中國與阿拉伯交往的最早的可靠紀錄。

唐朝與大食的經濟文化交流非常值得重視。當時來唐經商的大食人非常多，尤其集中在廣州。大食商人到唐經商，把造紙、紡織等技術傳到非洲和歐洲，唐三彩瓷器等更深受阿拉伯人的讚賞。隨著唐朝與大食的貿易交往，阿拉伯金幣、大食的器物如伊斯蘭玻璃器等也傳入中國。近年在西安法門寺唐代地宮中，就發現了一些較完整的來自伊斯蘭的玻璃器皿。

隨著唐朝與大食交往的開展，伊斯蘭教在唐代傳入中國。當時所謂的「大食法」，即伊斯蘭教。杜環《經行記》載：「大食法者，以弟子親戚而作判典，縱有微過，不至相累。不食豬、狗、驢、馬等肉，不拜國王、父母之尊。不信鬼神，祀天而已。其俗每七日一假，不買賣，不出納，唯飲酒謔浪終日。」大食人的風俗習慣和宗教信仰受到了唐朝的尊重，有些大食人留居中國，在長安、廣州都建有伊斯蘭禮拜寺。大食人由於長期居住在唐朝內地，具備了較高的漢文化修養，唐宣宗時大食人李彥升以賓貢及第，就是很好的證明。

唐與東亞新羅、日本等國　唐朝與東亞新羅、日本等國的交往，對於華夏文明的東傳，意義重大。

唐初，朝鮮半島上高麗、新羅、百濟三國鼎立。反對臣服中國的高麗，聯合百濟，攻打新羅。新羅向唐朝求救，唐太宗下令打造戰船、招募軍隊，決計出兵高麗，貞觀十九年（六四五），唐太宗派水軍四萬從萊州渡海攻平壤，陸軍六萬從東北趨遼東，自己親臨前線督戰。但進攻受阻，再加上寒冬將臨，太宗只好下令撤軍，遠征失敗。唐高宗顯慶五年（六六〇），唐派大將蘇定方率大軍十萬，與新羅夾攻，攻下了朝鮮半島南部的百濟，然後以百濟爲據點，屯田積穀，對付高麗。乾封三年（六六八），唐軍攻下平壤，擄高麗王歸京而殺之，高麗滅亡。唐在高麗故地置都督府、州、縣，以薛仁貴爲安東都護，鎮守平壤。後來唐朝忙於應付吐蕃，再加上高麗舊部反抗，唐朝將安東都護府內遷至新城（今遼寧撫順市附近）。唐朝軍隊撤退後，新羅統一了朝鮮半島。

新羅統一後，和唐朝繼續保持友好關係，兩國互遣使節，不斷從陸、海兩路往來。從唐初至唐末，新羅與唐朝往來最頻，貢使最多。新羅王經常派遣使臣帶著珍貴禮物來到長安，唐朝也經常送新羅精美絲織品做爲答贈。錢起〈送陸珽侍御使新羅〉云：

衣冠周柱史，才學我鄉人。受命辭雲陛，傾城送使臣。
去程滄海月，歸思上林春。始覺儒風遠，殊方禮樂新。

從詩中可以看出詩人對出使新羅的重視，和把中國文化帶到新羅的希望。

唐朝與新羅貿易數量最大，來唐貿易的新羅商人很多。新羅商人給唐朝帶來牛、馬、麻布、紙、摺扇、人參等，從唐朝販回絲綢、茶葉、瓷器、藥材、書籍等。

唐朝與新羅的文化交流也空前繁盛。朝鮮的音樂大受唐的歡迎，唐太宗時的「十部樂」就包括「高麗樂」。朝鮮方面，亦廣泛研究和應用中國的政治、建築、天文、曆法、醫學、詩歌和紡織技術等。新羅不但仿照唐朝建官制，而且，都城平壤就是模仿長安城修建的。

在唐朝的外國留學生中，新羅人數最多。新羅留學生絡繹不絕地來到長安學習，動輒百人以上。新羅留學生參加唐朝科舉考試，考取「賓貢」（意爲外籍進士）的有數十人。如崔致遠十二歲來中國，他不但考中進士，而且長期在唐朝做官，用漢文寫的《桂苑筆耕集》二十卷，保存了當時唐朝的不少史料，至今還是我們研究唐朝歷史的寶貴資料。

唐朝與日本的友好交流，也達到了空前繁榮的時期。這一時期，日本發生「大化改新」，奴隸制解體，封建制開始確立和鞏固，對唐的昌盛極其仰慕。日本不斷派「遣唐使」來唐。遣唐使人數眾多，有時一次就達五、六百人。遣唐使團組織完備，除了設有大使、副使等外，還有翻譯、醫師、畫師、史生、射手、音樂長、玉生、鍛生、船匠，以及留學生、學問僧等。他們來唐是要學習中國的政治和經濟制度、文學藝術、生產技術、建築技巧和生活習俗等，回日後廣泛傳播。其中留學生晁衡（日本名阿陪仲麻呂）就是中日友好關係史上的重要人物。

唐玄宗開元初，二十歲的晁衡來唐。他開始入唐太學讀書，由於聰穎好學、才思非凡、能詩善文，不久便通過了科舉考試。由於他學識和品行俱佳，曾任三品左散騎常侍、祕書監等要職。晁衡與李白、王維、儲光羲、包佶等詩人情意頗深。儲光羲〈洛中貽朝校書衡〉說：「萬國朝天中，東隅道最長。吾生美無度，高駕仕春坊。」其意頗以能與晁衡交遊自喜。李白在長安任翰林供奉時，收到晁衡送來的一件日本裘，李白很感動。李白在〈送王屋山人魏萬還王屋〉詩中曾有「身著日本裘，昂藏出風塵」的詩句，在「日本裘」句後有註云：「裘則朝卿（晁衡）所贈，日本布爲之。」

天寶十年（七五一），晁衡得到了玄宗的准許，回國探親，並作〈銜命還國作〉云：「銜命將辭國，非才忝侍臣。天中戀明主，海外憶慈親。」抒寫了晁衡既懷念故園、又流連大唐的矛盾心理。晁衡臨行之時，長安友人紛紛爲他送行。唐玄宗、王維、包佶等人還作詩贈別。王維詩云：「積水不可極，安知滄海東。九州何處遠，萬里若乘空。」（王維〈送祕書晁監還日本國〉）包佶詩云：「上才生下國，東海是西鄰。九譯蕃君使，千年聖主臣。」（包佶〈送日本國聘賀使晁巨卿東歸〉）詩人們或對晁衡渡海表示擔憂，充溢著對他深厚的友情；或對晁衡的才學、人品倍加稱讚。晁衡在海上忽遇暴風惡浪，船舶漂流到了越南，長安誤傳出他所乘舟船傾覆遇難的消息。李白聽說晁衡遇難後，十分悲痛，寫下了著名的〈哭晁卿衡〉，情意深厚：「日本晁卿辭帝都，征帆一片繞蓬壺。明月不歸沉碧海，白雲愁色滿蒼梧。」這首詩已成爲中日友好史上傳誦千年的名作。晁衡後來輾轉漂泊後又回到長安，繼續在唐朝任職，直至大曆五年（七七〇）病逝於長安，前後在中國生活五十多年。

日本屢派「遣唐使」，唐朝也多次派官員往日本答聘。錢起〈重送陸侍御使日本〉詩，就是送同鄉陸珽往日本的：

萬里三韓國，行人滿目愁。辭天使星遠，臨水潤霜秋。
雲佩迎仙島，虹旌過蜃樓。定知懷魏闕，回首海西頭。

遣唐使給唐朝帶來珍珠、絹、琥珀、瑪瑙、絲織等貴重禮品；唐朝也回送一些高級絲織、瓷器、樂器、文化典籍等。

中日佛學界的交往在唐代也非常繁盛。日本先後來華的八位僧人，被稱爲「入唐八家」，在日本佛教史上有重大影響。中國僧人也不斷東渡，最著名的即鑑眞和尚東渡日本。鑑眞應日本天皇之邀，歷經六次艱難險阻，最終雙目失明，終於在天寶十三年（七五四）帶著弟子到達日本，並在奈良東大寺建壇授法，又建招提寺，傳布律宗。鑑眞在佛教及佛教藝術、中醫藥、建築藝術等方面給日本帶去了深遠影響。他在日本居留十年，卒後葬於奈良唐招提寺。

唐朝給日本造成的影響是空前廣泛而深入的。在政治和經濟方面，日本倣效唐朝進行了「大化改新」（大化革新），建立了中央集權的行政制度，同時實行班田收授法（同於均田制）和租庸調制。在城市建築方面，唐都長安有朱雀大街、東市、西市，日本京都也同樣倣效。在文字方面，留學於唐十七年的吉備眞備（回國後任宰相）和「入唐八家」之一的學問僧空海，參照漢字草書和楷書的偏旁，分別創制了平假名和片假名，合爲日本文字。在飲食、服裝和日常生活方面，日本也都受到唐朝很大影響。

對外交流的日益頻繁，使得唐都長安熱鬧非凡。各國都爭相前往唐朝進行友好交往，開展貿易，學習文化、技術。往來於唐和波斯、天竺、大食等地的商船絡繹不絕，數以萬計的外國使節、商人、僧侶和留學生居住在長安，中國封建社會出現了前所未有的盛世景象，當時的唐王朝已成爲亞洲的經濟、政治和文化中心。

唐王朝發展對外關係的措施

「萬國衣冠拜冕旒」的盛世繁榮局面，與唐王朝開放的精神、宏大的胸襟氣度密切相關。李唐皇族是胡漢融合的家族，朱熹所說的「唐源流出於夷狄」（《朱子語類》卷一一六），是有根據的。唐朝開國皇帝唐高祖李淵之母獨孤氏是北周獨孤信之女，獨孤姓源於鮮卑族拓跋氏；李淵之妻竇氏是北周竇毅的女兒，而竇毅妻宇文氏系出匈奴；唐太宗李世民之妻長孫皇后，祖先屬於鮮卑魏拓跋氏。所以李淵、李世民及高宗李治都有少數民族血統。陳寅恪在〈李唐氏族之推測後記〉中說：「李唐一族之所以崛興，蓋取塞外野蠻精悍之血，注入中原文化頹廢之軀，舊染既除，新機重啓，遂能別創空前之世局。」也許與胡漢融合的血統相關，唐王朝在對待周邊關係及中外關係上，採取了一視同仁的開放政策。

唐王朝大力開拓對外交通。唐代對外交通也非常發達，陸路有北、中、南三條路通往中亞和印度。水路上，唐代的海外交通航線有兩條，一條通往海東諸國（指朝鮮半島和日本列島），一條通往西方大食諸國。當時中國沿海各港口擠滿了被稱作「波斯舶」、「南海舶」、「師子舶」或「婆羅門舶」等的外國航海商船。

唐王朝還設置了一些專門的對外機構，從中央到地方分別有鴻臚寺、主客郎中、市舶使、薩寶、押衙、總管等機構和官職，管理不同的外來事務和人群。域外客臣極受唐廷禮遇。武則天證聖元年（六九五）曾下詔說：「蕃國使入朝，其糧料各分等第給，南天竺、北天竺、波斯、大食等國使，宜給六個月糧。」成千上萬的外國人在長安定居，置辦田產，生兒育女，有的還被唐朝授予官職。據《資治通鑑》記載，唐德宗貞元三年（七八七）時，「胡客留長安久者，或四十餘年，皆有妻子，買田宅，舉質取利，安居不欲歸」。朝廷勸其歸國，然而胡客無一人願意回去。

唐朝優遇外來宗教，唐代外來宗教繁榮。佛教在經典翻譯、宗派形成、僧徒求法等方面都達到了空前繁榮，佛教宗派律宗、慈恩宗、華嚴宗等都在唐代形成，從前代繼承下來的天臺宗、三論宗、禪宗在唐代發展至登峰造極，並完成了佛教的中國化。傳自波斯的摩尼教、景教和祆教也得到唐朝政府保護。摩尼教來唐後，唐朝皇帝准許在長安、荊州、揚州等地設置大雲光明寺等摩尼寺。景教是中國唐代對基督教聶斯托里(Nestorian)派的稱呼，又稱波斯教。貞觀九年（六三五），景教主教到達長安時，唐太宗曾派儀仗隊迎接。唐德宗建中二年（七八一）所建的「大秦景教流行中國碑」，記述了唐太宗貞觀年間來自波斯的傳教士阿羅本，到長安拜謁唐太宗，獲准傳教，和景教在中國傳播的情形。碑今藏於西安碑林博物館。祆教又稱拜火教。武德初年波斯祆教就在長安布政坊立有祆祠，此後在崇化坊、醴泉坊、普寧坊等陸續增建。祆教受到唐廷保護，專設「薩寶」一官主持管理。這些，都證明唐朝對外來民族文化的尊重和廣泛的吸收、交融，體現出唐朝統治者的開拓、進取精神。

唐太宗說：「自古皆貴中華，賤夷、狄，朕獨愛之如一，故其種落皆依朕如父母。」（《資治通鑑》卷一九八）這樣的視野和胸襟，爲唐朝統治者制定開明的民族政策奠定了良好的文化基礎，自然會引得萬國來朝。各國帶來了本國、本民族的物質產品和精神產品，又把唐朝、漢民族的生產技術和產品以及悠久的華夏文明帶到世界各地。所以，唐朝的對外交流，是雙向的物質饋贈和文化饋贈。就唐朝本身來說，一方面促進了唐代經濟的發展和市場的繁榮；另一方面，又使唐代中國固有的文化更加豐富多采。

國破山河在，城春草木深——安史之亂及其平定

國破山河在，城春草木深。感時花濺淚，恨別鳥驚心。
烽火連三月，家書抵萬金。白頭搔更短，渾欲不勝簪。

——杜甫〈春望〉

唐玄宗天寶十五年（七五六）六月，安史叛軍攻下唐都長安。杜甫欲往靈武投奔肅宗，可在途中為叛軍俘獲，帶到長安。次年春天，在淪陷的長安，杜甫寫下此詩，抒發自己傷國憂時、懷親思家之情。司馬光《溫公續詩話》評論說：「山河在，明無餘物矣；草木深，明無人矣；花鳥平時可娛之物，見之而泣，聞之而悲，則時可知矣。」本來讓人開心的花鳥卻使詩人墮淚驚心，詩人悲痛的原因，是安史之亂。

養虎成患

天寶十四年（七五五）十一月初九，安祿山在幽州（今北京）起兵反唐。六天後，安祿山反叛的消息傳到京師。可大唐帝國的玄宗皇帝怎麼也不願意相信這是眞的。在此之前，就有許多人說安祿山要造反，玄宗都不相信。玄宗派人到安祿山那裡去考察，派出去的人回到朝廷，無不對安祿山交口稱讚。再說，玄宗對安祿山一直恩遇有加，凡有所請，無不從之。安祿山對玄宗皇帝也曾指誓山河，表示忠誠。在玄宗眼裡，安祿山不過是個勇猛威武而又忠厚憨直的蕃將而已，這樣的臣下怎麼會反叛呢？爲了表示自己用人不疑，玄宗還曾把奏報安祿山欲反的人，綁交給安祿山處置。

安祿山何以讓唐玄宗如此信任呢？他到底是怎樣的一個人呢？

安祿山是營州柳城（今遼寧朝陽）雜種胡人。唐姚汝能《安祿山事蹟》說，安祿山自稱「我父是胡，母是突厥女」。安祿山的性格和經歷與其柳城雜胡血統的出身有關。安祿山三十歲時，投范陽節度使張守珪幕下從軍，被任爲捉生將。安祿山以作戰驍勇，充衙前討擊使，還被張守珪收爲養子。安祿山討契丹失利，按法當斬，雖然當時的宰相張九齡執意要法辦他，但玄宗因愛其勇而赦免了他，許他白衣自效。開元二十八年（七四〇），安祿山被任命爲平盧軍兵馬使，並於次年加特進。玄宗派張利貞爲河北採訪使去平盧考察，安祿山巧言獻媚、重金賄賂，張利貞回朝，盛稱安祿山有才能，玄宗任命安祿山爲營州都督、充平盧軍使等多項官職。天寶元年（七四二），安祿山又被任命爲節度使。天寶三年（七四四）三月，玄宗又任命安祿山兼任范陽節度使、河北採訪使等職，統兵九萬多人。天寶六年（七四七），玄宗又加安祿山兼御史大夫的朝銜，賜安祿山鐵券。天寶九年（七五〇），玄宗封安祿山爲東平郡王，這還是唐朝自建立以來第一次封將帥爲王。玄宗又在長安城爲安祿山營建了富麗堂皇的宅第。次年二月，朝廷又任命安祿山兼河東節度使，轄下兵有五萬五千人。這樣，平盧、范陽、河東三鎭和河北道，對官員們的獎賞和懲罰就都由安祿山來決定了。

安祿山爲什麼能夠如此平步青雲、飛黃騰達？

一方面，是因爲安祿山逢迎有術，善於投機鑽營。據《安祿山事蹟》說，天寶二年（七四三），安祿山第一次入朝奏對的時候，對玄宗說：「臣若不行正道，事主不忠，蟲食臣心。」這番話讓玄宗非常感動，馬上加給他驃騎大將軍的軍銜。爲了討得玄宗歡心，安祿山不斷向玄宗獻媚取寵，「歲獻俘虜、雜畜、奇禽、珍玩之物，不絕於路，郡縣疲於遞運」。對於玄宗派去考察他的欽差，他不惜重金賄賂，欽差交差時自然爲他美言不已。

此外，安祿山還會故意裝憨。玄宗命安祿山見太子，安祿山不拜，左右指責他，他說：「臣不識朝廷禮儀，皇太子是什麼官？」玄宗告訴他說太子是皇儲，他卻說：「臣愚，只知道陛下，不知道太子。」安祿山知道玄宗專寵楊貴妃，就請爲貴妃養兒，玄宗許之。覲見時，安祿山總是先拜貴妃，後拜玄宗，玄宗感到奇怪，安祿山解釋說：「蕃人先母後父。」玄宗聽了卻很高興，因爲他覺得這樣憨直的蕃將能夠讓自己放心，於是就更加大膽地把東北邊防重任託付給他。

另一方面，重用安祿山又與唐玄宗致力開邊、重用邊將有關。開元之治的繁榮，讓玄宗不禁飄飄然起來。他往往窮兵黷武，輕啓邊釁。杜甫〈兵車行〉詩說：「邊庭流血成海水，武皇開邊意未已。」〈前出塞〉詩說：「君已富土境，開邊一何多！」都是針對唐玄宗開邊提出的批評。杜甫〈昔遊〉則更明確地指出了正是開邊、黷武釀就了安史之亂：

是時倉廩實，洞達寰區開。猛士思滅胡，將帥望三臺。
君王無所惜，駕御英雄材。幽燕盛用武，供給亦勞哉！
吳門轉粟帛，泛海陵蓬萊。肉食三十萬，獵射起黃埃。

《資治通鑑》說：「天寶之後，邊將奏益兵浸多，每歲用衣二十萬匹，糧百九十萬斛，公私勞費，民始困苦矣。」正如錢穆《國史大綱》所說：「安祿山的勢力，是唐室用中國財富豢養成的胡兵團。此種胡兵團，只吮吸了唐室的膏血，並沒有受到唐室的教育。他們一旦羽翼成長，自然要撲到唐室的內地來。」

安祿山受重用，也與當時的宰相李林甫有關。口蜜腹劍的李林甫，用心計把張九齡等排擠出朝，

「妒賢嫉能，排抑勝己，以保其位」（《資治通鑑》卷二一六）。唐玄宗時，朝廷重臣往往被派到地方任節度使，而節度使如果有才幹和軍功，也常常被調到朝廷擔任宰相。李林甫靠巴結武惠妃而升任宰相後，爲了鞏固玄宗對自己的恩寵，保住自己的相位，「志欲杜出將入相之源」，建議玄宗讓目不識丁的胡人專任大將，由此安祿山等胡人得以執掌邊疆重兵。李林甫的個人野心，使唐初重內輕外的形勢變爲內輕外重，這成爲安祿山舉兵作亂的一個根本條件。後來元稹作〈連昌宮詞〉，借連昌宮邊老翁之口評議：「弄權宰相不記名，依稀憶得楊與李。」指出朝廷用相非人乃是致亂之由。

「羯胡事主終無賴」（杜甫〈詠懷古跡五首〉其一）。出身胡族血統的安祿山，從小沒有受過正統的教育，沒有受過儒學經典的薰陶，本身缺乏忠君愛國觀念；再加上玄宗的好武開邊、李林甫的嫉能保位，漸漸養虎成患。

亂起漁陽

就在安祿山這隻凶猛的老虎還在打盹的時候，又偏偏有人要用小草撩撥牠的鬍鬚。這個人就是在李林甫死後接替相位的楊國忠。楊國忠本名楊釗，是楊貴妃的堂弟。他靠楊貴妃和楊貴妃的姊姊虢國夫人的關係，逐漸爬上宰相之位。他本是個不學無術之人，是靠著裙帶關係躋身要職的。由於唐玄宗極愛楊妃，才使得楊氏一家「姊妹弟兄皆列土，可憐光彩生門戶」（白居易〈長恨歌〉）。楊國忠在做了宰相後，貪權固位之心一點兒也不亞於李林甫。他看到安祿山特別受玄宗恩寵，非常眼紅，害怕安祿山將來會入朝爲相，危及己位，就多次在玄宗面前說安祿山有悖逆的跡象。

安祿山一向敬畏老奸巨滑的李林甫。史載：「祿山於公卿皆慢侮之，獨憚林甫，每見，雖盛冬，常汗沾衣。」（《資治通鑑》卷二一六）李林甫在位，安祿山還不敢輕舉妄動；天寶十一年（七五二）李林甫死後，安祿山便無所顧忌，並不把楊國忠看在眼裡。楊國忠和安祿山的矛盾公開化了。楊國忠數言安祿山欲反，可玄宗就是不相信。

楊國忠在玄宗跟前詆毀安祿山，被傳到了安祿山的耳朵裡。安祿山身任三鎮節度使，掌控東北地區的精兵，久蓄異志。安祿山一方面在朝廷布置眼線，一方面加緊反叛準備。他藉口「峙兵積穀」，在薊州修築雄武城，大貯兵器。爲了收買人心，安祿山奏請玄宗發給他很多空名告身，於是軍中一下子有五百多人被任命爲將軍，有兩千多人被任命爲中郎將。他收養同羅、奚、契丹等族的壯士，組成名爲「曳落河」（突厥語，意思是「健兒」）的約八千餘人的敢死隊，做爲自己的親兵。他請求玄宗兼領群牧總監，暗中派親信從各牧監挑選數千匹最優良的戰馬，另外飼養，以備騎用。

安祿山的異志，朝野早有所聞。就連李白、杜甫一類的詩人都有所憂懼。李白在安史之亂前夕曾到過幽州，看到的是殺機一片的景象，李白後來追憶說：「十月到幽州，戈鋋若羅星。君王棄北海，掃地借長鯨。呼吸走百川，燕然可摧傾。」（〈經亂離後天恩流夜郎憶舊遊書懷贈江夏韋太守良宰〉）杜甫作詩諷喻說：「坡陀金蝦蟆，出見蓋有由。至尊顧之笑，王母不肯收。復歸虛無底，化作長黃虯。」（〈奉同郭給事湯東靈湫作〉）天寶十四年（七五五）二月，安祿山上奏，請用三十二名蕃將代替漢將。雖然新任宰相韋見素極力陳說安祿山已有反叛跡象，可玄宗對安祿山卻是無比信任，竟又一口答應。楊國忠多次冒犯安祿山，覺得如此下去可能會對自己不利，於是又聲言安祿山欲反，想逼安祿山早點行動，以證實自己有先見之明。玄宗派人探聽范陽的情況，使者受了安祿山厚賂，回來奏報說安祿山竭忠奉國，並無二心。玄宗更加信任安祿山，諸臣的諫告他根本不再理睬，仍然同愛妃楊玉環在臨潼驪山華清池浴溫泉、觀歌舞，「君臣留歡娛，樂動殷膠葛」（杜甫〈自京赴奉先縣詠懷五百字〉）。「漁陽鼙鼓動地來，驚破霓裳羽衣曲。」（白居易〈長恨歌〉）安祿山終於下手了。首亂之地范陽郡（天寶元年改置幽州，治所在薊縣，今北京城西南）、漁陽郡（即薊州，今天津薊縣），同是安祿山的轄區，也是叛亂的策源地，所以白居易以「漁陽鼙鼓」代稱安祿山的叛軍。按照天寶元年前後唐朝的邊防部署，三鎮兵合計十八萬三千四百人。而實際上，安祿山蓄意謀叛，經過多年的暗中擴充兵員，此時手下兵馬早已超過二十萬。所以杜甫詩說：「肉食三十萬，獵射起黃埃。」

安祿山以奉玄宗密詔討楊國忠爲名，在薊城南郊舉行誓師大會後，率領步騎精銳，浩浩蕩蕩，一路南下，直指東都洛陽。叛軍所至，旌旗蔽野，煙塵千里，鼓噪動地。當時海內承平日久，百姓百餘年不識兵革，忽聞兵起，莫不震駭。太原郡、朔方軍及平原郡太守顏眞卿紛紛派人送來消息，證實安祿山確已反叛，玄宗這才不得不相信這個事實。

倉促防禦

爲阻擋叛軍攻占洛陽，唐玄宗命安西節度使封常清爲范陽、平盧節度使，趕赴洛陽，開府庫，招募新兵，準備迎擊叛軍。這是臨時應急的措施。中央和內地控制的兵力僅八萬多人，又都長期不經戰陣，所以只好臨時召募新兵，以做抵禦。接著，玄宗又進行了抵禦叛軍的戰略部署。他任命郭子儀接替安思順爲朔方節度使，以王承業爲太原尹，加強西線防禦。又置河南節度使，任命張介然擔任，以加強東線防禦。唐玄宗下詔斥責安祿山的叛逆行爲，但允許他洗心革面，停止行動，回到朝廷，朝廷不治罪。安祿山並不理會，回信措詞傲慢。玄宗在長安斬了充當內線的安祿山之子安慶宗，賜其妻榮義郡主自盡。

安祿山率軍渡過黃河，直逼重鎮陳留郡（今河南開封）。河南節度使張介然剛到陳留，叛軍就兵臨城下。陳留守軍恐懼叛軍聲勢，陳留郡太守郭納獻城投降。安祿山在陳留城得知安慶宗被殺，大怒，斬張介然於軍門，並殺陳留降卒近萬人，以洩失子之忿。接著，安祿山又輕而易舉地拿下了滎陽，聲勢益振。安祿山命田承嗣、安忠志、張孝忠爲前鋒，向東都洛陽進發。

再說封常清晝夜兼程趕至洛陽，十日之內，招募新兵六萬人，又下令拆毀洛陽以北黃河之上的河陽橋，以阻止叛軍。當得知叛軍已過黃河後，便率所募新兵進屯武牢（即虎牢關，在今河南滎陽汜水鎮，爲軍事重鎮。唐時避李淵祖李虎諱，稱武牢。相傳周穆王獲虎，囚於此，故稱虎牢），阻擊叛軍。武牢在洛陽東約一百五六十里處。封常清此舉，本意在於可攻可守。進，可以渡河北上，迎擊叛軍；守，可與叛軍對峙，以免被圍困於洛陽城中。可沒料到，叛軍在幾乎沒有遇到任何實質性抵禦的情況下，已渡過黃河，兵至武牢。封常清所率皆爲沒有經過訓練的新兵，而叛軍卻是訓練有素的虎狼之師，尤其是叛軍多是驍勇善戰的騎兵。兩軍交鋒，在叛軍鐵騎橫衝直撞之下，唐軍大敗。十二月十二日，東都失陷。安祿山入洛陽，自稱「大燕皇帝」，設置百官，縱兵燒殺搶掠。正如李白〈古風〉詩云：「俯視洛陽川，茫茫走胡兵。流血塗野草，豺狼盡冠纓。」

封常清退到了陝郡（今河南三門峽市西），與駐紮此地的高仙芝會合。玄宗爲了反攻叛軍，任命榮王李琬爲元帥、高仙芝爲副元帥，統軍東征。玄宗拿出內府錢帛，在京師募兵，號稱「天武軍」，但所募不過五萬人，還多是沒有經過訓練的新兵。高仙芝率部出潼關，至陝郡，玄宗又派宦官邊令誠爲監軍督戰。高仙芝和封常清是在西域屢立戰功的名將，但玄宗有了安祿山之禍，對大將開始防備起來，所以特地派家奴監視將領。

封常清建議高仙芝說，陝郡無險可守，新募之兵根本不敵叛軍鐵騎，不如退至潼關，據險以守。高仙芝認爲在理，就率軍急撤至潼關。邊令誠來到潼關，宣示玄宗敕，以遇敵而退的罪名，斬封常清、高仙芝。

斬封、高兩大將後，玄宗拜河西、隴右節度使哥舒翰爲兵馬副元帥，率兵八萬以討叛軍。當時哥舒翰正中風，病廢在家，苦辭而不獲准。哥舒翰也是邊陲名將，時有歌曰：「北斗七星高，哥舒夜帶刀。至今窺牧馬，不敢過臨洮。」哥舒翰與安祿山素來不和、勢同水火，玄宗想借他的威名，所以重用他，讓他以宰相的身分，統率天下諸道，鎮守潼關。潼關是關中防禦的大門，地形險要，易守難攻，素有「一夫當關，萬夫莫開」之稱。哥舒翰進駐潼關後，立即加固城防，深溝高壘，閉關固守。天寶十五年（七五六）正月，安祿山命其子安慶緒率兵攻潼關，被哥舒翰擊退。叛軍主力被阻於潼關數月，不能西進。

安祿山見強攻不行，便使出誘敵之計。他命叛將崔乾佑率領老弱病殘的士卒，屯於陝郡，而將精銳部隊隱蔽起來，想誘使哥舒翰棄險出戰。於是，一個情報傳到唐玄宗那裡，說崔乾佑在陝郡「兵不滿四千，皆羸弱無備」。玄宗急於收復洛陽，覺得這是一個好機會，就遣使令哥舒翰出兵。哥舒翰上書玄宗，陳述利害，說安祿山一定是用老弱病殘的士卒來引誘我們，如若進兵，正好中計。況且叛軍遠來，利在速戰；官軍憑藉潼關天險，利在堅守。所以不如據險待變，再大舉反攻。但是，宰相楊國忠卻懷疑哥舒翰意在謀己，便對唐玄宗說，哥舒翰按兵不動，會坐失良機。玄宗輕信讒言，便連續遣使催哥舒翰出戰。

無奈之下，哥舒翰撫胸慟哭，引兵出關。六月七日，唐軍東出潼關百餘里，在靈寶西原與崔乾佑部相遇。八日，崔乾佑預先把精兵埋伏在南面山上，領兵與唐軍決戰。兩軍相交，唐軍被誘進隘路。叛軍伏兵突起，唐軍士卒擁擠於隘道，槍槊都揮舞不開，死傷甚眾。崔乾佑命精騎從唐軍後尾發起進攻，以騎兵踐踏唐軍，唐軍前後受擊，亂作一團，有的棄甲逃入山谷，有的被擠入黃河淹死，叫喊之聲，震天動地。其餘唐軍見狀，不戰自潰。杜甫作詩沉痛地說：「潼關百萬師，往者散何卒。遂令半秦民，殘害為異物。」（〈北征〉）

哥舒翰只帶數百騎狼狽逃回潼關。唐軍將近二十萬軍隊，逃回潼關的僅八千餘人。九日，崔乾佑攻占潼關，哥舒翰被部將火拔歸仁等挾持，綁至洛陽。哥舒翰無奈投降了安祿山。

後來，詩人杜甫路經潼關，守關的將士指著潼關，向杜甫描述：「連雲列戰格，飛鳥不能逾。胡來但自守，豈復憂西都。丈人視要處，窄狹容單車。艱難奮長戟，萬古用一夫。」杜甫也對哥舒翰的棄險出戰深為嘆惋：「哀哉桃林戰，百萬化為魚。請囑防關將，慎勿學哥舒！」（〈潼關吏〉）

玄宗奔蜀

「九重城闕煙塵生，千乘萬騎西南行。」（白居易〈長恨歌〉）潼關失守，長安危在旦夕，當晚，玄宗望平安火不至，召宰相商議對策。楊國忠提出駕幸劍南，以避賊鋒。劍南道以在劍閣（今四川劍閣）之南得名，治所在益州（今四川成都）。劍閣地勢險要，爲古代戍守要塞，有「劍門天下險」之稱。李白〈蜀道難〉詩描寫自關中入蜀的蜀道之艱險：「劍閣崢嶸而崔嵬，一夫當關，萬夫莫開。」看來，蜀中確實是避難的最佳去處。於是，唐玄宗帶著楊國忠、楊貴妃和一批皇子皇孫，在將軍陳玄禮和禁衛軍的護送下，悄悄地打開宮門，逃出長安。逃難之路，狼狽不堪，乃至乞食於百姓。陳玄禮與隨行的將士，憤恨楊國忠引來禍亂，誓欲除之。

天寶十五年（七五六）六月十四日，玄宗一行來到馬嵬驛（今陝西興平西）。隨行的吐蕃使者攔住楊國忠的馬，向楊國忠要糧。楊國忠還沒來得及答話，周圍的兵士嚷起來：「楊國忠要造反了！」奮起殺了楊國忠。楊國忠的兒子楊暄及楊貴妃的姊姊秦國夫人、韓國夫人也被殺死。情緒激昂的兵士，把唐玄宗住的驛館包圍了起來。唐玄宗走出驛門，慰勞軍士，並令收隊，軍士皆不應。陳玄禮說：「楊國忠謀反，貴妃不宜陪侍皇上，希望陛下割恩正法。」玄宗無奈，只好命高力士縊殺楊貴妃。

對於馬嵬驛事變，唐代有許多詩人表達過自己的看法。杜甫說：「憶昨狼狽初，事與古先別。奸臣竟菹醢，同惡隨蕩析。不聞夏殷衰，中自誅褒妲。周漢獲再興，宣光果明哲。桓桓陳將軍，仗鉞奮忠烈。微爾人盡非，於今國猶活。」他肯定了陳玄禮等殺死楊國忠的作法，把陳玄禮看成是救國的英雄；並認爲玄宗賜楊妃死是明智之舉，是「中自誅褒妲」。可李商隱〈馬嵬〉卻譏刺玄宗「此日六軍同駐馬，當時七夕笑牽牛。如何四紀爲天子，不及盧家有莫愁」，意謂玄宗自私，不能保護所愛。白居易〈長恨歌〉則哀婉地描述了貴妃就死的慘狀：「翠華搖搖行復止，西出都門百餘里。六軍不發無奈何，宛轉蛾眉馬前死。花鈿委地無人收，翠翹金雀玉搔頭。君王掩面救不得，回看血淚相和流。」

「黃埃散漫風蕭索，雲棧縈紆登劍閣。」（白居易〈長恨歌〉）馬嵬兵變後，玄宗如驚弓之鳥，匆匆奔蜀。而太子李亨被當地百姓挽留下，主持局面。李亨決定北上朔方，至靈武郡（今寧夏靈武西南），裴冕、杜鴻漸等人勸進。七月十二日，李亨在靈武即位，改天寶十五年爲至德元年，這就是唐肅宗。

肅宗尊玄宗爲上皇。玄宗正在入蜀途中，不知道太子即位的消息。七月十五日，行至普安郡，下制以皇子分鎮諸道：以太子李亨充天下兵馬元帥，領朔方、河東、河北、平盧節度都使，南取長安、洛陽；以永王李璘任山南東道、嶺南、黔中、江南西道節度都使；以盛王李琦任廣陵大都督、江南東路及淮南、河南等路節度都使；以豐王李珙任武威都督，河西、隴右、安西、北庭等路節度都使。這些由親王擔任的節度使、節度都使可以自署官屬及本路郡縣官，任命後告知朝廷。李琦、李珙等人並不出閤任職，只有永王李璘赴鎮，鎮守江陵。永王還請李白入幕，李白也正欲報效國家，乃欣然從之。其〈永王東巡歌〉十一云：「試借君王玉馬鞭，指揮戎虜坐瓊筵。南風一掃胡塵靜，西入長安到日邊。」表達的正是他從軍報國、淨掃胡塵的願望。可李白沒想到永王依仗江淮富庶，妄想與肅宗分割天下，終爲肅宗剿滅。李白也因「附逆」罪被長流夜郎（今貴州正安西北）。

唐玄宗到達益州後，才得知肅宗已於一個月前即位，乃下制稱太上皇，並命房琯等人奉傳國玉璽和寶冊至靈武傳位。肅宗就把房琯也做爲自己的宰相，並任命房琯爲前線總指揮，開始了收復長安的戰鬥。

房琯所部與叛軍相遇於咸陽縣的陳陶斜。唐軍模仿春秋時代的車戰戰法攻擊敵人，結果大敗，陣亡四萬多人。陳陶斜之敗，使剛剛振作起來的唐王朝首戰失利，而讓得勝歸來的叛軍趾高氣揚。被困長安的杜甫，寫下〈悲陳陶〉記述當時的情景：「孟冬十郡良家子，血作陳陶澤中水。野曠天清無戰聲，四萬義軍同日死。群胡歸來血洗箭，仍唱胡歌飲都市。都人回面向北啼，日夜更望官軍至。」房琯陳陶敗後，與叛軍戰於青坂，又敗。叛軍更加囂張：「黃頭奚兒日向西，數騎彎弓敢馳突。」（〈悲青坂〉）

叛軍進入長安後，大肆殺戮李唐宗室。先殺霍國公主（玄宗妹）、王妃、駙馬等，又於至德元年（七五六）七月十七日殺戮皇孫及郡主、縣主二十餘人。杜甫〈哀王孫〉記述了王孫們的悲慘遭遇：「長安城頭頭白烏，夜飛延秋門上呼。又向人家啄大屋，屋底達官走避胡。金鞭斷折九馬死，骨肉不得同馳驅。」安祿山在長安俘獲了未能跟隨玄宗出逃的官員，脅迫這些人做自己的僞官。其中就有詩人王維和杜甫的好友鄭虔等。他們都不情願，所以藉病推脫。杜甫有詩說王維：「一病緣明主，三年獨此心。」（〈奉贈王中允維〉）後來洛陽收復後，朝廷嚴譴僞官，王維因所作懷念唐室的〈凝碧池〉詩爲肅宗嘉許，且其弟王縉官位已高，請削官爲兄贖罪，故僅降職爲太子中允。而鄭虔則以垂老之身被遠貶臺州司戶。杜甫送之不及，寫詩云：「萬里傷心嚴譴日，百年垂死中興時。倉皇已就長途往，邂逅無端出餞遲。」（〈送鄭十八虔貶臺州司戶傷其臨老陷賊之故闕爲面別情見於詩〉）後來還爲他辯冤，云：「可念此翁懷直道，也沾新國用輕刑。」（〈題鄭十八著作虔〉）

安祿山自從叛亂後，也經常憂心忡忡。

就在安祿山進犯潼關的途中，聽到消息說河北諸郡反水（向敵方投誠）了。平原郡太守顏眞卿、常山郡太守顏杲卿，在安祿山大軍過後，首揭義旗。繼而河北諸郡紛紛起義，殺死安祿山任命的僞官，共推顏眞卿爲盟主，抵制叛軍。顏杲卿計殺安祿山井陘口守將李欽湊，活捉幫助安祿山策畫叛亂的高邈和何千年。河北諸郡紛紛歸順朝廷，各郡兵力加在一起達二十餘萬。依附安祿山的，此時只有范陽、盧龍、密雲、漁陽、汲、鄴等六郡。常山郡（今河北正定）和平原郡（今山東陵縣）是自范陽至洛陽的必經之地。兩郡反水，等於切斷了安祿山叛軍的歸路。安祿山急忙派猛將史思明、蔡希德各率兵萬人，分兩路攻打常山。顏杲卿立足未穩而臨大敵，向太原守將王承業告急，王承業卻擁兵不救，遂致常山失陷。顏杲卿被押至洛陽，慷慨罵賊，叛軍割下他的舌頭，滿口鮮血，仍罵聲不已。顏杲卿一門三十多人，被殘忍殺害。宋代文天祥〈顏杲卿〉歌頌道：「常山義旗奮，范陽哽喉咽。胡雛一狼狽，六飛入西川。哥舒降且拜，公舌膏戈鋋。人世誰無死，公死千萬年。」

以郭子儀爲首的朔方軍多次重創叛軍，也直接威脅到叛軍的後方。郭子儀率部下將領李光弼、僕固懷恩等大敗叛將高秀岩、薛忠義等，活埋了薛忠義所率的數千騎兵。朔方軍進圍雲中郡（今山西大同），攻下馬邑城（今山西朔州），從而打通了朔方軍與太原軍的聯繫。玄宗一心想收復東都，令郭子儀撤軍，回到朔方郡。在郭子儀推薦下，朝廷任命李光弼爲河東節度使，郭子儀從朔方軍中分出一萬人，交李光弼統領。李光弼收復常山郡，大敗史思明。郭子儀駐紮恆陽（今河北曲陽），史思明又尾隨而至。郭子儀採取了深溝高壘以逸待勞之計，「賊來則守，賊去則追，晝揚其兵，夜襲其幕」，使敵人不得休息。嘉山（今河北定縣）一戰，郭子儀大破敵軍，斬首四萬級，俘虜一千多人，史思明狼狽逃竄。唐軍軍威大振，叛軍膽戰心寒。

安祿山丟失河北，叛軍將士家在范陽者，憂慮後退無路，都惶惶不安。安祿山把他的謀士高尚、嚴莊叫來罵道：「你們叫我反唐，說是萬無一失。現在後路被切斷，進退兩難，萬無一失在哪裡？」內訌也開始了。安祿山平日寵愛小妾段氏和她生的兒子安慶恩，段氏想讓安慶恩取代長子安慶緒的「太子」地位，安慶緒頗感自危，嚴莊乘機唆使安慶緒和安祿山的貼身宦官李豬兒殺安祿山以求自保。至德二年（七五七）正月，李豬兒殺死安祿山，將屍體埋在床下。安慶緒即位。

借兵回紇

再說肅宗即位後，首戰失利，房琯喪師殆盡，只有依靠郭子儀的朔方軍做爲根本了。他任命自己的兒子李俶（即李豫）爲天下兵馬大元帥，郭子儀爲副元帥。安祿山死，朝廷詔令大舉進攻。郭子儀率軍直趨京師，在潏水西，與賊將安太清、安守忠戰鬥，唐軍失利，部隊潰敗，「盡委兵仗於清渠之上」（《舊唐書》卷一二〇）。郭子儀收拾殘部，退保武功，詣闕請罪。求勝心切的唐肅宗，又以「克城之日，土地、士庶歸唐，金帛、女子皆歸回紇」爲條件，向回紇借兵。

至德二年九月，元帥李俶、副元帥郭子儀率蕃漢軍隊十五萬進攻長安。郭子儀等與叛軍在長安城西展開戰鬥，叛軍大敗，損兵六萬，逃出潼關。

十月，唐軍乘勝東進，攻打洛陽。安慶緒爲確保洛陽，命嚴莊率洛陽主力部隊西上，與從長安退保陝郡的張通儒部合力阻擊唐軍。郭子儀部與叛軍在陝郡城西新店遭遇。安軍依山列陣，郭子儀從正面進攻失利。這時，回紇軍從背後登山偷襲，叛軍驚恐萬端，郭子儀乘機率部出擊，大敗叛軍。杜甫詩「豈謂盡煩回紇馬，翻然遠救朔方兵」（〈諸將五首〉）即指此。安慶緒棄洛陽逃往鄴城（今河南安陽）。十二月，史思明降唐，受封爲范陽節度使，半年後又反叛。

在收復兩京的戰鬥中，回紇兵起了很大的作用。回紇，別稱花門，是唐代西北部族，作戰勇猛。杜甫〈北征〉道：「陰風西北來，慘澹隨回鶻。其王願助順，其俗善馳突。送兵五千人，驅馬一萬匹。

此輩少爲貴，四方服勇決。所用皆鷹騰，破敵過箭疾。」杜甫的意思是說，回紇兵確實精猛，但其好戰嗜殺，還是少借爲好。果然，自恃有功的回紇軍，要求肅宗履約，在京大肆行掠，「生靈之膏血已乾，不能供其求取；朝廷之法令並弛，無以抑其憑陵。」（《舊唐書・回紇傳》）所以杜甫說：「中原有驅除，隱忍用此物……花門既須留，原野轉蕭瑟」（〈留花門〉）。

肅宗在鳳翔聽到收復兩京的捷報，群臣稱賀。杜甫詩云：「雜虜橫戈數，功臣甲第高。萬方頻送喜，無乃聖躬勞。」（〈收京〉三首其三）可是此時，一直爲肅宗平叛作戰略籌畫的李泌，卻悄然離開了。杜甫擔心會事有翻覆，提醒肅宗不可放鬆，「仙仗離丹極，妖星照玉除。須爲下殿走，不可好樓居。」（〈收京〉三首其一）雖然「已喜皇威清海岱」，還須「常思仙仗過崆峒」（〈洗兵馬〉）。

杜甫的擔心不是多餘的，果然，鄴城（今河南安陽）之戰，戰事又起變化。乾元元年（七五八），唐肅宗命郭子儀與李光弼、王思禮等九路節度使討伐安慶緒。肅宗沒有指定元帥，只派宦官魚朝恩擔任觀軍容宣慰處置使，負責協調諸軍。肅宗這樣做完全是出於自己的私心。他怕功臣功高震主，就以諸將難以相互統屬爲藉口，不設立元帥。杜甫當時就曾對不讓郭子儀爲帥很疑惑：「只殘鄴城不日得，獨任朔方無限功。」（〈洗兵馬〉）

郭子儀、李光弼等九節度使將安慶緒圍困於鄴城，安慶緒以讓位爲條件，派人向史思明求救。史思明發范陽兵十三萬南下救鄴。十二月，史思明攻占魏州（今河北大名東北）。乾元二年（七五九）正月，史思明在魏州自稱大聖燕王。魚朝恩聚兵六十萬，專力攻鄴。唐軍築堤兩重，挖塹三重，堵漳河水灌城。安慶緒糧盡兵疲，死守待援。唐軍因無統帥，指揮不統一，行動不協調，進退互相觀望，又以爲鄴城指日可下，遂產生了鬆懈情緒。史思明自魏州率主力直抵鄴城城下。三月，兩軍決戰時，忽然狂風大作，飛沙走石，天昏地暗，對面不能看見。兩軍皆大驚潰散，唐軍向南，史軍向北。唐軍師老兵疲，一退不可遏止，丟棄甲杖輜重無數。九節度使各自潰歸本鎮。史思明收集部眾，還屯鄴城，誘殺安慶緒等，兼併了安慶緒全部人馬。四月，史思明稱大燕皇帝，留其子史朝義守鄴城，自率軍隊返回范陽。

魚朝恩把鄴城失利的責任推在郭子儀身上，唐肅宗召郭子儀回朝，讓李光弼代替他指揮朔方軍。乾元二年（七五九）九月，史思明軍攻洛陽，李光弼兵少不敵，撤出東京。上元二年（七六一）三月，史思明被兒子史朝義殺死，史朝義自稱皇帝。

寶應元年（七六二），唐玄宗去世。張皇后（良娣）欲殺宦官李輔國、程元振等，李、程等先發制人，殺死張皇后，唐肅宗驚嚇而死。唐代宗李豫即位。

史朝義趁唐室有喪，派人誘回紇南下攻唐。唐代宗急忙派人犒勞回紇軍，又命僕固懷恩（回紇登里可汗的岳父）去勸說登里可汗改變主意。登里同意再次助唐。唐代宗以其子雍王李適為天下兵馬元帥，僕固懷恩為副元帥，又派人向回紇求助。為了掠奪財物，登里可汗親自率兵來內地。李適迎接登里可汗。登里可汗輕視唐朝，強迫李適行拜舞禮，唐從臣力爭，可汗怒毆唐臣。杜甫作詩氣憤地說：「蜂蠆終懷毒，雷霆可震威。莫令鞭血地，再濕漢臣衣。」（〈遣憤〉）

唐大軍以僕固懷恩與回紇軍為前鋒，會攻洛陽。史朝義命其部將率兵數萬，於城外立柵自固，企圖阻擋唐軍。僕固懷恩則布陣於洛陽西原，另派驍騎及回紇兵沿山迂迴至城外史軍柵營的東北，前後夾擊，大破史軍。史朝義親率主力十萬出城援救，唐軍發起猛烈攻擊，叛軍大敗，被殲六萬人。史朝義率輕騎數百落荒東走。

最終平叛

寶應元年（七六二）十一月，唐軍在河北進擊史朝義叛軍餘部。史朝義部下諸節度使投降唐軍。僕固懷恩爲了在朝廷中長期得到尊重，故意要諸叛將據有河北，奏准分授歸降的安、史舊將爲河北鎮將，以期日後有功。唐朝廷下令說：「東京及河南、北受僞官者，一切不問。」於是，原來叛軍的節度使都一變而爲唐朝的節度使：原叛軍猛將張忠志被授爲成德軍節度使，「統恆、趙、深、定、易五州，賜姓李，名寶臣」。藩鎮成德鎮從此成立，節度使治恆州（今河北正定）。田承嗣爲魏、博、德、滄、瀛五州都防禦使，不久升爲節度使，藩鎮魏博鎮從此成立，節度使治魏州（今河北大名東北）。李懷仙爲幽州盧龍節度使，統幽、營、平、薊、嬀、檀、莫七州，藩鎮幽州鎮從此成立，節度使駐幽州。由於這三鎮都在唐朝的河北道，所以被稱爲河北三鎮，又稱河朔三鎮。這樣，安史之亂平息後留下了一個嚴重的後遺症，即河北三鎮名義上歸順朝廷，實際上並不服從中央，自己署置將吏官員，擁兵自重，租賦不上貢，形成地方割據勢力，長期與中央王朝分庭抗禮。而朝廷無力過問，只是採取姑息政策。此後，以河北三鎮爲代表的藩鎮，成了一股頑固的政治勢力。直至唐亡，也沒能夠解決這些地區的割據問題。

寶應二年（七六三）正月，史朝義兵敗自縊死，安史亂平。

「戰伐乾坤破，瘡痍府庫貧。」（杜甫〈送陵州路使君之任〉）歷時八年的安史之亂給國家和人民帶來了深重的災難。這場叛亂使人民遭到了一次空前的浩劫，「萬方哀嗷嗷，十載供軍食。」（杜甫〈送韋諷上州錄事參軍〉）使中原受到了前所未有的蹂躪，整個黃河中下游一片荒涼，「寂寞天寶後，園廬但蒿藜。我里百餘家，世亂各東西。」（杜甫〈無家別〉）安史之亂後，北方的經濟核心地位一去不復返了，經濟中心漸趨南移。

安史之亂是唐王朝由盛而衰的轉捩點，它對唐代後期政治、經濟、文化等各方面都有著廣泛而深遠的影響。

沉舟側畔千帆過，病樹前頭萬木春——王叔文集團政治革新

沉舟側畔千帆過，病樹前頭萬木春

沉舟側畔千帆過　病樹前頭萬木春

巴山楚水淒涼地，二十三年棄置身。
懷舊空吟聞笛賦，到鄉翻似爛柯人。
沉舟側畔千帆過，病樹前頭萬木春。
今日聽君歌一曲，暫憑杯酒長精神。

——劉禹錫〈酬樂天揚州初逢席上見贈〉

唐敬宗寶曆二年（八二六）冬，劉禹錫罷和州刺史後回歸京城，途經揚州，與也回京城的白居易相逢。白居易在筵席上寫了一首詩相贈：

為我引杯添酒飲，與君把箸擊盤歌。
詩稱國手徒為爾，命壓人頭不奈何。
舉眼風光長寂寞，滿朝官職獨蹉跎。
亦知合被才名折，二十三年折太多。

白居易詩明顯是為劉禹錫的長期被貶鳴不平。劉禹錫回憶往事，感慨萬千，於是，接過白詩的話頭，寫了這首〈酬樂天揚州初逢席上見贈〉，來做為酬答。

劉禹錫詩中的名句「沉舟側畔千帆過，病樹前頭萬木春」，由於比喻中蘊涵著哲理意味，現在已經演變為成語了，一般用來喻指新生事物必然戰勝舊事物。但這其實並非劉禹錫此詩的本意。如果要理解劉禹錫這兩句詩的真正用意，還需從永貞元年（八〇五）王叔文集團政治革新失敗、劉禹錫被貶為朗州司馬說起。

王叔文集團政治革新的骨幹：二王與劉、柳

唐貞元二十一年（八〇五）正月二十三日，德宗李適崩。二十六日，太子李誦即位，是爲順宗。貞元二十一年八月五日，改元永貞。這時，順宗已經禪位，王叔文集團已經失敗。過去所說「永貞革新」的說法不妥，應稱爲王叔文集團政治革新。

安史亂後，唐王朝皇權衰落。朝廷裡，宦官專權，政治腐敗，一些正直敢言的大臣如前宰相陸贄等都被相繼貶逐出京；地方上，藩鎮割據勢力稱王稱霸，愈來愈囂張。中央與地方、藩鎮與藩鎮間的戰爭，連年不斷。朝廷又一再向老百姓額外加稅，橫征暴斂。國家危機四伏、民不聊生，社會矛盾愈來愈深刻、尖銳。這些都日益成爲唐王朝君臣難以迴避的現實問題。順宗做太子時，就已留意改革弊政、振作朝綱。一次，在宮中與侍讀們談到宮市的弊害時，李誦說：「我正準備就此事盡力進言。」大家都稱讚太子明察，只有一人不說話。他是誰呢？

這人就是王叔文，亦即後來政治革新的實際領袖。當時他的身分是太子的侍棋待詔。按說王叔文比別的侍讀更明白宮市之弊，爲什麼此時不語呢？當太子後來問及此事時，叔文答：「皇太子之事上也，視膳問安之外，不合輒預外事。陛下在位歲久，如小人離間，謂殿下收取人情，則安能自解？」（《舊唐書・王叔文傳》）原來，李誦的父親唐德宗猜忌心很強，性情又急躁剛愎，王叔文擔心小人進讒，節外生枝，故而無語。聯繫到後來，王叔文見李純被立爲太子而面露憂色，以及丁憂離職時的擔心等，可見他是一個政治嗅覺銳敏、有著較強政治預見的人。李誦對王叔文非常信任，「宮中

之事，倚之裁決」（《舊唐書．王叔文傳》）。即位後，順宗立即開始著手整頓政治。他首先想到的就是王叔文。他把王叔文由蘇州司功參軍超擢爲起居郎、翰林學士，把王叔文調到自己身邊，做爲政治改革的總策畫。

翰林院地處金鑾殿西，靠近天子，直接隸屬於皇帝。翰林學士在當時職權很大，甚至「專掌內命」，參與起草機密詔令。翰林學士也是朝中除宦官之外唯一得以出入內廷的官員，有「天子私人」之稱。按說，超擢爲翰林學士的王叔文，既然深得順宗倚重，又頗有城府和才具，趁得意之春風，一掃國朝弊政，本當輕而易舉。可誰知，王叔文推行革新的命運太不好了。

順宗李誦在即位的前一年，即貞元二十年（八〇四）九月，中風了。即位後，由於不能說話，不便接見諸臣，就經常住在宮中，周圍掛著簾幕，只有嬪妃牛昭容和宦官李忠言在左右服侍。

王叔文雖然可以出入內廷，但只能到翰林院止步。他在翰林院處理朝中事務，做出決策後，還需要有一個人向順宗彙報。這個人就是可以入至柿林院見李忠言、牛昭容等的王伾。王伾在牛昭容、李忠言與王叔文之間往來，傳遞旨意和資訊，因此也是革新集團的重要成員。

王叔文做出決策後，需要有人貫徹執行，王叔文便薦引韋執誼爲宰相。韋執誼是順宗爲太子時爲王叔文物色的同道。在順宗的引薦下，韋執誼與王叔文成爲密友。韋執誼爲宰相後，就成爲了革新集團政令的執行者和落實者。

這樣，王叔文政治革新的人事鏈條齊備了。「大抵叔文因伾，伾因忠言，忠言因昭容，更相依仗。伾主傳受，叔文主裁可，乃授之中書，執誼作詔文施行焉。」（《新唐書．王叔文傳》）

王叔文政治革新集團中還有兩位骨幹，就是劉禹錫和柳宗元。《新唐書．劉禹錫傳》載：「劉禹錫……素善韋執誼。時王叔文得幸太子，禹錫以名重一時，與之交，叔文每稱有宰相器。太子即位，朝廷大議祕策多出叔文，引禹錫及柳宗元與議禁中，所言必從。……號二王、劉、柳。」

王叔文集團政治革新的重大舉措

隨著革新集團人事的齊備，一些重大的革新舉措陸續出臺了。

革除朝中弊政　廢除宮市。唐德宗朝的宮市，實際上是強取豪奪的征斂，管理權落入宦官之手。《新唐書．食貨志二》載，貞元年間，「宮中取物於市，以中官爲宮市使，兩市置『白望』數十百人，以鹽估敝衣絹帛，尺寸分裂酬其直，又索進奉門戶及腳價錢，有齎物入市而空歸者」。白居易〈賣炭翁〉中的那位賣炭老人，正是這種掠奪制度的受害者：

賣炭翁，伐薪燒炭南山中。滿面塵灰煙火色，兩鬢蒼蒼十指黑。賣炭得錢何所營？身上衣裳口中食。可憐身上衣正單，心憂炭賤願天寒。夜來城外一尺雪，曉駕炭車輾冰轍。牛困人飢日已高，市南門外泥中歇。翩翩兩騎來是誰？黃衣使者白衫兒。手把文書口稱敕，回車叱牛牽向北。一車炭，千餘斤，宮使驅將惜不得。半匹紅紗一丈綾，繫向牛頭充炭直。

廢除五坊小兒。五坊小兒與宮市性質一樣，同是暴虐之政。唐朝皇帝及諸王好鬥雞，唐高宗時王勃就是因爲替沛王寫了一篇向英王雞挑戰的檄文，而被罷斥的。唐玄宗更愛好鬥雞，《太平廣記》卷四八五引〈東城老父傳〉云：「玄宗在藩邸時，樂民間清明節鬥雞戲，及即位，治雞坊於兩宮間，索長安雄雞，金毫鐵距、高冠昂尾千數，養於雞坊，選六軍小兒五百人，使馴擾教飼。」雞坊的設立，玄宗當是始作俑者。杜甫〈鬥雞〉寫其場面說：「鬥雞初賜錦，舞馬既登床。簾下宮人出，樓前御柳長。」雖然性情寬厚的杜甫善爲尊者諱，說玄宗「時時用抵戲，亦未雜風塵」（〈能畫〉），但他非常清楚，正是玄宗的玩物喪志，才最終釀成了安史之亂。李白就沒有這般客氣，他率直地揭露鬥雞者的囂張：「路逢鬥雞者，冠蓋何輝赫。鼻息干虹霓，行人皆怵惕。世無洗耳翁，誰知堯與跖！」（〈古風〉二十四）前代皇帝導夫先路，後繼者更是變本加厲，宮中設五坊以養鵰、鶻、鷹、鷂、狗，給役者稱「小兒」。五坊小兒仗勢欺人，張捕鳥雀於坊市閭里，皆爲橫暴，以訛詐人錢物。甚至張羅網於門，不許人出入；或張於井上，不許人汲水。如有人靠近，則說：「你怎麼敢驚動供奉鳥雀！」然後痛毆之，令出錢物求謝後才去。有的聚於酒食之肆飲食，醉飽而去，賣者如果索錢，必遭責罵。其張狂無端至此。

王叔文集團革除宮市與五坊小兒這兩項弊政，自然贏得了百姓的擁護。

禁徵宮中乳母。唐德宗貞元年間，宮裡要乳母，都令寺觀選婢女充當，但總是不能選中。因此，寺觀輪到出婢女時，經常出賣產業，在民間選購有姿色的民女送入宮裡，成爲民間一害。王叔文集團政治革新禁徵乳母，爲百姓免了一害。

廢除常貢以外的進奉。德宗公開獎勵各地官僚進奉「羨餘」，立「月進」、「日進」等名目，每年收到的進奉錢多則五十萬緡，少也不下三十萬緡。各地藩鎮官僚更借進奉爲名，殘酷搜刮，「唯思竭澤，不慮無魚」。白居易的〈紅線毯〉詩即寫進奉之弊，「宣州太守加樣織，自謂爲臣能竭力。百夫同擔進宮中，線厚絲多卷不得。宣州太守知不知，一丈毯，千兩絲。地不知寒人要暖，少奪人衣作地衣。」明確指出，浪費如此多的蠶絲和勞力去織地毯，勢必造成民間百姓無衣可穿，以此表達了對進奉之弊的深切憂慮。王叔文掌權後，下令除規定的常貢外，不許別有進奉，大大減輕了人民的負擔。

釋放宮女和教坊女樂。這也是王叔文用事後的一大善政。唐朝「後宮佳麗三千人」，有許多宮女頭髮白了也見不到皇帝一面。白居易〈上陽白髮人〉詠嘆宮女的悲慘生活：「上陽人，上陽人，紅顏暗老白髮新。綠衣使者守宮門，一閉上陽多少春！」深宮的幽閉生活，使得她們只能「唯向深宮望明月，東西四五百回圓」。貞元二十一年三月初，順宗釋放宮女三百人，釋放教坊女樂六百餘人，使她們得以與家人團聚。

這些舉措，是順宗爲表明革新決心而對皇室私欲進行的節制，也是王叔文集團政治革新的初步措施。然而，王叔文集團眞正要對付的還是宦官和藩鎭。

謀奪宦官兵權　安史之亂前，高力士等宦官雖開唐代宦官預政的先河，但完全處於皇權的羽翼之內，基本上未成氣候。安史之亂後，宦官勢力漸漸坐大，成爲一股強大的政治力量。唐肅宗李亨出於對將帥的疑忌，開始用擁立自己即位的親信宦官李林輔來統帥禁軍，甚至「政無巨細，皆委參決」，開了宦官掌權的先例。至唐代宗時，宦官勢力又進一步膨脹，充任內樞密使，掌管機密，承詔宣旨。至此，宦官開始逐漸控制了朝政。唐德宗初即位時，本來對宦官有所警惕，但涇原兵變，朱泚擾亂京師，德宗出走奉天，多虧了宦官竇文場、霍仙鳴等人的擁從。兵變平息後，德宗感覺武臣不可靠，還是用家奴好。於是，委任宦官去做左右神策、天威等軍的統帥，宦官專擅朝政的局面形成。《舊唐書．宦官傳》云：「自貞元之後，威權日熾，蘭錡將臣，率皆子蓄；藩方戎帥，必以賄成；萬機之與奪任情，九重之廢立由己。」皇帝逐漸控制不了宦官，甚至反被宦官所控制。陳寅恪《唐代政治史述論稿》指出：「唐代閹寺多出自今之四川、廣東、福建等省，在當時皆邊徼蠻夷區域。其地下級人民所受漢化自甚淺薄，而宦官之姓氏又有不類漢姓者，故唐代閹寺中疑多是蠻族或蠻夷化之漢人也。」（第二十五頁，上海古籍出版社，一九九七年）這些宦官的文化程度一般不高，往往招財納賄，驕橫淩人。白居易〈輕肥〉詩描寫其態云：

> 意氣驕滿路，鞍馬光照塵。借問何為者，人稱是內臣。
> 朱紱皆大夫，紫綬悉將軍。誇赴軍中宴，走馬去如雲。
> 樽罍溢九醞，水陸羅八珍。果擘洞庭橘，膾切天池鱗。
> 食飽心自若，酒酣氣益振。是歲江南旱，衢州人食人！

王叔文集團用事後，針對宦官專擅之弊，尤其是宦官統軍的潛在危害，開始著手謀奪宦官兵權。貞元二十一年五月，王叔文任命很有威望的老將范希朝主掌神策軍，並讓革新集團的成員韓泰做他的副手。可是，神策軍的將領大多是宦官們的親信爪牙，所以當范希朝和韓泰去神策軍接管人馬時，宦官們已事先做好了準備，故意讓將領不聽調遣，使范希朝和韓泰空手而回。謀奪宦官兵權受阻，給王叔文集團留下了日後最大的禍患。

抑制藩鎮　安史之亂後，中央對地方失控，逐漸形成藩鎮割據的局面。代宗時，朝廷無力徹底消滅投降唐朝的安史餘黨，便以賞功爲名，授以節度使稱號，由其分統原安史所占之地。河北三鎮名雖服從朝廷，實則獨立。軍中主帥，或父子相承，或由大將代立，朝廷無法過問。德宗時期，藩鎮割據的形勢日益嚴峻。而藩鎮之亂，也此起彼伏，迄無寧日。建中三年（七八二），淮西（治蔡州，今河南汝南）節度使李希烈據鎮反叛，唐德宗調集淮西鄰道兵攻討，諸道兵都觀望不前，又調涇原（今甘肅涇川北）兵東援。建中四年（七八三）十月，涇原兵奉前盧龍節度使朱泚造反，德宗被迫出奔奉天，轉走梁州，直到興元元年（七八四）七月，才得以重返長安。德宗經過這場恐慌之後，轉爲執行姑息政策，求得暫時安定。順宗即位，藩鎮勢力仍然強盛，構成了對中央政權的極大威脅。如何抑制藩鎮勢力，重建中央權力，成爲唐王朝君臣必須正視的問題。

王叔文集團的成員都非常清楚藩鎮問題的嚴重性。柳宗元的〈封建論〉極力說明分封制不如郡縣制優越，其現實指向和用意非常明確。劉禹錫任和州刺史時，寫下了許多懷古詩，如〈金陵五題〉等，以「興廢由人事，山川空地形」（〈金陵懷古〉）警示藩鎮軍閥不可輕舉妄動。他的〈西塞山懷古〉一詩旨意更爲顯豁：

王濬樓船下益州，金陵王氣黯然收。
千尋鐵鎖沉江底，一片降幡出石頭。
人世幾回傷往事，山形依舊枕寒流。
今逢四海為家日，故壘蕭蕭蘆荻秋。

把嘲弄的鋒芒指向在歷史上曾經占據一方、但終於覆滅的統治者，正是對重新抬頭的藩鎮割據勢力的抨擊。

王叔文集團企圖抑制藩鎮的態度是明顯而堅決的。如劍南西川節度使韋皋派支度副使劉辟求總領三川（即劍南東川、西川及山南西道），並揚言：「太尉使致誠於足下，若能致某都領劍南三川，必有以相酬。如不留意，亦有以奉報。」（《舊唐書．韋皋傳》）利誘加威脅，何其囂張，惹得王叔文大怒，欲殺劉辟，劉辟倉皇逃走。

出師未捷：革新之失敗

正當王叔文集團的改革大刀闊斧地進行時，不提防冷槍暗箭也向他們凶狠地襲擊過來。這就是看到順宗有病而時刻覬覦皇位的太子一黨的勢力。打頭陣的是該黨要員韋皋。

韋皋是太子黨藩鎮勢力中的主要代表。自從兼領三川的無理要求被王叔文拒絕後，韋皋一直在伺機報復。他上表奏請唐順宗休息，讓太子李純監國理政；同時又寫信給太子李純，說王叔文、王伾等人是「群小得志」，擾亂紀綱，要求李純「斥逐群小」。緊接著，荊南節度使裴均、河東節度使嚴綬等，也相繼向順宗及太子奏表進箋，頻頻向唐順宗施加壓力。

與此同時，俱文珍、劉光琦、薛盈珍等太子黨方面的宦官，也在為逼迫順宗退位而加緊運作。貞元二十一年（八〇五）四月，在宦官俱文珍等的操縱下，立廣陵王李淳為皇太子，並改名為李純。「叔文獨有憂色，而不敢言其事，但吟杜甫題諸葛亮祠堂詩末句云：『出師未捷身先死，長使英雄淚滿襟。』因歔欷泣下。」（《舊唐書．王叔文傳》）接著，宦官俱文珍等趁王叔文加拜戶部侍郎之機，暗中削去其翰林學士之職。王叔文失去此職，便無法參與機密詔令，當然就無法領導革新運動，所以他聞知此消息後大吃一驚。王伾爲之一再疏請，也只允許「三五日一入翰林」。至此，形勢已經不利。王叔文又因母喪丁憂守喪去職，形勢更急轉直下。

貞元二十一年（八〇五）七月二十八日，俱文珍等逼順宗下制，稱：「積疾未復，……其軍國政事，宜令皇太子勾當。」八月四日，俱文珍等又假順宗制：「令太子即皇帝位，朕稱太上皇，居興慶宮，制稱誥。」五日，徙順宗居興慶宮，並改元永貞。六日，貶王伾爲開州司馬，王叔文爲渝州司馬。王伾不久死於貶所，王叔文亦在第二年被賜死。九日，太子李純正式即位於宣政殿，是爲憲宗。九月十三日，貶劉禹錫爲連州刺史、柳宗元爲邵州刺史、韓泰爲撫州刺史、韓曄爲池州刺史。十一月七日，貶韋執誼爲崖州司馬。朝議謂劉、柳等人貶太輕。十四日，再貶劉禹錫爲朗州司馬、柳宗元爲永州司馬、韓泰爲虔州司馬、韓曄爲饒州司馬；又貶程異爲郴州司馬、凌准爲連州司馬、陳諫爲臺州司馬。此十人，合稱「二王八司馬」。陸質先已病死，李景儉守喪在家，呂溫出使吐蕃未還，未及於貶。至此，太子黨人奪權成功，而僅五個月的革新運動最終徹底失敗了。

王叔文集團政治革新雖然失敗了，但是革新的意義和影響是巨大的。清初王夫之肯定王叔文集團政治革新的成績：「革德宗末年之亂政，以快人心，清國紀，亦云善矣。」（王夫之《讀通鑑論》卷二十五，《船山全書》第十冊，第九四四—九四六頁，嶽麓書社，一九八八年）清代學者王鳴盛在《十七史商榷》中更加明確地指出，王叔文集團政治革新「改革積弊，加惠窮民，自天寶至貞元少有及此者」，意義非常重大。其實，王叔文集團政治革新的一些作法，如對藩鎮勢力的抑制，也正爲新任皇帝唐憲宗所採用。原來在王叔文刀下僥倖溜走的四川節使度劉辟，到底還是因爲發動叛亂而被唐憲宗剿滅。而王叔文集團要割去而未果的那個宦官弄權的毒瘤，也迅速地膨脹和惡化。被宦官擁戴而當了皇帝的唐憲宗李純，最後又被宦官鴆殺。唐憲宗以後的皇帝，基本上都是由宦官廢立的。

王叔文集團政治革新失敗，一方面是藩鎮勢力和宦官勢力聯合扼殺的結果，另一方面也與德宗舊臣的不合作有關。革新集團成員起初的官職都比較低微。如王伾，僅官太子侍書；王叔文，僅以侍棋待詔爲東宮侍讀；劉禹錫、柳宗元、程異，僅官監察御史；韋執誼，僅官吏部郎中；凌准，僅官侍御史；韓泰，僅官戶部郎中；韓曄、陳諫，史書不記其當時任官，職位顯然更低。在順宗的支持下，他們與一些新進攜手合作，共同開創新的局面。一些德宗舊臣感覺受到了排擠，頗生妒忌之心。韓愈在〈永貞行〉中說「元臣故老不敢語，晝臥涕泣何汍瀾」，就描寫了當時舊朝元老的怨望之狀。王叔文等用事時，在位的宰相除了韋執誼外，還有高郢、鄭珣瑜、賈耽等人，這些舊朝元老，有的退職，有的袖手不爲，以示抗議和不合作。韋執誼身處其中，各種關係很難處理。當時做御史中丞的武元衡也明確表示不合作的態度。《舊唐書‧武元衡傳》載：「王叔文等使其黨以權利誘元衡，元衡拒之。時奉德宗山陵，元衡爲儀仗使。監察御史劉禹錫，叔文之黨也，求充儀仗判官。元衡不與，其黨滋不悅。」韓愈對王伾等收受賄賂、提升官員的作法也曾表示不滿，如他在〈永貞行〉中稱革新派掌握朝廷大權是「太皇諒陰未出令，小人乘時偷國柄」；又直言不諱地批評說：「夜作詔書朝拜官，超資越序曾無難。」

有人說革新運動失敗與韋執誼不聽王叔文調遣、革新派內部分裂有關。這種說法恐怕不符合事實。韋執誼在德宗朝就因爲順宗的引薦而與王叔文友善，而且還設計驅逐了一些敢於非議他們的諫臣。當然，韋執誼爲了協調各種關係，在幾件具體事情的處理上，確實故意同王叔文唱反調。如侍御史竇群曾上奏欲驅逐劉禹錫出朝，王叔文與人商議，決定罷竇群的官，韋執誼則加以阻止。王叔文要殺劉辟，又遭韋執誼竭力反對。但這些不過是做做樣子，以示公正罷了。實際上，韋執誼還是堅決地站在革新派的立場上的，所以，他暗中派人去向王叔文解釋和道歉，說：「不敢負約，欲共濟國家事爾。」後來，當他的岳父新任宰相杜黃裳勸請太子監國時，韋執誼則厲聲喝斥，惹得杜黃裳拂衣而去。看來，韋執誼是小事故意糊塗，大事則毫不含糊。

事實上，王叔文革新集團的多數成員，都能堅持革新主張，具有不妥協的鬥爭精神。例如柳宗元在革新失敗後曾爲王叔文之母所寫的〈故尚書戶部侍郎王君先太夫人河間劉氏志文〉中，給予王叔文以極高的評價。他說王叔文「堅明直亮，有文武之用」，說在王叔文集團政治革新運動中，王叔文「訏謨定命，有扶翼經緯之績」、「將明出納，有彌綸通變之勞，副經邦阜財之職」。這樣來評價王叔文，當然需要極大的勇氣和極強的正義感。在柳宗元的山水遊記中，更往往寄寓著對統治者抑才害賢的幽憤之情。他的〈江雪〉詩云：「千山鳥飛絕，萬徑人蹤滅。孤舟蓑笠翁，獨釣寒江雪。」孤舟獨釣寒江的漁父，兀傲不屈，正是柳宗元自我人格的生動寫照。韓愈〈柳子厚墓誌銘〉認爲，「子厚前時少年，勇於爲人，不自貴重顧藉」，也正好是柳宗元耿介孤直性格的很好注腳。

韓愈作史：對革新的客觀評價及韓、柳、劉交情

韓愈在元和八年（八一三）三月被提拔爲吏部郎中、史館修撰。十一月，接手《順宗實錄》的修撰。《順宗實錄》所記正是貞元二十一年事，爲後來唐史撰寫者最爲主要的材料依據。在接手此項任務之前，韓愈寫了〈答劉秀才論史書〉，言及作史之難，說作史的人，「不有人禍，必有天刑」。柳宗元對老朋友的這種言論很是不高興，於是在元和九年（八一四）正月，寫了〈與韓愈論史官書〉。〈書〉最後說：「退之宜更思。可爲，速爲。果卒以爲恐懼不敢，則一日可引去，又何云『行且謀也』？今人當爲而不爲，又誘館中他人及後生者，此大惑已！不勉己而欲勉人，難矣哉！」柳宗元的意思是說，韓愈既然有修史的機會，就應當勇挑重擔，把貞元二十一年間的眞實歷史留給後人，如果推諉職位於德薄者，就難以將歷史的眞相存諸後世了。在這封書信裡，柳宗元以「鬼神之事，渺茫難知」勸慰韓愈，又以「恐懼不敢」激將之，可謂用心良苦。

其實，韓愈此時的心境，也確實很矛盾。他接手修撰《順宗實錄》，也是硬著頭皮上的。不照實修，違背董狐直筆的史學傳統不說，也對不住自己以道自任的夙願；盡照實修，又擔心不會被朝廷通過，甚至會招來橫禍。韋執誼監修國史時，曾訂下規矩，「修撰官各撰日曆，凡至月終即於館中都會詳定是非，使置姓名，同其封鎖」，而且，「不得私家置本」、「永爲常式」（《唐會要》卷六十三）。這實際上是收史家褒貶權於朝廷。所以，韓愈在〈答劉秀才論史書〉中「夫爲史者，不有人禍，則有天刑」的說法，就是其處在兩難境地時的憤激之辭。

韓愈最後還是鼓起勇氣，完成了《順宗實錄》的修撰。《順宗實錄》基本上是信史。韓愈寫王叔文集團政治革新，並不因與革新的主要人物王叔文有宿怨而有所曲筆。在詳述改革各項措施之後，韓愈用了「人情大悅」、「市井歡呼」、「百姓相聚以歡呼大喜」等語句說明革新的效果，其讚賞之情溢於言表。

然而，韓愈在修史前擔心的事情出現了。這樣記錄王叔文集團政治革新惹得一些當權要員很不高興，宰相李吉甫負責監修，他看了韓愈所修的《順宗實錄》就「欲更研討」，只是還沒來得及研討出結果就死了（參見〈進順宗皇帝實錄表狀〉）。隨後，由於《順宗實錄》揭了宦官的短，宦官們就對其大加讒譭。「初，韓愈撰《順宗實錄》，說禁中事頗切直，內官惡之，於上前屢言不實，故令刊正也」（《唐會要．史館雜錄（下）》），以至於「累朝有詔改修」（《舊唐書．路隨傳》）。這又說明，儘管韓愈得官或許借助了宦官俱文珍之力（韓愈和俱文珍有聯繫。可見〈送汴州監軍俱文珍〉等詩，又可見《昌黎外集三．送俱文珍序》及王鳴盛《蛾術編》五十七），但韓愈並不因爲個人感情而取代正義的原則，而是具有堅決的衛道精神。這一方面是他「發言直率，無所畏避」（《舊唐書．韓愈傳》）性格的表現，另一方面也未嘗不與老朋友柳宗元的激勵有關。

做爲老朋友，柳宗元對於韓愈是理解、支持和信任的。元和九年（八一四），柳宗元作〈與史官韓愈致段秀實太尉逸事書〉，把平日留心採訪所獲知的有關段秀實的一些軼事，寄給韓愈以做修史之參考，後來《新唐書》的〈段太尉傳〉，正是依此而作。韓愈作〈師說〉抗顏爲師、遭人詬議時，柳宗元則作〈答論師道書〉以聲援之，甚至柳宗元死前託孤於韓愈。這些都足以說明韓柳交誼之深厚。

韓愈也始終把柳宗元、劉禹錫當作密友看待。可是，後世有些評論者以爲三人關係頗多牴牾。

其根據是韓愈〈赴江陵途中寄贈翰林三學士〉一詩。韓詩云：「同官盡才俊，偏善柳與劉。或慮言語泄，傳之落冤仇。二子不宜爾，將疑斷還不。」宋代《蔡寬夫詩話》認爲韓愈的陽山之貶是王叔文集團的排斥，以致韓愈對柳、劉也產生了懷疑。宋葛立方《韻語陽秋》則更說：「陽山之貶，伾、文之力，而劉、柳下石爲多。」這其實是出自對韓詩的誤解。宋代胡仔《苕溪漁隱詩話》經過考證，說明蔡寬夫等的說法是不對的，指出韓愈被貶是因爲幸臣李實進讒：「余閱《洪氏年譜》，然後知寬夫爲誤。《年譜》云：貞元十九年，公與張署、李方叔上疏言關中民急，爲幸臣所讒。幸臣者，李實也。」韓愈上疏言關中民急之狀，並向摯友柳、劉傾訴衷腸，隨即有陽山之貶，有人誤解是柳、劉走漏了消息，才引來李實的讒譭。韓愈詩言，他最善劉、柳，所以說「二子不宜爾」，他們絕不會如此的。初聽閒言，韓愈也曾猶疑，但馬上否定了此說，這就是「將疑斷還不」的意思。後世理解前人詩意，每多斷章取義，蔡寬夫、葛立方語或失察。倒是南宋劉克莊在《後村詩話》卷四中的話說得在理：「退之陽山之貶，此詩及史皆云因論宮市，似非劉柳漏言之故。當時乃有此說，市之風波可畏久矣。然退之於劉柳豁然不疑，故有『二子不宜爾』之句，庶幾不怨天、不尤人矣。」

柳宗元歿，韓愈作〈柳子厚墓誌銘〉，情見乎辭，眾所周知。同樣，韓愈歿，劉禹錫也在〈祭韓吏部文〉中對韓愈予以高度評價（見《全唐文》卷六一〇）。這些都足以說明，韓、柳、劉三人實爲惺惺相惜之摯友。

宦海浮沉：劉、柳的堅強與堅持

「八司馬」貶所都在邊遠之地。直到唐憲宗元和十年（八一五）年初，柳宗元與韓泰、韓曄、陳諫、劉禹錫等五人才奉詔進京。但當他們趕到長安時，朝廷又改變主意，竟把他們分別貶到更荒遠的柳州、漳州、汀州、封州和連州爲刺史。

柳宗元〈登柳州城樓寄漳、汀、封、連四州刺史〉寫他們當時的淒苦、憂鬱和憤懣：

城上高樓接大荒，海天愁思正茫茫。
驚風亂颭芙蓉水，密雨斜侵薜荔牆。
嶺樹重遮千里目，江流曲似九迴腸。
共來百粵文身地，猶自音書滯一鄉！

青冥折翼，事業受挫，給柳宗元、劉禹錫等革新成員的打擊是沉重的。柳宗元在貶地往往借山水以發幽憤。他在〈始得西山宴遊記〉中說，他自被貶，總是戰戰兢兢地生活，閒暇時，就「施施而行，漫漫而遊」，藉以排解心中的苦悶，其抑鬱感傷之情溢於言表。

和柳宗元比起來，劉禹錫性格顯得要開朗一些，有一種樂觀向上、頑強不屈的兀傲個性。如他的〈秋詞〉：

> 晴空一鶴排雲上，便引詩情到碧霄。
> 自古逢秋悲寂寥，我言秋日勝春朝。

劉禹錫就像一隻排雲而上、直沖藍天的野鶴，充溢著戰鬥精神。劉禹錫之所以在元和十年開始被改派到至為荒遠的連州，恐怕與他奉詔進京後所作的〈元和十一年自朗州召至京戲贈看花諸君子〉詩有關：

> 紫陌紅塵拂面來，無人不道看花回。
> 玄都觀裡桃千樹，盡是劉郎去後栽。

劉禹錫回到長安，看看長安的情況，已經發生了很大變化，朝廷官員中，很多新提拔的都是他過去看不慣、合不來的人，心裡很不舒坦。京城裡有一座有名的道觀叫玄都觀，裡面有個道士，在觀裡種了一批桃樹。那時候正是春暖季節，觀裡桃花盛開，招引來不少遊客。劉禹錫看到玄都觀裡新栽的桃花，很有感觸，於是就借題發揮，寫了上面那首題為〈戲贈看花諸君子〉的詩。

劉禹錫的這首新作馬上在長安傳開了。有一些大臣對召回劉禹錫本來就不願意，讀了劉禹錫的詩，就細細琢磨裡面到底有什麼含意。也不知道哪個說，劉禹錫這首詩表面是寫桃花，實際是諷刺當時新提拔的權貴的。這一下子可惹了麻煩，唐憲宗對他也很不滿意。於是，劉禹錫被派到人煙稀少、異常偏僻的播州（今貴州遵義）做刺史。

劉禹錫家裡有個老母親，已經八十多歲了，需要人伺候，如果隨行，肯定無法承受長途跋涉的勞頓之苦。柳宗元得知情況後，連夜寫了一道奏章，請求把派給他柳州的官職跟劉禹錫對調，讓他到播州去。柳宗元待朋友的真誠之舉，使許多人很受感動。大臣裴度在唐憲宗面前替劉禹錫說情，憲宗才答應把劉禹錫改派為連州（今廣東連縣）刺史。

以後，劉禹錫又被調動了好幾個地方。過了十四年，唐敬宗寶曆二年（八二六），裴度當了宰相，才把他調回長安。

開頭提到的〈酬樂天揚州初逢席上見贈〉，就是劉禹錫在此次回長安的路上作的。當時劉禹錫遇到白居易，兩人本是舊友，相見時談到宦海沉浮、禍福難料、風雲莫測時，大概總免不了要感嘆唏噓一番。白居易的贈詩中說「舉眼風光長寂寞，滿朝官職獨蹉跎」，頗為劉禹錫抱不平。劉禹錫也聯想到，朝廷在人事上已經發生了巨大的變化，正所謂「王侯第宅皆新主，文武衣冠異昔時」（杜甫〈秋興〉其四），現在回去後，恐怕會有恍如隔世的感覺了。所以劉禹錫的酬答之作中間二聯道：「懷舊空吟聞笛賦，到鄉翻似爛柯人。沉舟側畔千帆過，病樹前頭萬木春。」

三國魏元帝景元四年（二六三），嵇康被司馬氏所殺害，景元五年，向秀作〈思舊賦並序〉悼念嵇康。《思舊賦》云：「悼嵇生之永辭兮，顧日影而彈琴。託運遇於領會兮，寄餘命於寸陰。聽鳴笛之慷慨兮，妙聲絕而復尋。停駕言其將邁兮，遂援翰而寫心。」「妙聲」，指嵇康臨終前所奏寄託生命（「寄餘命」）之琴聲（「特妙」），和向秀現在憑弔嵇康舊居時鄰家所鳴之笛聲（「慷慨」）。「妙聲絕而復尋」，乃是象徵嵇康雖死猶生、精神不死，永遠活在人們心裡。下文的「遂援翰而寫心」，也正是表達此意。

劉禹錫詩「懷舊空吟聞笛賦」，用〈思舊賦〉琴聲笛聲「妙聲絕而復尋」之典，言如同向秀懷念嵇康，我亦懷念二十三年前政治革新的故人，然而他們已不在人間。言外之意則是，如嵇康雖死猶生、精神不死，永遠活在人們心裡一樣，革新故人亦雖死猶生、精神不死，永遠活在我的心裡。下文「沉舟側畔千帆過，病樹前頭萬木春」繼續發揮此意。劉禹錫以「沉舟」喻政治革新之故人，以「病樹」自喻，以「千帆」、「萬木」喻無數新貴。兩句言死者已長逝矣，他們當年從事過政治革新的朝廷，如今是無數新貴春風得意，而我自甘病廢，讓那無數新貴春風得意。言外之意則是，自己寧可廢棄，也忠於政治革新故人和當年的理想。風格看似頹廢，其實柔中帶剛，寫出了絕不以世俗為轉移的品格和定力。人們常說劉禹錫此兩句詩表現了新生事物朝氣蓬勃、新陳代謝不可抗拒，其實並不符合詩意。

劉禹錫再次回到京城時，又是暮春季節。他到玄都觀舊地重遊，得知那個種桃的道士已經死去，觀裡的桃樹沒有人照料，有的被砍，有的枯死了，滿地長著燕麥野葵，一片荒涼。他想起當年桃花盛開的情景，聯想起一些過去打擊他們的政敵，也在朝野傾軋中下了臺，就又寫下了一首〈再遊玄都觀〉詩：

百畝中庭半是苔，桃花淨盡菜花開。
種桃道士歸何處？前度劉郎今又來。

十四年過去了，皇帝由憲宗、穆宗、敬宗而文宗，換了四個，人事變遷很大，但政治鬥爭仍在繼續。劉禹錫寫這首詩，是有意重提舊事，向打擊他的權貴挑戰，表示絕不因爲屢遭報復就屈服妥協。詩裡的「種桃道士」指的是打擊當時革新運動的當權者。這些人，經過二十多年，「樹倒猢猻散」，有的死了，有的失勢了。而被排擠的劉禹錫，這時卻回來了！劉禹錫對政敵投以輕蔑的嘲笑，從而顯示了自己的不屈、樂觀和戰鬥到底的勇氣。

夕陽無限好，只是近黃昏——唐朝的衰亡

夕陽無限好，只是近黃昏

夕陽無限好 只是近黃昏

向晚意不適，驅車登古原。
夕陽無限好，只是近黃昏。
——李商隱〈登樂遊原〉

一天傍晚，晚唐詩人李商隱鬱鬱不樂地登上長安的樂遊原，對著西斜的紅日，情不自禁地慨嘆：「夕陽無限好，只是近黃昏。」意思是說，夕陽即使再好，可惜也維持不了多少時間了。清人紀昀評曰：「百感茫茫，一時交集，謂之悲身世可，謂之憂時事亦可。」此評很有道理。晚唐時代，中興無望，大唐運祚已似日薄西山，詩人觸景傷情，能不慨然興嘆！

歷時近八年的安史之亂，大大削弱了唐王朝的實力，肅宗（七五六—七六二年在位）及之後的代宗（七六二—七八〇年在位）、德宗（七八〇—八〇五年在位）等皆昏庸無能，寵信宦官，疏遠賢良，致使唐帝國的統治更加惡化，國力每況愈下、一蹶不振。李唐王朝因此再未恢復往日的盛世景象。

八〇五年，唐順宗即位，起用王叔文、王伾、柳宗元、劉禹錫等人，進行了一些有利於國計民生的政治革新。可是，由於順宗患有中風病，宦官俱文珍等和反對改革的朝臣結合起來，擁立太子李純為皇帝，唐順宗被迫退位，王叔文集團的政治改革僅持續了一百四十六天即告失敗。唐憲宗李純任用李絳、裴度等有才能的人做宰相，朝廷稍有振作。如先後平息劉辟、李錡的叛亂，取得魏博鎮，平定淮西，收復淄青等，唐朝實現了暫時的統一。但此後，唐憲宗便驕侈起來。他聽說鳳翔法門寺塔留存有佛的指骨，就派遣宦官、宮女去迎佛骨。韓愈上疏切諫，結果惹怒了唐憲宗，把韓愈遠貶到潮州。「一封朝奏九重天，夕貶潮州路八千」。韓愈在詩中表達了他的悽惻與不平。後來，服用了柳泌配製的長生藥的唐憲宗，性情變得暴躁多怒，經常責殺身邊的宦官，終於被宦官毒殺。八二一年，宦官王守澄等擁立太子李恆，即唐穆宗。唐憲宗死後，唐王朝中期結束，開始進入後期。

唐王朝後期積弊重重。皇帝昏庸、宦官擅權、朝官黨爭、藩鎮割據，再加上由於誅求過甚而造成民眾的反抗，使得唐王朝一步步走向衰亡。

皇帝庸碌

唐憲宗以後的諸帝，大多數庸碌無為。

唐穆宗和唐敬宗是馴服於宦官的兩個皇帝。唐穆宗李恆和他父親一樣，也想長生不老。他寵信方士，服用長生藥，結果不但不能長生，反而只活了三十歲就早早死了。長慶四年（八二四），穆宗死，太子李湛即位，就是唐敬宗。

唐敬宗是個荒淫無度的浪蕩子，喜愛遊戲，整天擊球打獵，朝政由宦官王守澄把持。唐敬宗命鹽鐵轉運使王播大造競渡船，並每月從南方進奉錢物（稱為羨餘）。寶曆三年（八二七），唐敬宗夜獵還宮，與宦官劉克明等飲酒。劉克明等嫉妒王守澄的權勢，希望換立新君，從而取代王守澄的地位。酒酣之後，敬宗起身上廁所，突然燈燭全滅，劉克明等人趁黑把年僅十八歲的敬宗殺死，然後矯稱聖旨，擁立絳王李悟（唐憲宗第六子）為皇帝。樞密使王守澄、神策中尉梁守謙等宦官，則領禁兵迎立唐敬宗弟江王李涵為皇帝，殺劉克明、李悟等。李涵即位後，改名李昂，就是唐文宗。

唐文宗親歷了宦官弒君立君的過程，感到自身毫無保障，就想利用朝官來對抗宦官。他與朝官密謀誅滅宦官，但由於行事不密，最終失敗。唐文宗被宦官監視，只好飲酒求醉，賦詩遣愁，說自己受制於家奴，比周赧王、漢獻帝兩個亡國之君還不如。開成五年（八四〇），唐文宗病死。宦官仇士良、魚弘志等立唐文宗弟潁王李瀍為皇太子，改名李炎，即唐武宗。

唐武宗十分信奉道教，不喜歡佛教。會昌五年（八四五），他竟下詔命天下佛寺僧尼全都還俗。唐武宗經常服用方士所配製的金丹，變得性情急躁、喜怒無常。他已經得病，方士卻騙他是換骨。會昌六年（八四六），唐武宗和他父親唐穆宗一樣，也因服金丹病死。李商隱〈瑤池〉詩說：

瑤池阿母綺窗開，黃竹歌聲動地哀。
八駿日行三萬里，穆王何事不重來？

詩人意在諷刺長生之虛妄、求仙之荒誕。他在詩中虛構出西王母盼不到周穆王重來的場景，以黃竹歌哀暗示穆王已死，含意深長地說明了神仙也不能使遇仙者免於死亡，所以求仙無益。《李義山詩集箋注》引程夢星話說：「此追嘆武宗之崩也。武宗好仙，又好遊獵，又寵王才人。此詩熔鑄其事而出之，只用穆王一事，足概武宗三端。」唐武宗死後，宦官立唐憲宗之子李怡爲皇太叔，改名李忱。李忱即位，就是唐宣宗。

唐宣宗與唐武宗的父親唐穆宗同輩，按常例不可繼承帝位。只因他幼年時起，便顯得很癡呆，宦官以爲容易利用，就破例擁立他做皇帝。唐宣宗即位後，將唐武宗廢除的佛教又復興起來，處理政務，有條有理，大家才知道他有心計，癡呆是僞裝出來的。可是，唐宣宗認爲他的父親唐憲宗是郭太后（唐憲宗皇后，但不是唐宣宗生母）、唐穆宗母子和宦官同謀殺死的，所以即位以後，就逼死郭太后，又殺唐穆宗爲太子時的東宮官屬。唐宣宗也熱中於長生之術。大中十三年（八五九），唐宣宗吃了方士的長生藥，結果背生毒瘡而死。宦官立其長子李漼爲皇帝，就是唐懿宗。

唐懿宗即位後，「遊宴無節」，極其荒淫奢侈。他喜歡在宮裡大擺宴席，喜歡觀看樂工優伶演出。宮中供養的樂工有五百人之多，只要他高興，就會對這些人大加賞賜，動不動就是上千貫錢。每次外出遊覽，隨從多至十餘萬人，所花費的錢財不可勝數。李商隱〈隋宮〉云：

紫泉宮殿鎖煙霞，欲取蕪城做帝家。
玉璽不緣歸日角，錦帆應是到天涯。
於今腐草無螢火，終古垂楊有暮鴉。
地下若逢陳後主，豈宜重問後庭花。

隋煬帝多次乘龍舟南遊江都，窮奢極欲，終致亡國。據《隋遺錄》載，隋煬帝游江都時，一次夢中恍惚與陳後主相遇，讓陳後主的寵妃張麗華教舞「玉樹後庭花」。李商隱說，同是以荒淫而亡國，隋煬帝如果見了陳後主，也該感到羞赧吧！那麼，唐懿宗如果見到隋煬帝，不知道會做何感想？李商隱如果能活到唐懿宗朝，恐怕感慨會更多些吧！唐懿宗花費大量錢財供奉佛教，他派人到法門寺迎佛骨，群臣多勸諫說，唐憲宗迎佛骨，不久死去，可見迎佛骨致長生是不足爲信的。但唐懿宗執迷不悟，竟說：「生得見之，死亦無恨！」終於勞民傷財地把佛骨迎接到京師。咸通十五年（八七四），唐懿宗死，宦官立其少子李儇（音宣）爲皇帝，就是唐僖宗。

唐僖宗即位時才十二歲，即位前，他和小馬坊使宦官田令孜最好。所以，他一當上皇帝，就擢升田令孜爲神策軍中尉。唐僖宗專事遊戲，賞賜樂工、伎兒的錢，動不動就以萬計，以至於府庫空竭。他把政事全交給田令孜，還稱他爲「阿父」。田令孜把持大權，恃寵橫暴，朝政日非。唐僖宗即位後不久，就爆發了以王仙芝、黃巢爲首的大規模的農民起義。廣明元年（八八〇），起義軍進入長安，唐僖宗隨田令孜等出逃到成都。後來，唐朝招沙陀酋長李克用攻打起義軍。光啓四年（八八八），起義軍失敗，唐僖宗回到長安。當時長安屢經兵火，已是荊棘滿城。身心交瘁的唐僖宗不久就病死了。宦官楊復恭立李曄（唐懿宗第七子、唐僖宗弟）爲皇帝，就是唐昭宗。

唐昭宗有振興唐朝的志向，但是，唐朝已經到了腐朽垂亡的階段，中央的權力幾乎喪失殆盡，唐昭宗的努力只是枉然。唐昭宗在宦官、藩鎭、朝官的挾持下，經歷了出逃、被囚禁、被挾制、被孤立的重重厄運後，終於在天復四年（九〇四）被朱全忠殺死。朱全忠殺死唐昭宗後，立唐昭宗第九子輝王李柷爲皇帝，就是唐哀帝（也稱唐昭宣帝）。唐哀帝即位時不過十三歲，只是朱全忠篡位的一個過渡工具而已。

宦官擅權

唐朝後期的主要矛盾是南司（朝官）與北司（宦官）之爭和朝官之間的朋黨之爭。朝官辦公的中書、門下兩省在宮城南面，通稱爲「南衙」或「南司」，而宦官組成的內朝相對稱爲「北司」。唐後期南北司鬥爭越發頻繁劇烈，多數情況下是北司壓過南司，宦官勢力占上風。

宦官擅權是晚唐政治的一大特徵。唐玄宗開元後期，唐初宦官不登三品的舊制被打破，宦官高力士官高位顯，連當朝太子都要稱其爲二兄，諸王公主稱他爲阿翁。安史之亂時，宦官邊令誠、魚朝恩則屢任監軍。唐肅宗信不過朝臣，乾脆用自己寵信的宦官李輔國統帥禁軍，李輔國權傾朝野，結黨營私，賣官鬻爵，聚斂財富。陳寅恪先生在《唐代政治史述論稿》中說：「唐代閹寺中疑多是蠻族或蠻夷化之漢人也。」杜甫曾諷刺李輔國等輩宦官文化淺薄，卻用事弄權，是「亂紀綱」的小兒。杜甫〈螢火〉大概也是諷刺宦官之作：

幸而腐草出，敢近太陽飛。未足臨書卷，時能點客衣。
隨風隔幔小，帶雨傍林微。十月清霜重，飄零何處歸。

宦官經常做出貪污受賄之類的醜事，甚至會因私嫌而誣構陷害朝臣。「敢近太陽飛」是指宦官蠱惑帝王，「時能點客衣」則言其君前進讒，「未足臨書卷」則是說他們不堪大用。劉禹錫也把蠱惑君王、進讒害賢的宦官比作蚊子。他的〈聚蚊謠〉寫蚊子得勢之時「喧騰鼓舞喜昏黑，昧者不分聽者惑。露花滴瀝月上天，利嘴迎人著不得」，罵牠們必不得好報，「清商一來秋日曉，羞爾微形飼丹鳥」。劉禹錫這首詩立意上與杜甫的〈螢火〉詩很相似。

安史之亂時，皇帝用宦官監軍、統兵，宦官漸掌軍權。所以安史之亂後，宦官勢力更是猖獗，乃至「萬機之與奪任情，九重之廢立由己」（《舊唐書・宦官傳》）。唐代宗朝的程元振，唐德宗朝的竇文場、霍仙鳴，唐憲宗朝的俱文珍、吐突承璀、王守澄等人，都是專權橫行的大宦官。

唐穆宗以後的大宦官更是變本加厲。大宦官頭領往往被授予神策中尉、樞密使的重要職位。左、右神策中尉和樞密使被稱爲「四貴」。神策中尉獨掌兵權，樞密使則分掌政權。神策軍是安史之亂後朝廷爲了威懾藩鎮而建立的中央直屬部隊，是王朝禁軍。唐德宗貞元中設立左、右神策中尉統領神策軍，讓宦官竇文場、霍仙鳴擔任。以後，擔任神策中尉的多是宦官。唐敬宗時正式設置了兩員由大宦官充任的樞密使。樞密使的本職雖說只是掌管機密，承詔宣旨，但由於常在皇帝身邊，權力不亞於宰相。宦官掌握了這樣的軍政要職，更是肆無忌憚了，唐後期八個皇帝即由宦官擁立，兩個皇帝還被宦官害死。

宦官把持了國策的制定、皇帝的廢立，至於朝臣的任免，自然更是不在話下了。這樣，宦官與朝臣之間的矛盾和衝突也就愈來愈尖銳。

唐穆宗是由宦官擁立的，從唐穆宗起，掌握唐朝政權的人，不是皇帝而是宦官。唐穆宗時，由於宦官勢力極盛，以裴度爲首的一部分正直朝官受到壓抑，而另一些朝官卻極力巴結宦官，以求得高位，元稹就很有代表性。元稹因交結宦官，當上知制誥，受到朝官的鄙視。一次，同行在一起吃瓜，有蒼蠅飛下來，中書舍人武儒衡揮扇驅蠅，說：「這東西從哪裡來的！」朝官把依附宦官者比作蒼蠅，足見雙方怨恨之深。

唐敬宗時，宦官梁守謙、王守澄等攬權用事，排擠正直朝官。

唐文宗朝，南北司的鬥爭已經表面化了。大和二年（八二八），名士劉蕡應舉賢良方正科，公開在對策中反對宦官。他聲言「閹寺持廢立之權」，弄得「宮闈將變，社稷將危」，勸皇帝屏退宦官，信任朝官，政權交給宰相，兵權交給將帥，這樣做，才能救皇帝、救國家。考官讚賞劉蕡的文章，但懼怕宦官的專橫，不敢錄取他。後來令狐楚等表薦劉蕡爲祕書郎，而宦官深恨劉蕡，以罪誣之，貶其爲柳州司戶，劉蕡最終死於貶所。對劉蕡的貶謫冤死，李商隱極爲悲痛，作〈哭司戶劉蕡〉云：

「路有論冤謫，言皆在中興。」說行路之人都在議論劉蕡對策中的言論全是爲著國家的中興。

宦官的跋扈，終於讓皇帝再也忍受不下去了。

唐文宗的祖父憲宗、哥哥敬宗均爲宦官所害，父親穆宗和自己都是宦官所立，故對宦官既恨又怕。於是，唐文宗用宋申錫爲宰相，密謀誅滅宦官。王守澄和親信鄭注發覺宋申錫的密謀，使人誣告宋申錫欲謀廢立，唐文宗卻信以爲眞，害怕危及自己的帝位，貶宋申錫爲開州司馬。唐文宗得了中風病，王守澄薦鄭注去診治，又推薦進士出身的李訓給唐文宗。鄭注和李訓成了唐文宗的寵臣。

大和九年（八三五），唐文宗想誅滅宦官，將心事密告李訓、鄭注。李、鄭爲唐文宗出謀畫策，先擢用宦官仇士良爲中尉，分去王守澄的權勢。不久，他們又讓唐文宗逼王守澄喝毒酒自殺。李、鄭兩人又密謀，準備由鄭注出任鳳翔節度使，等王守澄下葬時，唐文宗令全部宦官去會葬，鄭注率兵殺死全部宦官。鄭注去鳳翔準備兵力，李訓和徒黨商議，認爲如此行事，功勞將被鄭注占去，不如先下手殺了宦官，可以獨得大功。於是，李訓上朝，讓徒黨報告說禁衛軍大廳後院的一棵石榴樹上，昨天夜裡降了甘露。原來，封建王朝是最講迷信的，天降甘露被認爲是好兆頭。李訓當即帶領文武百官向文宗慶賀，還請唐文宗親自到後院觀賞甘露。唐文宗命令宰相李訓先去察看。李訓裝模作樣地到院子裡去兜了一圈，回來說：「我去看了一下，恐怕不是眞的甘露，請陛下派人複查。」唐文宗故意令中尉仇士良、魚弘志率眾宦官再去看看。仇士良等前去，走到門邊時，一陣風吹來，吹動了門邊掛的布幕。仇士良發現布幕裡埋伏了不少手拿明晃晃武器的兵士，大吃一驚，連忙退出，奔回唐文宗那裡。李訓看到仇士良逃走，立刻命令埋伏的衛士趕上去。哪知道仇士良和宦官們已經把唐文宗搶到手裡，把他拉進軟轎，抬起就走。李訓趕上去，拉住文宗的轎子不放，一個宦官搶前一步，朝李訓劈胸一拳，把他打倒在地。仇士良趁機扶著文宗的軟轎，進內宮去了。李訓見陰謀敗露，逃至終南山。仇士良等入宮，派出神策兵，大肆捕殺朝官。結果，李訓及宰相王涯等一千多人被殺，朝廷上血流成河。鄭注也被監軍宦官所殺。這就是歷史上有名的「甘露之變」。

甘露之變後，朝廷大權全歸北司，宦官的氣勢更盛了。史稱「自是天下事皆決於北司，宰相行文書而已。宦官氣益盛，迫脅天子，下視宰相，陵暴朝士如草芥」。仇士良在職二十餘年，前後共殺二王、一妃、四宰相。仇士良回家時，給送行的宦官傳授祕訣說：「天子不可閒著無事，要常常引導他縱情享樂，樂事要日新月異，使得他無暇顧及其他事，然後我輩才可以得志。尤其不可讓他讀書，親近儒生，他見到前朝興亡的故事，心裡害怕，我輩就要被疏斥。」後來，仇士良病死，有人告發他有不法行爲，結果從他的家裡搜出了數千件兵器。武宗一怒之下沒收其財產。據說，他家的財產用三十輛車子，運了一個多月還沒有運完。宦官個個是貪暴之徒，操縱國政，朝廷前途堪憂。

李商隱〈曲江〉詩云：

望斷平時翠輦過，空聞子夜鬼悲歌。
金輿不返傾城色，玉殿猶分下苑波。
死憶華亭聞唳鶴，老憂王室泣銅駝。
天荒地變心雖折，若比傷春意未多。

這首詩借曲江今昔暗寓時事。曲江，是唐代長安最大的風景名勝區，安史之亂後荒廢。唐文宗頗想恢復昇平故事，故派神策軍修治曲江。甘露之變發生後不久，下令罷修。曲江的興廢，和唐王朝的盛衰密切相關。「平時翠輦過」，指的是事變前文宗車駕出遊曲江的情景；「子夜鬼悲歌」，則是經歷了甘露之變後的曲江之景象，這景象，荒涼中顯出淒厲，正暗示出剛過去不久的那場「流血千門，僵屍萬計」的慘酷事變。「金輿不返傾城色」，是說文宗受制於家奴，形同幽囚，翠輦金輿遂絕跡於曲江。「死憶華亭聞唳鶴」，西晉陸機因被進讒而受誅，臨死前悲嘆道：「華亭鶴唳，豈可復聞乎？」此處以陸機事暗示甘露事變期間大批朝臣慘遭宦官殺戮的事實。「老憂王室泣銅駝」借索靖事，抒寫了對唐王朝國運將傾的憂慮。西晉滅亡前，索靖預見到天下將亂，指著洛陽宮門前的銅駝，嘆息道：「會見汝在荊棘中耳！」末尾，李商隱指出，甘露之變儘管令人心摧，但更令人傷痛的卻是國家所面臨的衰頹沒落的命運。

稍有頭腦的皇帝，也感覺到了，不肅清宦官，國家的衰頹沒落就不可避免。文宗以後，要殺盡宦官的皇帝，還有兩位，那就是唐宣宗和唐昭宗。

唐宣宗即位後，與令狐綯商量殺盡宦官。令狐綯密奏說，只要有罪不赦、有缺不補，宦官自然會逐漸耗盡。可是，這個密奏被宦官發現了，宦官更加敵視朝官。

唐昭宗十分痛恨宦官，因爲宦官田令孜挾持僖宗入蜀曾鞭打過昭宗。他即位後，更憎惡取代田令孜的宦官楊復恭的專權跋扈，想除滅他。唐昭宗曾親自發兵攻楊復恭私宅，楊復恭出逃漢中。宦官劉季述等合謀，準備將唐昭宗廢掉。光化三年（九〇〇），劉季述等乘唐昭宗酒醉，率禁兵進宮，囚禁了唐昭宗。唐昭宗被關在少陽院內，門上的大鎖也用鐵水熔固，飲食就從一個牆洞裡送進去。幸有宰相崔胤聯合神策軍將領，謀殺了劉季述等，才得以迎唐昭宗復位。趁唐末大亂而起的實力派朱全忠，這時與崔胤合謀，大殺宦官，宦官幾乎被殺盡，唐昭宗也隨之被朱全忠完全孤立，唐朝的統治名存實亡。

朋黨鬥爭

朝官之間朋黨的鬥爭，即所謂的「牛李黨爭」，在中晚唐愈演愈烈。李黨的首領是李德裕。牛黨的首領是牛僧孺和李宗閔，但實際上牛僧孺只是名義上的，李宗閔才是「牛黨」的實際領袖。

牛李黨爭的開始是由進士考試而起。唐憲宗元和三年（八〇八），朝廷舉行科舉考試，牛僧孺、皇甫湜、李宗閔三人在考卷裡批評朝政，考官認爲符合選擇的條件，便把他們推薦給唐憲宗。當時宰相李吉甫（李德裕之父）見牛僧孺、李宗閔揭了他的短處，對他十分不利，所以就在唐憲宗面前說牛僧孺、李宗閔與考官有私人關係。憲宗聽信了李吉甫的話，將考官和審查考卷的翰林學士免職貶官，牛僧孺等三人也不予重用。誰知這件事卻令朝野譁然，朝中官員爭先爲牛僧孺等人鳴冤叫屈，譴責李吉甫嫉賢妒能。迫於輿論壓力，憲宗只好出李吉甫爲淮南節度使。這樣在朝臣中就初步形成了兩派對立的形勢。

唐穆宗長慶元年（八二一）舉行的進士考試由牛黨人物錢徽主持，中書舍人李宗閔之婿蘇巢等登第。前宰相段文昌向穆宗奏稱禮部貢舉不公，翰林學士李德裕等也說段文昌所揭發是實情，結果錢徽被降職，李宗閔也受到了牽連，被貶謫到外地。李宗閔認爲這是李德裕成心排擠他，於是大爲懷恨。從此，「德裕、宗閔各分朋黨，更相傾軋，垂四十年」（《通鑑紀事本末》卷三十五下）。

唐文宗即位以後，李宗閔因走宦官門路，當上了宰相。李宗閔向文宗推薦牛僧孺，提拔他為宰相。兩人掌權之後，就極力打擊李德裕，把李德裕調出京城，貶謫為西川節度使。

開成五年（八四〇），唐武宗即位，牛黨失勢，李德裕當上了宰相，開始了李黨獨掌朝政的時期。李德裕極力排斥牛僧孺、李宗閔，把牛黨的人都貶謫到南方去了。會昌六年（八四六），唐宣宗即位，此後又對武宗時期的舊臣一概排斥，李德裕被貶為崖州（今海南瓊山東南）司戶，死於貶所。牛李兩黨之爭終於以牛黨獲勝結束。

牛李黨爭的背景相當複雜。有幾個特點：一是牛僧孺、李宗閔跟一些科舉出身的官員結成一派，李德裕也跟士族出身的人結成一派。陳寅恪先生認為，牛黨代表新興的庶族地主以進士出身的官員，李黨代表北朝以來山東士族以門蔭入仕的官員。他們之間的分歧不僅在於政見不同，也包括對禮法、門風等文化傳統的態度有差異。二是牛李兩黨在對待藩鎮態度上，有主張強硬政策與妥協政策的分歧。牛僧孺、李德裕交替當政之前，唐憲宗元和年間的宰相們，就如何對待藩鎮割據一事，分為兩派：宰相李吉甫、武元衡、裴度等主張武力平叛；宰相李絳、韋貫之、李逢吉主張安撫妥協。李吉甫死後，主戰派的中心人物是裴度，反對派的中心人物是李逢吉。所以有的學者認為，元和年間其實就是黨爭的醞釀時期，而後來的牛僧孺和李宗閔是李逢吉的政治繼承者，李德裕則是裴度的政治繼承者。再有，牛李黨爭又與宦官和朝官的爭鬥相關聯。牛李黨爭是在宦官專權時期，朝廷官員反對宦官的大都遭到排擠打擊，只有依靠宦官才能在朝廷上立足、顯達。另一方面，宦官也有意識地操縱兩派的進退，以達到符合自身利益的目的。這樣，以李宗閔為首的牛黨和以李德裕為首的李黨都與宦官有些聯繫。李宗閔與唐文宗時的左右樞密使宦官楊承和、王踐言關係密切。牛僧孺在李逢吉和宦官王守澄的支持下才做到宰相，又在某種程度上依恃李宗閔。總的來說，李宗閔依附宦官，牛僧孺雖與宦官的關係不十分密切，但他要依附李宗閔。李德裕做爲堅持傳統禮法的世家子弟，從感情上是厭惡宦官的，但他在幾次出外任節度使時，與擔任監軍的宦官關係處理得很好。宦官楊欽義在他軍中監軍時，他以禮相待，以信相交。楊欽義回朝擔任樞密使，李德裕就被任命爲宰相。

穆宗、敬宗、文宗三朝，除去大和九年（八三五）甘露之變前夕牛李兩黨都被當時掌權的李訓、鄭注排斥之外，大體上是兩黨交替進退，一黨在朝，便排斥對方外任。牛李黨爭使本來腐朽衰落的唐王朝更加動盪不安。唐文宗曾慨嘆說：「去河北賊易，去朝廷朋黨難！」

藩鎮割據

在朝廷內部，宦官與朝官、朝官與朝官激烈爭鬥的同時，都城之外，藩鎮割據的情況一天比一天嚴重。

唐憲宗平定四鎮之亂、淮西之亂後，藩鎮勢力削弱，暫時恢復了統一局面。但唐憲宗死後，藩鎮馬上又有反覆。河北三鎮（成德、魏博、幽州）相繼叛變，不再聽命於朝廷。唐穆宗長慶元年（八二一），盧龍發生兵亂，將士囚禁了朝廷派去的新節度使張弘靖，盡殺其幕僚。接著，成德軍將又殺成德節度使田弘正。朝廷命裴度統兵討伐，又命魏博節度使田布（田弘正之子）出兵助討成德。但魏博將士不肯出力，要求田布恢復獨立狀態，田布無法報父仇而自殺。河北三鎮又脫離了中央控制。唐穆宗即位後，著手「銷兵」（即裁減兵員）以節省財政開支。可是，由於被裁的士卒無可靠生計，紛紛投奔三鎮。裴度的討伐軍無功而還。朝廷因爲軍費浩大，無法支撐長期作戰，只好承認現實。經此，中央再也沒有恢復河北的打算。

朝廷不但對河北三鎮無可奈何，即使對唐朝尚能控制區域內新出現的一些割據者，也只好姑息。如徐州大將王智興逐節度使崔群，自領軍務，朝廷即授以節鎮。像這種牙將逐帥的事件，在各藩鎮及地方常常出現，這正是權力下移的象徵。再如，昭義（今山西長治）節度使劉悟擅自囚監軍使劉承偕，朝廷也無可奈何，只好宣布流放劉承偕，劉悟才將其釋放。後來劉悟子孫三代據有昭義鎮，直到唐武宗會昌四年（八四四），在李德裕的主持下，才平定了昭義鎮。

唐僖宗乾符二年（八七五），黃巢領導的唐末農民戰爭爆發後，唐朝雖然徵集各鎮士兵圍剿，並委任都統、副都統爲統帥，實際上指揮並不統一。許多節鎮利用時機擴充自己的實力。這些藩鎮都在觀察形勢，伺機而動。黃巢攻入長安後，唐朝中央政權實際已經瓦解。在農民戰爭中乘機發展壯大了的各股割據勢力，在農民軍失敗後，立即轉入互相兼併的戰爭中，數十年戰爭不斷，幾乎遍及全國。在這種無休止的戰亂中，百姓飽受離亂之苦，千村零落，萬戶蕭疏。鄭谷詩「訪鄰多指塚，問路半移原」（〈訪姨兄渭口別墅〉）、「傷心繞村落，應少舊耕夫」（〈久不得張喬消息〉），寫的就是戰亂後新塚累累、陵谷變遷的慘痛景象。

唐昭宗時，王建據四川、楊行密據淮南、錢鏐據吳越、王潮據福建，李茂貞兼鳳翔、山南西道、武定、天雄四鎮節度使，占有十五個州，成爲關中最強大的藩鎮。其中最強悍者是李克用和朱全忠。沙陀軍李克用起兵代北，黃巢起義軍攻入長安時，因奉詔率軍救援有功，授河東節度使。此後李克用不斷擴張，先後占領雲州（今大同）、幽州（今北京），勢力擴展到河北，唐朝封李克用爲晉王。黃巢軍叛將朱溫（即朱全忠）降唐後，唐任命他爲宣武軍節度使，加東北面都招討使。朱全忠憑藉汴州（今河南開封）優越的地理條件，逐步呑併、割據中原和河北地區的藩鎭。

這些藩鎭，根本不把朝廷放在眼裡。唐昭宗任李谿爲宰相，李茂貞和邠寧節度使王行瑜、華州節度使韓建就率兵入京，殺了李谿和另一宰相韋昭度。李克用也進入長安，殺王行瑜，唐昭宗逃到終南山中。昭宗回京後，募兵數萬人，交給宗室子弟統率，做爲自己的武裝力量。李茂貞藉口朝廷對鳳翔用兵，率兵進逼京師。昭宗逃到華州，落到了韓建手中。韓建逼唐昭宗解散諸王所率的全部禁兵，並捕殺諸王十一人。韓建、李茂貞怕朱全忠來奪昭宗，將昭宗送回長安。朱全忠想劫昭宗去東都，宦官韓全誨等卻挾迫他去鳳翔，投靠節度使李茂貞。朱全忠率兵入關中，韓建投降，取得華州，隨後入長安，攻鳳翔。李茂貞困守孤城，只好向朱全忠求降。朱全忠殺了韓全誨，回長安後又殺了全部宦官。從此，朱全忠完全控制了唐昭宗。天復四年（九〇四），朱全忠強迫昭宗和百官以及長安居民遷往洛陽。昭宗路過華州時，有人夾路呼萬歲，昭宗涕泣說：「不要呼萬歲，我不再是你們的主子了！」又對左右侍從說：「我這次飄泊，不知哪裡是歸宿！」說罷大哭。昭宗到了洛陽，左右侍從全被朱全忠殺死。李茂貞、李克用及割據西川的王建、割據淮南的楊行密等人虛張聲勢，說要救唐昭宗。朱全忠認爲唐昭宗會給自己招來麻煩，於是殺死了唐昭宗。朱全忠立李柷爲皇帝（唐哀帝），次年又殺唐昭宗諸子九人。九〇七年，唐哀帝被迫讓皇帝位給朱全忠，朱全忠受禪稱帝，國號大梁，廢唐哀帝爲濟陰王，次年又將他殺了。唐朝滅亡後，唐代割據的藩鎭演變爲五代十國，直到北宋統一，才結束這一局面。

農民起義

表面上看來，唐朝亡於朱全忠之手。其實，導致唐朝滅亡的眞正原因，是黃巢起義以及由此造成的中央集權的失控。朱全忠不過是壓垮唐王朝的最後一根稻草。

唐末統治極其黑暗。首先，土地兼併日益嚴重。至唐朝末年，已出現「富者有連阡之田，貧者無立錐之地」的局面。地主官僚的大小莊田遍布各地，大者有田上萬頃，而大量農民卻失掉土地，日益破產。農民土地被兼併了，只好逃亡。官府就把破產逃亡戶的賦稅強加到未逃戶身上，這就使未逃戶也走上了破產逃亡之路。聶夷中〈傷田家〉云：

二月賣新絲，五月糶新穀。醫得眼前瘡，剜卻心頭肉。
我願君王心，化作光明燭。不照綺羅筵，只照逃亡屋。

詩寫唐末農民迫於生計，在絲未成、穀未熟的時候，用低價把它們賣出去的情形，表明了農民生活十分艱難、悲慘。詩人希望君王良心發現，關注民瘼。

可是，腐朽貪殘的統治者從來就不會發善心。咸通十年（八六九），陝州大旱，有百姓告災，觀察使崔蕘竟指著庭院中的樹說：「這樹上還長葉子，哪裡有什麼乾旱？」並痛打告災的人。

韋莊〈咸通〉云：

咸通時代物情奢，歡殺金張許史家。
破產競留天上樂，鑄山爭買洞中花。
諸郎宴罷銀燈合，仙子遊回壁月斜。
人意似知今日事，急催弦管送年華。

一方面，到處都是「物情奢」、「急催弦管」的宴遊，整個官場瀰漫著窮奢極欲、醉生夢死的風氣。另一方面，農民被繁苛的賦稅壓得喘不過氣來，「戰伐乾坤破，瘡痍府庫貧」（杜甫〈送陵州路使君之任〉）。安史之亂後，由於朝廷屢屢出兵討伐藩鎮，軍費支出很多，所以不斷加重賦稅。此外，政府還巧立名目，通過「和糴」、「和市」等，以低於市場的價格強買百姓的糧食、布帛，有時甚至不給錢。唐懿宗以後，政府的財政危機嚴重，經常向農民預徵兩三年的賦稅，使農民的負擔更加沉重。橫征暴斂的結果，只能使民生日益凋敝。晚唐詩人杜荀鶴〈傷硤石縣病叟〉云：

無子無孫一病翁，將何筋力事耕農。
官家不管蓬蒿地，須勒王租出此中。

其〈山中寡婦〉云：

夫因兵死守蓬茅，麻苧衣衫鬢髮焦。
桑柘廢來猶納稅，田園荒後尚徵苗。
時挑野菜和根煮，旋斫生柴帶葉燒。
任是深山更深處，也應無計避征徭。

這兩首詩，一寫無子無孫的病翁，一寫夫死寡居的孀婦。《孟子．梁惠王下》說：「老而無妻曰鰥，老而無夫曰寡，老而無子曰獨，幼而無父曰孤。此四者，天下之窮民而無告者，文王發政施仁，必先斯四者。」病翁、孀婦本應該得到政府的照顧和救濟。可是，哪怕是他們自己開墾的賴以維持生存的荒地，也要被徵租稅。這種敲骨吸髓式的盤剝，讓農民衣食無著，只好吃野菜、拾橡子充飢。皮日休〈橡媪嘆〉云：

秋深橡子熟，散落榛蕪岡。傴傴黃髮媪，拾之踐晨霜。
移時始盈掬，盡日方滿筐。幾曝復幾蒸，用作三冬糧。
山前有熟稻，紫穗襲人香。細獲又精舂，粒粒如玉璫。
持之納於官，私室無倉箱。如何一石餘，只作五斗量！
狡吏不畏刑，貪官不避贓。農時作私債，農畢歸官倉。
自冬及於春，橡實誑飢腸。吾聞田成子，詐仁猶自王。
吁嗟逢橡媪，不覺淚沾裳。

儘管是豐年，但黃髮駝背的老婦還要進深山拾橡子，以做爲一冬的口糧。橡媼除了要承擔苛重的官稅外，還要忍受貪官污吏的勒索、「私債」的剝削和大斗進、小斗出的掠奪。

唐懿宗時期，翰林學士劉允章在〈直諫書〉中指出，當時國有九破，民有八苦。九破是終年聚兵，蠻夷熾興，權豪奢僭，大將不朝，廣造佛寺，賄賂公行，長吏殘暴，賦役不等，食祿人多而輸稅人少；八苦是官吏苛刻，私債徵奪，賦稅繁多，所由乞斂，替逃人差科，冤屈不得申理，凍無衣、飢無食，病不得醫，死不得葬。這說明唐朝至此已危機四伏，再也不能繼續統治下去了。唐末，地方節度使竟借錢通過宦官買官，到任以後，拚命搜刮還債，被稱爲「債帥」。「債帥」們除了還債，恐怕自己也要大撈一把，哪裡管百姓的死活！杜荀鶴〈再經胡城縣〉詩說：

去歲曾經此縣城，縣民無口不冤聲。
今來縣宰加朱紱，便是生靈血染成。

官貪吏狡，冤不得申，民不堪命，只有反抗一條路了。

唐大中十三年（八五九），浙東人裘甫舉起反唐義旗，揭開了唐末農民起義的序幕。

咸通九年（八六八），龐勛領導桂林戍卒起義，把農民反抗朝廷的鬥爭推向一個新高潮。

唐僖宗乾符元年（八七四），王仙芝率領農民數千人在長垣（今河南長垣東北）打起反唐旗幟，黃巢於次年起義回應。後與王仙芝會師，隊伍發展到數萬人。朝廷派平盧節度使宋威布勒諸鎮兵馬前往鎮壓。乾符三年（八七六），起義軍攻克汝州，包圍鄭州，洛陽爲之大震。同年七月，起義軍攻蘄州城時，王仙芝動搖，欲接受朝廷的招降，遭到了黃巢的堅決反對。黃巢責罵王仙芝說：「當初共立大誓，橫行天下。如今你去做官，起義軍將何處安身？」黃巢在起義前有兩首賦菊之作，可以看出他的氣度和抱負：

待到秋來九月八，我花開後百花殺。
沖天香陣透長安，滿城盡帶黃金甲。（〈不第後賦菊〉）

颯颯西風滿院栽，蕊寒香冷蝶難來。
他年我若為青帝，報與桃花一處開。（〈題菊花〉）

黃巢的怒責，使王仙芝只好擱置投降的念頭。此後，王仙芝與黃巢分兵作戰。黃巢率領一支義軍，北上轉戰於今山東南部、河南東部、安徽北部一帶；王仙芝率領一支義軍，繼續在今湖北和河南南部戰鬥。

乾符五年（八七八），王仙芝在湖北黃梅戰死，部分士卒由尚讓率領北上，併入黃巢部。兩支義軍會合後有十餘萬，勢力又有壯大。大家推黃巢爲黃王，號沖天大將軍，建元王霸。從此，黃巢成爲起義軍的最高領導人。黃巢率眾開始了大範圍的流動作戰：先攻中原諸城，幾度威脅洛陽；隨後由河南率軍南下，進入湖北，再渡長江，進入江西、安徽、浙江，修七百里山路入福建，攻克福州。

乾符六年（八七九）九月，攻占廣州。十月，黃巢揮師北伐，進軍途中，沿途群眾紛紛參加義軍，黃巢軍達六十多萬人。

廣明元年（八八〇）十一月，起義軍奪取唐東都洛陽。十二月，起義軍進入長安，唐僖宗倉皇出逃成都。羅隱〈帝幸蜀〉詩說：

馬嵬山色翠依依，又見鑾輿幸蜀歸。
泉下阿蠻應有語，這回休更怨楊妃。

詩中藉著爲楊妃洗刷，反映了唐僖宗在黃巢起義軍的打擊下逃亡蜀地的歷史事件。

起義軍入城時，百姓夾道聚觀，義軍大將尚讓向居民宣慰說：黃王起兵，本爲百姓，不像李家不愛惜你們，你們不必驚恐。但對唐朝官員，義軍毫不留情，「內庫燒爲錦繡灰，天街踏盡公卿骨」（韋莊〈秦婦吟〉），大約是當時歷史情況的眞實反映。入長安後，黃巢稱帝，國號大齊，改元金統。

唐僖宗逃亡途中，詔諸道兵收復京師。各地武裝集團假借戡亂，大肆劫掠百姓。杜荀鶴〈旅泊遇郡中叛亂示同志〉詩云：

握手相看誰敢言，軍家刀劍在腰邊。
遍搜寶貨無藏處，亂殺平人不怕天。
古寺折為修寨木，荒墳開作甃城磚。

郡侯逐出渾閒事，正是鑾輿幸蜀年。

中和二年（八八二），唐宰相、充諸道行營都統王鐸統率大小十多路官軍，包圍長安。由於久困城中，義軍缺糧，形勢日趨不利。九月，駐守城外要地同州（今陝西大荔）的義軍將領朱全忠叛變降唐。接著，華州降唐。義軍實力大為削弱。唐軍久攻長安不下，遂求救於沙陀李克用。中和三年（八八三）二月，李克用在梁田陂（今陝西華縣西）與尚讓決戰，義軍大敗。黃巢撤出長安。次年六月，黃巢被其甥林言所殺，唐末農民戰爭遂告失敗。

黃巢農民軍儘管最終失敗了，但是，當其強盛之時，擁眾六十餘萬，南征北伐，行程數萬里，橫掃黃河、長江、珠江流域，唐軍紛紛潰敗，不少州縣被攻破，許多官僚被懲處，使唐政府陷於土崩瓦解。史稱，此後「郡將自擅，常賦殆絕，藩鎮廢置，不自朝廷」、「王室日卑，號令不出國門」。經過這場風暴，藩鎮之間互相攻戰，最後以朱全忠和李克用的勢力最大。到天復二年（九〇二），朱全忠打敗了李克用，天祐四年（九〇七），終於篡唐自立。

昏庸的皇帝、跋扈的宦官、激烈的黨爭、野心勃勃的藩鎮攪在一起，逼得農民拔劍起義，最終導致了大唐江山的易主。

「繁華事散逐香塵，流水無情草自春。」（杜牧〈金谷園〉）大唐往日的風光，如無情的流水一樣一去不復返了。在唐王朝這幢摩天大廈坍塌的前夕，詩人韋莊寫過一首〈臺城〉來哀悼六朝的淪亡：

江雨霏霏江草齊，六朝如夢鳥空啼。

無情最是臺城柳，依舊煙籠十里堤。

一切的繁華都已成爲歷史陳跡，留給人們多少感傷與悵惘！韋莊生活在晚唐亂世，他憑弔六朝興亡，實際上也正是爲唐朝的衰敗沒落唱上的一曲輓歌。

煌煌太宗業，樹立甚宏達——唐朝的中書、門下制度

煌煌太宗業，樹立甚宏達

煌煌太宗業，樹立甚宏達。

——杜甫〈北征〉

歸至鳳翔，墨制放往鄜州作。

——〈北征〉題下自注

煌煌太宗業 樹立甚宏達

唐肅宗至德二年（七五七）閏八月初一，正當唐朝平定安史叛亂的緊要關頭，官拜左拾遺的杜甫卻奉了肅宗皇帝的一紙墨制——白條子命令，離開鳳翔（今陝西鳳翔）行在，北往鄜州（今陝西富縣）探家。此時，杜甫作長詩〈北征〉，隱憂肅宗的政治過失，關注平叛戰爭的態勢，抒寫與家人生離死別後重逢的情景，是著名的詩史，內容包含很大，也很深。

〈北征〉詩結尾說：「煌煌太宗業，樹立甚宏達。」題下自注說：「歸至鳳翔，墨制放往鄜州作。」這「煌煌太宗業」，就包含太宗樹立的唐朝中書、門下制度；這「墨制」，則是肅宗破壞中書、門下制度的見證。

中書、門下制度，其實是唐朝最重要也最有意思的政治制度。

杜甫〈北征〉與肅宗的一紙墨制

〈北征〉開頭寫道：

皇帝二載秋，閏八月初吉。杜子將北征，蒼茫問家室。
維時遭艱虞，朝野少暇日。顧慚恩私被，詔許歸蓬蓽。
拜辭詣闕下，怵惕久未出。雖乏諫諍姿，恐君有遺失。

煌煌太宗業，樹立甚宏達

杜甫將要離開行在北行，去探望自安史之亂以來生離死別的妻兒，這本是件高興的事兒。可杜甫心裡卻感到無限蒼茫，到宮闕拜辭皇帝之後，久久徘徊，不忍出宮。身爲諫官左拾遺，杜甫未能克盡諫諍皇帝過失的法定職責，實在是擔心皇帝會有過失。

這年的四月，杜甫冒著生命危險，從長安城西城門金光門逃出安史叛軍占領的長安。國難當頭之際，他不是趕回鄜州與家人團聚，而是追著肅宗，抄小路奔赴鳳翔行在，一心希望報效祖國。杜甫當時作詩寫逃出長安、奔赴行在的經歷是：「生還今日事，間道暫時人」、「所親驚老瘦，辛苦賊中來」；寫到達行在時的悲喜交集是：「喜心翻倒極，嗚咽淚沾巾」、「影靜千官裡，心蘇七校前」；寫對唐朝中興的一片期盼是：「今朝漢社稷，新數中興年」（〈喜達行在所三首〉）。五月十六日，杜甫受到肅宗召見，被任命爲左拾遺。〈述懷〉詩記述其受命時的情景是：「麻鞋見天子，衣袖露兩肘。朝廷憫生還，親故傷老醜。涕淚授拾遺，流離主恩厚。」杜甫出生入死奔赴行在，滿心以爲從此可以爲國出力了，可是事與願違，朝政現實竟然是意想不到的嚴酷。杜甫上任沒幾天，就遇上肅宗藉故罷免宰相房琯的職務，所宣布的罪名是房琯門客琴工董庭蘭受賄，其實是欲加之罪何患無辭。做爲諫官，杜甫上疏說房琯「有大臣體」、「陛下委以樞密，眾望甚允」、「覬望陛下棄細錄大」。杜甫敢於爲房琯講話，直言不諱，觸犯了肅宗怒鱗。肅宗下詔將杜甫交付刑部、御史臺、大理寺三司會審，要殺杜甫。幸虧宰相張鎬、御史大夫韋陟出言相救，張鎬說：「甫若抵罪，絕言者路。」韋陟也說：「甫所陳讜言，論房被黜，不失諫臣大體。」肅宗把杜甫關押了十幾天，不得已才下詔宣布杜甫免於治罪。但肅宗從此疏遠了杜甫，也恨透了房琯、張鎬、韋陟、杜甫這些直臣。到閏八月一日，肅宗便下了一紙墨制，將杜甫放往鄜州省家，其實是對杜甫的放逐。杜甫本來期望肅宗能如太宗那樣，

「君臣和同」，不分新舊，共同救國。可現實卻是肅宗信任宦官，拒諫斥賢，「讒口到骨」、「貶官厭（滿）路」（〈祭故相國清河房公文〉）。

天寶十五載（七五六）六月馬嵬驛兵變後，玄宗繼續西行逃蜀，太子李亨北走靈武（今寧夏靈武）。七月，李亨以臨近前線指揮平叛的名義，即皇帝位，改元至德，是爲肅宗，而遙尊玄宗爲太上皇。當時以靈武行在（後南移至鳳翔）爲政權中心的唐朝，在軍事上依靠郭子儀、李光弼指揮的朔方軍，與安史叛軍艱苦作戰，尚能取得進展；但其內部的政治狀況卻一天比一天壞，幸賴李泌千方百計斡旋彌縫，才勉強維持局面。肅宗是違背禮法程序、未經遠在蜀道的玄宗知曉和禪位、搶班奪權做了皇帝的，因此心理非常陰暗。他一方面信任宦官李輔國，任其專權，軍國大事，一以委之，「隨意區分（決事），皆稱制敕，無敢異議者」；另一方面，對所謂玄宗舊臣宰相房琯、張鎬等人心懷猜忌、敵視，加以排斥、打擊。這樣，即使李泌智慧過人，又得肅宗信任，但是對宦官專權亂政也沒有辦法。唐之爲唐，前景如何？杜甫不能不憂心忡忡，所以〈北征〉詩開頭要說「恐君有遺失」。說到肅宗皇帝的過失，這就要說說放逐杜甫的那一紙墨制了。

從墨制看中書、門下制度

話要從唐代的中書、門下制度說起。

唐朝中央政權包括中書省、門下省、尚書省三省。中書省的正副長官是中書令、中書侍郎，下設中書舍人，負責起草詔敕草案。門下省的正副長官是侍中、黃門侍郎，下設給事中，負責審查詔敕草案。通過門下省的審查同意，詔敕才能成立，沒有通過門下省的審查同意，詔敕不能成立，門下省對不當的詔敕草案，有權加以執論、封還或塗歸（提出反對意見、退回詔敕草案）。門下省同時負責審核尚書省上行的奏抄，對不當的奏抄加以駁正。尚書省的正副長官是尚書令、左右僕射，下設左右丞。尚書省下轄吏、戶、禮、兵、刑、工六部，負責執行詔敕。

三省制形成於隋，但三省制的眞正確立，還是在唐朝。所謂三省制，是指中書、門下、尚書三省分別負責起草詔敕、審查詔敕、執行詔敕的政治體制，其中的關鍵環節是中書省起草詔敕、門下省審批詔敕。因此，就三省制的核心而言，可以稱爲中書、門下制度。

唐初，三省長官都是宰相，設政事堂於門下省，是宰相議事之所。後來，其他官員加「同中書門下三品」、「同中書門下平章事」等銜，也是宰相。武則天執政後，政事堂移至中書省。開元十一年（七二三），中書令張說奏改政事堂爲中書門下，中書門下實際成爲宰相官署。政事堂改爲中書門下以後，宰相制度和職能有所變化，肅宗以後並任用翰林學士起草部分詔敕，但是，終唐之世，中書、門下兩省分別負責起草詔敕，審查詔敕的中書、門下制度則基本維持不變。

詔敕是「王言」，是詔書、敕書的合稱。在唐代，大事用詔，小事用敕。武則天天授元年（六九〇），爲避武則天諱（則天名曌，「曌」、「詔」二字同音，這是避同音字諱），「詔」改稱「制」，詔敕改稱制敕。

唐代制敕產生的主要程序是由中書省根據皇帝旨意起草制書草案，並由中書省官員中書令、中書侍郎、中書舍人等署名，提請門下省審查；經門下省審查同意，由門下省官員侍中、黃門侍郎、給事中等署名，覆奏皇帝；經皇帝審查同意，制書畫「可」，敕書畫「聞」，然後由門下省複寫一份，注「制可」，並蓋上印，制敕始得成立。或群臣表奏，經門下省審查同意，然後覆奏皇帝，經皇帝審查同意畫「可」，而成爲制敕。如果門下省認爲制敕草案不當，可以將制敕草案封還或塗歸中書省，亦即不予批准，則此制敕不得成立。唐代制書開頭書寫「門下」二字，是代表皇帝旨意起草制書草案的中書省對門下省行文的稱呼，表示將此制書草案提請門下省審查。唐代制書此一抬頭格式，表明門下省在制敕產生的過程中，居於負責審查批准制書草案的地位，對制書能否成立有關鍵作用。

武則天垂拱三年（六八七），鳳閣侍郎劉禕之曾說：「不經鳳閣、鸞臺宣過，何名爲敕！」（武則天光宅元年九月改門下省爲鸞臺、中書省爲鳳閣，中宗神龍元年二月改回）這就清楚地表明，如果制敕沒有經過中書起草、門下審查的程式，不得名爲制敕，亦即不具有合法性。

制敕經中書、門下程序成立後，由門下省存檔，同時，此制敕由門下省「更寫一通，侍中注『制可』，印縫署，送尚書省施行」。門下省送尚書省施行的制敕文本蓋有門下省之印。尚書省接到門下省所下制敕後，此制敕由尚書省存檔，同時，尚書省再複寫一份，用於施行。尚書省用於施行的制敕文本，稱爲符，蓋有尚書省之印。根據制敕內容的不同，印文字樣當有尚書省所屬各部名稱及業務名稱的不同。據唐代杜佑《通典》記載，尚書省施行的授官制敕亦即告身之上，蓋有尚書省之印，印文爲「尚書吏部告身之印」（卷十五〈選舉三〉）。今存唐德宗建中元年（七八〇）八月顏眞卿的〈自書告身〉，就在年月、職名之上蓋有「尚書吏部告身之印」二十九方，與《通典》記載相符。

中書、門下制度是唐太宗確立並大力實行的重要政治制度。史書中有一則唐太宗的故事，很能說明問題。貞觀初，太宗下敕徵中男以上參軍。所謂中男，就是十六至二十歲的未成年男子。當時爲隋末戰爭過後不久，中國人口大減，宰相封德彝提出中男雖未滿十八歲，身材高大的也可以當兵。當時魏徵任門下省給事中，敕書草案三四次送到門下省，魏徵三四次執奏以爲不可，「不肯署敕」。

太宗發怒，召見魏徵及宰相王珪，責備魏徵說：「中男身材高大的，乃奸民詐妄以避兵役，要他當兵有什麼關係？你爲什麼這樣固執！」魏徵回答：「臣聞竭澤取魚，非不得魚，明年無魚；焚林而畋，非不獲獸，明年無獸。如果次男以上也都參軍，租賦傜役，從哪裡來？兵不在多而在精，何必用弱小少年增加虛數呢？而且陛下多次講要以誠信治理天下，欲使官民皆無欺詐，陛下如今即位不久，大事已有幾次失信於民，怎能取信於民？」太宗驚問：「哪些事是失信？」魏徵回答：「陛下剛即位時，下詔免除百姓所欠官債，官府認爲百姓欠秦府的債，不算官債，照舊徵收，陛下以秦王升爲天子，秦府的債，非官債而何！再有，陛下下詔關中免除兩年賦稅、關外免除一年賦役，百姓蒙恩，無不歡悅，可是後來又下詔說已徵收賦稅的免除以來年爲始，百姓已不能不感到奇怪。現在陛下既徵收賦稅，又要徵中男參軍，所謂免除以來年爲始，怎能取信於民呢？還有，陛下與地方官共治天下，就要信任地方官，怎麼到了徵兵，就懷疑地方官包庇奸詐呢？這難道是陛下所講的以誠信治理天下嗎？」太宗說：「起初我見您固執不已，懷疑您不明此事，現在您說明國家不講信用，民心就會不服，我沒有尋思，過失已經是很深了。我的行事往往如此過失，怎能治理好天下呢？」於是太宗停徵中男，並賜魏徵一只金甕，獎勵其堅守職責（唐吳兢《貞觀政要．直諫》、《資治通鑑》卷一九二唐武德九年）。這個故事說明太宗能夠服善，從諫如流；同時，也說明了中書、門下制度的關鍵所在是門下省的制敕審批權。沒有門下省的審查通過，制敕就不能成立。

中書、門下制度的確立要歸功於唐太宗。貞觀元年（六二七），太宗告訴門下省黃門侍郎王珪說：「中書起草的詔敕，往往會有不同意見，有時還會有失誤，需要門下駁正。設立中書、門下的目的，本來就是爲了相互制衡、防止失誤。卿等特別需要滅私徇公、堅守直道，做到遇事竭誠忠告，絕不能夠隨聲附和。」貞觀三年（六二九），太宗再次告訴侍臣：「中書、門下，機要之司。選拔人才擔任職務，是賦予重大職責。詔敕凡有不當，都必須提出意見。近來感到只是順從旨意，唯唯諾諾，沒有提出過一次諫諍，有這道理嗎？如果只是簽署詔敕、通過文書而已，誰做不到？何必選擇人才，委以重任？從今以後，詔敕覺得有不當的，必須提出意見，不許再有不必要的畏懼，知而不言。」（《貞觀政要．政體》）可見，中書、門下制度的目的是相互制衡、防止失誤，中書、門下制度的精神是滅私徇公，這都是由唐太宗所明確規定的。甚至做爲三省制核心的「中書、門下」這一稱呼，也是由唐太宗再三明確提出來的。從最低限度說，至少後世可以援引太宗建立中書、門下制度的典範，來理直氣壯地維護中書、門下制度，反對破壞中書、門下制度。

制敕，大約相當於現代的最高政治決策或立法。制敕制定權，大約相當於現代的決策權或立法權。唐代中書、門下制度的意義，實際是決策權或立法權的三權分立，即決策權或立法權分立爲中書起草權、門下審查批准權、皇帝審查批准權。在近代民主憲政制度產生之前，唐代中書、門下制度可以說是中國歷史上最具合理性的政治制度。不妨與清代做一個比較。清代「王言」稱爲上諭，由皇帝命令內閣、軍機處草擬，經皇帝認可後，便直接下達執行，不需要經過任何審查。這叫做「乾綱獨斷」，也就是君主獨裁。唐代與清代，就連王言格式也大不相同。唐代制書開頭一句是「門下」，表示提請門下審查此制書草案；清代上諭開頭一句是「內閣奉上諭」，表示向臣工宣布皇帝命令，反映出清代根本沒有像唐代門下省這樣的制敕審查機構和制度。

那麼，墨制又是怎麼回事呢？

墨制到底是怎麼回事

唐代的制敕是用於公務的「王言」，墨制（墨敕習慣上也統稱墨制）則是用於私人性事務的「王言」。制敕與墨制，各有界限。唐代用於公務的墨制，是皇帝的公務命令直接下達施行，而不經中書起草、門下審查的程式，是對中書、門下制度的破壞。因此，唐代用於公務的墨制並不具有合法性。墨制既然未經中書、門下的程序，既無中書起草的署名、門下審查的署名，更無門下省送尚書省施行時所蓋門下省的朱印，書面只有墨字而無朱印粲然，故名墨制。在唐代，用於公務的墨制的大量出現，至杜甫時代爲止，主要有兩次。一是中宗景龍年間。唐代劉餗《隋唐嘉話》載：「景龍中，多於側門降墨敕斜封，以授人官爵。時人號爲『斜封官』。」《通典》載：「逮乎景龍，官紀大紊，復有『斜封無坐處』之誦興焉。」（卷十九）《資治通鑑》載：「時斜封官皆不由兩省而授，兩省莫敢執奏，即宣示所司。」（卷二〇九）景龍時用於授官的墨制由於不經中書、門下兩省程式而直接下達尚書省施行，屬於賣官鬻爵，所以聲名狼藉。二是肅宗朝。據唐代李肇《翰林志》、《舊唐書・陸贄傳》等記載，肅宗朝鳳翔行在的墨制，是由翰林學士起草，「直出中禁，不由兩省」，即不經中書、門下程式，而直接下達施行。陸贄在上德宗疏中指出，「伏詳令式及國朝典故，凡有詔令，合由於中書，如或墨制施行，所司不須承受」，並強調此「爲國家不易之規」，「事關國體」。陸贄還指出，墨制用於公務是「遂破舊章」，「侵敗綱紀」，破壞了體現「至公」精神的中書、門下制度。

肅宗朝鳳翔行在的墨制，雖有爲緊急軍務而行的，但亦有爲徇私滅公而行的，如放逐杜甫的墨制。那麼，肅宗在這裡徇的又是什麼私呢？依照唐制，五品以上官員和供奉官請假出境皆需吏部奏聞，即需經過吏部奏聞、皇帝畫聞、門下審查，從而形成敕書，再下達吏部施行。杜甫爲左拾遺，屬供奉官，「請假」出境，亦需敕書批准。肅宗採用不合程序的墨制，自然有他的盤算。當時的中書舍人賈至、給事中劉秩、嚴武，都是有學養、有品節的人，爲房琯所器重，賈至還曾封還過不合理的制敕草案，可以說都是清流士大夫。肅宗罷免房琯宰相，有杜甫疏救；詔命三司推問杜甫，有張鎬、韋陟疏救。對清流士大夫之敢於諫諍，肅宗記憶猶新。肅宗不願意讓敕書經過中書起草、門下審查的程式，就是怕敕書被中書舍人賈至、給事中劉秩、嚴武所封還。這敕書中肯定是有不合理的內容，肅宗才會採用墨制，避開審查。

杜甫奉詔歸家，正常的探親假期本來是十五天，放歸杜甫之敕書的不合理內容，就是要杜甫在家待命。所以杜甫在家待命將近百天，已經接近唐令規定的百日假滿停官的期限。直到十二月，杜甫才被召回長安朝廷，但這也只是暫時的事。早在十月，唐收復兩京後，李泌就因爲不忍心見到肅宗迫害玄宗的悲劇結局而告辭肅宗，歸隱衡山，急流勇退了。第二年，至德三載（七五八），房琯、張鎬、韋陟、賈至、劉秩、嚴武、杜甫等所謂玄宗舊臣，最終被肅宗全部貶出了朝廷。回頭來看杜甫〈北征〉開頭「恐君有遺失」之句，說的正是肅宗實有種種過失。就說率行墨制，破壞中書、門下制度，也並不是小事。〈北征〉結尾寫道：「煌煌太宗業，樹立甚宏達。」詩言唐太宗爲國家所建立的煌煌基業，是非常的宏偉通達——可以保障國家走向中興。這是總括全詩，以太宗開國創業、貞觀之治的輝煌業績激勵人心，去完成平叛救國大業，同時也憂慮肅宗斥賢拒諫和破壞中書、門下制度，希望維護太宗所建立的任賢從諫傳統和中書、門下制度，可謂用心良苦。

故人具雞黍，邀我至田家——唐朝的均田制

故人具雞黍，邀我至田家

故人具雞黍，邀我至田家。綠樹村邊合，青山郭外斜。
開軒面場圃，把酒話桑麻。待到重陽日，還來就菊花。
——孟浩然〈過故人莊〉

田家故人，雞黍相邀，對場圃，話桑麻，孟浩然〈過故人莊〉所反映的田園生活是那樣的幽美明淨，那樣的醇厚有味，讓人覺得十分親切。這不僅是因為它讓人感覺到田家淳厚真摯的待客之道，還透露出田家主人對自給自足的小農生活的愜意和滿足。

唐朝先後實行了均田制和租庸調製，農村經濟獲得迅速的恢復和發展，農民的生活境況也有了較大的改善。因此，詩人筆下的田園生活，固然有粉飾美化的成分，但在一定程度上也是對他所處時代的眞誠讚歌。

事實上，這種給農民帶來些許實惠的均田制，並不是唐朝的發明，而且也沒有貫穿唐朝的始終。

唐前均田制的歷史

均田制是北魏太和年間到唐朝前期的土地制度。所謂均田制，是對農民實行計口授田的制度。北魏初年，華北及中原地區由於長期戰亂，土地荒蕪，人口大量逃亡。一些未曾南逃的農民，因不堪承受沉重的租調徭役負擔，多蔭庇於世家大族，出現了數十家爲一戶甚至一宗近萬室的現象，嚴重地影響了按戶徵收的賦役收入。另外，北魏統一中原後，很多以前南逃的農民相繼重返家園，其原有土地往往已爲別人耕種，隨之產生很多地權糾紛。爲解決上述矛盾，北魏孝文帝於太和九年（四八五）採納李安世的均田建議，頒布均田令。

均田令規定：十五歲以上的男子授露田四十畝，婦人二十畝。露田加倍或兩倍授給，以備休耕，是爲「倍田」。露田不准買賣，身死及年滿七十歲時，歸還官府。初授田的人，男子授桑田二十畝（不宜種桑的地方，男子授麻田十畝，婦女五畝）。桑田「皆爲世業，身終不還」，但要在三年內種上規定的桑、榆、棗樹。桑田可以買定額二十畝的不足部分或賣有餘部分，「盈者得賣其盈，不足者得買所不足」。貴族官僚可以通過奴婢、耕牛受田，另外獲得土地。奴婢授露田的辦法同普通農民一樣，人數不限，田地歸奴婢主人掌握，如再賣身別主，須將田地還官。四歲以上的耕牛一頭授露田三十畝，每戶以四頭爲限。從刺史到縣令，按官職高低分別給公田十五頃到六頃，做爲俸田，離任時移交下任，不得買賣。

北魏在頒布均田制的同時，實行與此相適應的租調製：規定一夫一婦（每戶）每年出帛或布一匹、粟兩石。十五歲以上的未婚男女四人，從事耕織的奴婢八人，耕牛二十頭，租調分別相當於一夫一婦的數量。

北齊、北周也實行均田制。北齊的均田制與北魏類似。北周主要是取消倍田之名，應受額改爲一夫一婦授田一百四十畝，未婚的丁男授田一百畝。另有宅地，但無桑麻地。授田年齡改爲十八歲成丁受田，六十五歲年老退田。農民自十八歲至六十四歲都要繳納租賦，一夫一婦每年納調絹一匹、綿八兩（或布一匹、麻十斤）、粟五斛；未婚丁男減半，自十八歲到五十九歲的男子，要服力役三十天。北周實行均田制後，促進了關中地區的經濟發展，使國力一天天強盛起來。

隋代繼續推行均田制。隋代開皇二年（五八二）令，丁男、中男的永業、露田授田額與北齊同。補充內容中突出的一點是官人永業田與品級相適應。此外，內外官按品級高下授給職分田。官署又給公廨田，以供公用。賦役負擔以一夫一婦爲一床，納租粟三石、調絹一匹、綿三兩。單丁及奴婢、部曲、客女按半床納租調。丁男每年服役三十日（次年減爲二十日）。隋煬帝楊廣即位後，免除婦人和奴婢、部曲的租調，大概也同時廢除了他們受田的制度。均田制實施的範圍和時間，中國南北方是不同的。從四八五年到五八九年，均田制僅施行於北中國，江南沒有推行。隋滅陳統一南北後，均田制也開始在江南地區推行。

唐朝的均田制

唐朝實行均田制的條件比前朝更爲有利。一是有了此前歷朝推行均田制的基礎和榜樣。二是由於戰爭中許多土地變成無主的荒田，可以有足夠的田地供國家授田。經過隋末大動亂，人口銳減，隋煬帝大業二年（六〇六）有約八百九十萬戶、四千六百零兩萬人，而經過唐太宗的「貞觀之治」，到唐高宗永徽三年（六五二），仍只達三百八十萬戶。可想而知，在隋末戰爭中戶口喪失慘重。三是隨著全國的統一，經過戰爭衝擊後的世家大族勢力削弱，他們的土地包括隋皇室擁有的土地已被農民掌握。因此，唐初重新推行均田制，在世家大族方面所遭受的阻力也較小。於是，武德七年（六二四），唐高祖頒布了均田令，希望和北魏、東魏、北齊、西魏、北周、隋朝一樣，通過授田制度編戶齊民以徵收賦稅，固定國家的財源。

均田制的內容　唐代均田制在隋代均田制的基礎上，明確取消了奴婢、婦人及耕牛授田，土地買賣限制放寬，內容更爲詳備。綜合武德七年（六二四）令、開元七年（七一九）令、開元二十五年（七三七）令等記載，均田制規定的主要內容爲：

對農民授田。中男和丁男每人授田一百畝，其中二十畝爲永業田，可以傳子孫；八十畝爲口分田，死後還官。黃、小，也各給永業田二十畝。中男年十八歲以上，亦依丁男給田。身死，口分田由政府全部收回，另行授受，但首先照顧本戶應受田者。永業田可以傳給子孫，不再收回。不是戶主的老男、篤疾者、廢疾者，各給口分田四十畝。寡妻妾，各給口分田三十畝。

唐政府規定，民始生爲黃，四歲至十五歲爲小，男子十六歲至二十歲爲中，二十一歲至五十九歲爲丁，六十歲以上爲老。至唐玄宗時，改十八歲至二十二歲爲中，二十三歲爲丁。國家每年一造計帳，三年一造戶籍。戶口名簿籍是國家推行均田制和租調制度的依據。

唐代授田的多寡，視寬鄉（人少地多）、狹鄉（人多地少）而異。寬鄉土地有餘，狹鄉土地不足，因此狹鄉丁男授永業、口分田，爲寬鄉的一半，即五十畝。而實際上，狹鄉的實際受田數，又遠遠少於這個數目。唐政府規定，狹鄉的人不准在寬鄉遙受田畝。

對奴婢授田。北魏均田令規定，奴婢和平民一樣授田。到了北齊和隋初，對授田奴婢的人數，有了限制。從隋煬帝起，一直到唐代，官私奴婢和部曲都不授田。唐代只規定官奴婢（即番戶。官奴婢爲番戶，再免爲雜戶，三免爲良人）受田，但是爲一般百姓口分田的一半。而雜戶的受田數，和平民一樣。

對道士、僧、尼、工商業者授田。道士給田三十畝，女道士給田二十畝，僧、尼一樣。以工商爲業的，永業田、口分田各減半，在狹鄉的工商業者甚至不給田。王梵志〈良田收百頃〉詩稱：「良田收百頃，兄弟猶工商。卻是成憂惱，珠金虛滿堂。」看來，唐朝前期對工商業者的限制還是很嚴格的，即使是有百頃良田的地主，也不能改變兄弟工商業者的身分。

對貴族官僚授田。有爵位的貴族從親王到公、侯、伯、子、男，受永業田一百頃遞降至五頃；

職事官從一品到八、九品受永業田六十頃遞降至兩頃；散官五品以上同職事官；勛官從上柱國到雲騎、武騎尉，受永業田三十頃遞降至六十畝。五品以上官人永業田和勛田只能在寬鄉授給，但准許在狹鄉買蔭賜田充。六品以下可在本鄉取還公田充。杜甫在〈曲江三章章五句〉中發牢騷：「自斷此生休問天，杜曲幸有桑麻田，故將移住南山邊。」杜甫爲什麼會在「杜曲幸有桑麻田」呢？杜甫家族「奉儒守官」，杜曲之田，可能是其父（杜閑，官至奉天令）祖（杜審言，官至修文館直學士）因官而授的永業田。此外，在職官還有多少不等的職分田，田租補充俸祿，離任移交；各級官府也有多少不等的公廨田，田租做官署費用。這兩種土地的所有權歸國家。

允許土地買賣。貴族官僚的永業田和賜田，可以自由出賣。百姓的永業田雖是世業，可以傳給子孫，不在收授的範圍內，但也只許在受田者「身死，家貧，無以供葬」以及「流移」去鄉的兩種情況下，聽任私賣。口分田是禁止買賣的，而受田者只許在「樂遷就寬鄉」或把口分田「賣充住宅、邸店」等情況下，聽任私賣。即使具備了這些條件，還得通過法定手續，向政府申牒呈報。若不呈報，就被認爲是不合法。就買方而言，買田數不得超過本人應受的田數。

均田制的推行

唐代均田制的推行情況，有幾點需要說明。

一是均田令規定的授田數量，指的是應授田，也就是受田的最高限額。農民所擁有的土地多數是達不到應受額的。寬鄉要好一些。這些寬鄉，往往是因爲長期戰亂而產生了大量無主土地、荒田的地區，如唐初的山東地區。農民在寬鄉所受土地較多些。但狹鄉缺乏無主土地，農戶受田則很少。唐貞觀時，關中的靈口就是狹鄉地區，一丁受田只有三十畝（見《冊府元龜》卷四十二〈帝王部．惠民門〉），有的地區還不到三十畝。均田制能用來授受的土地只是無主土地和荒地，數量有限。均田令規定的授田數量只是做爲一種最高限額，在這一前提下進行可能的調整。

二是均田制所均之「田」，並非全國範圍內的所有土地。均田制雖然包括私有土地，但私有土地並不收歸國有。均田制具有兩重性，既包括國家土地所有制，又包括土地私有制。一方面，由於戰爭，唐初存在著大量無主土地和荒地，按照傳統，屬國家所有。這些土地成了露田（正田、口分田）、職分田、公廨田等的重要來源。另一方面，實施均田制並不改變私有土地的所有權性質。實施均田令時，不僅把國有土地按桑田、露田名目請受登記，原有的私地也在不變動所有權的前提下，按均田令規定進行了登記，充抵應受額。原有的私田、園宅地、桑田（麻田、世業田、永業田）、官人永業田、勳田、賜田等，屬私人所有。均田制的兩重性，正是客觀存在著的兩種不同性質的土地所有制在法令上的反映。

三是唐朝土地占有的等級規定更加層次分明，多種多樣。唐朝均田制具有明顯的等級化特點。以民戶而論，年齡、職業、家庭、身分、健康狀況和區域（寬鄉、狹鄉）之別，都成爲占有不同數量土地的根據。同樣，對官吏授田，單就永業田一項，就有二十個等級。均田制只是相對的均田，即在分等級的前提下同等級的土地基本均等。

均田制在當時還是有多重積極意義的。

均田制的意義　唐朝的均田制在授田物件中，增加了雜戶、管戶和工商業者，說明這些人的地位在逐漸上升，變成了均田農民。國家公開授田，可以招徠流民和豪強大族控制下的蔭戶（依附農民）。蔭戶擺脫豪強大族控制，轉變爲國家編戶，使政府控制的自耕農這一階層的人數大大增多。自耕農增多，戶口孳殖，有利於開墾荒地，有利於國家徵收賦稅和調發徭役，從而增強了中央集權制。

均田制的施行，國家依照官品授永業田等方式，保障貴族官僚地主的利益，但限制他們占田過限。另一方面，又限制民戶出賣應受份額的土地。這樣，農民也能擁有一定數量的土地，多少改善了農民的處境，對小農經濟的維持與社會生產的發展，都起了積極的作用。唐前期自耕農、庶族地主普遍存在，以及經濟的繁榮，與均田制的推行有直接關係。

均田制規定每戶占有土地的數量，規定露田不准買賣，這些規定在一定時間內、一定程度上，限制了豪強大族兼併土地。均田制取消對奴婢、部曲的授田，也在一定程度上限制了貴族地主乘機占有大量土地的機會。汪籛先生在《漢唐史論稿》中指出：「均田制是荒田收授制和限田制相結合的制度。」這是很有見地的觀點。

唐朝均田制有一個原則性規定：「凡授田，先課後不課，先貧後富，先無後少。」（《唐六典・尚書戶部》）這一原則對拯救貧乏、緩和矛盾、防止農民逃亡，有一定作用。《唐律疏義》卷十三〈戶婚中〉說，官吏執行均田制不做好七件事將被依法辦罪：「假有里正應課而不課，是一事；應受而不授，是二事；應還而不收，是三事；授田先不課而後課，是四事；先少後無，是五事；先富後貧，是六事；田疇荒蕪，是七事。皆累爲坐。」這樣就加強了各級行政長官的責任心，使唐代均田制開始時得到較認眞的實施。

與均田制相適應的租庸調制、府兵制

租庸調制　唐代在頒布均田制的同時頒布了與此相適應的賦役制度——租庸調制。該制是在均田制的基礎上，計丁徵取賦役。丁男每年向國家交納粟兩石或稻三斛，叫租；交納絹兩丈、綿三兩或布兩丈五尺、麻三斤，叫調；丁男每年服徭役二十天，如不服役，每天輸絹三尺或布三尺七寸五分，叫庸，亦稱「輸庸代役」。還可以加役以代租調：政府額外加役十五天免調，三十天租調俱免，額外加役最多不能超過三十天。唐朝賦役令並規定，若遇天災，十分損四免租，十分損六免調，十分損七全免。另外，王公及官僚五品以上的親屬在規定範圍內免除賦役，六品以下則只免除本人的賦役。故杜甫〈自京赴奉先縣詠懷五百字〉稱自己是「生常免租稅，名不隸征伐」。

唐朝初年，政府征斂賦役「務在寬簡」，十分注意實行輕傜薄賦的政策。租調製規定了政府對均田戶的剝削限額，農民的負擔相對減輕了，提高了他們生產的積極性。「輸庸代役」使農民有較多的時間進行生產，這是唐朝出現的新變化，對農民的人身束縛比以往減少。這些都有利於農業生產的發展，使政府收入迅速增加，國力也日益強盛起來。王維〈積雨輞川莊作〉詩云：

積雨空林煙火遲，蒸藜炊黍餉東菑。
漠漠水田飛白鷺，陰陰夏木囀黃鸝。

詩中的田頭送飯，表明了農民參加生產勞動的積極性；而連成大片的漠漠水田，則反映出農民對於土地開墾與勞作的實際效果。

均田制使農民獲得一定的土地，租庸調制又保證了農民的勞動時間，這兩種制度成爲唐朝經濟繁榮的重要保障。因此，唐初出現了歷史上的貞觀之治和開元盛世。司馬光《資治通鑑》卷一九三有如下記載：「（貞觀年間）天下大稔，流散者咸歸鄉里，斗米不過三、四錢，終歲斷死刑才二十九人。東至於海，南極五嶺，皆外戶不閉，行旅不齎糧，取給於道路焉。」

唐玄宗時，經濟又有所發展。據史料記載，隋末一斗米數百錢，開元十三年（七二五），東都斗米十五錢，青、徐斗米僅五錢、粟三錢。此後直至天寶末年，物價一直比較穩定。據杜佑《通典》記載，天寶年間，唐朝戶口數逐漸上升，在全國戶數有一千三、四百萬；官倉私廩充實，天寶八年（七四九），官倉存糧共有粟米九千六百萬石。元結〈問進士第三〉云：「開元、天寶之中，耕者益力。四海之內，高山絕壑，耒耜亦滿。人家糧儲，皆及數歲，太倉委積，陳腐不可校量。」民間私廩儲糧數亦十分可觀。杜甫〈憶昔〉云：

憶昔開元全盛日，小邑猶藏萬家室。
稻米流脂粟米白，公私倉廩俱豐實。
九州道路無豺虎，遠行不勞吉日出。
齊紈魯縞車班班，男耕女桑不相失。

杜甫從住、食、行、衣四個方面，描繪了開元時期的富庶和繁榮。如果說杜甫是以宏觀視角審視當時的社會狀況，那麼，王維的〈渭川田家〉則把觀察角度聚焦到一個「墟落」：

斜陽照墟落，窮巷牛羊歸。野老念牧童，倚杖候荊扉。
雉雊麥苗秀，蠶眠桑葉稀。田夫荷鋤立，相見語依依。

詩中安寧、閒逸、親切、和諧的鄉村田園，確實令人神往。這些都與唐前期社會相對富裕穩定的局面相吻合。這種局面的形成，既與社會經濟的繁榮相關，又與其時政治的和平穩定相關。政治的和平穩定，在很大程度上得益於府兵制。府兵制、均田制、租庸調制，是唐王朝一系列相配套的政治經濟措施。

府兵制 唐代府兵制沿襲周、隋的兵制，但做了一些變更。唐太宗分全國爲十道，共置六百三十四府，分隸中央十二衛統率。府分三等，下府兵額八百人，中府兵額一千人，上府兵額一千二百人，以下依次設團、隊、火等各級編制單位。府下雖然有兵，但無調動權力，府兵必須憑尚書省兵部的兵符才能調撥。戰時由皇帝命將率軍出征，戰爭結束，「兵散於府，將歸於朝」，將帥不能長期控制士兵，因此在府兵制下不會出現藩鎮割據的局面。軍府約百分之四分布在京師附近，體現了舉重馭輕，「舉關中之眾以臨四方」的政治、軍事意圖。

唐代府兵制是兵農合一的制度，其基礎是均田制以及租庸調制。府兵在均田制農民中選拔，民年二十服兵役，六十免役。府兵的戶籍由軍府統領和管轄。其經常性的任務是輪流到京城宿衛（稱爲「番上」），或到邊境和內地的要地戍守，戰時則應徵作戰。服役期間，免其租庸調。但衣裝、輕兵器、赴役途中口糧要自備。每一火（十人）還得共備供運輸的馬六匹（或用驢），即所謂「六馱馬」。府兵制的基礎是均田制。由於府兵能分配到足夠的永業田、口分田，府兵本人也能夠免除租庸調，因此尚能承擔很重的兵役負擔。府兵制的特點是平時務農，農閒練武，戰時爲兵；寓兵於農，兵農合一。

既然府兵制以均田制及租庸調制做爲基礎，那麼，隨著均田制和租庸調制的逐漸被破壞，高宗後期以至武后時，府兵制也逐漸瓦解，到玄宗統治時終於被廢除。但是府兵制兵農合一的方式，一些軍鎮可能在肅、代時期還會參用。杜甫〈遭田父泥飲美嚴中丞〉詩云：「回頭指大男，渠是弓弩手。名在飛騎籍，長番歲時久。前日放營農，辛苦救衰朽。差科死則已，誓不舉家走。」田父的兒子在軍給番，在農忙時還能回家幫忙，說明嚴武鎮蜀組織武裝時，很可能參用了府兵制的組織形式。

土地兼併導致均田制瓦解

均田制和租庸調制被破壞的最主要原因，是日趨加劇的土地兼併。

均田制的推行，旨在通過占田限額、口分還授和限制土地買賣來抑制兼併，穩定小農地產。不過這種限制兼併的穩定性是暫時的、相對的。地主擁有大量私屬奴婢，他們往往打通關節，以私屬奴婢冒充自耕農，得到土地占有權，加上他們又多隱瞞既有土地，以致所占田土超過了法令所限。均田制對貴族官僚授田的規定不僅數額很高（如親王一萬畝，正一品六千畝），而且皆傳子孫，「不在收授之限」。再加上對土地買賣限制的規定也比較寬鬆，這就爲地主官僚兼併土地提供了合法依據。

故人具雞黍，邀我至田家

如果說唐代的均田制是在等級制下的相對均等，那麼賦稅則連相對均等都沒有。唐朝租庸調制規定，貴族官僚享有免納租調和不服徭役的特權，而恰恰又是他們占有最多土地。貴族官僚利用免交租役的特權，「無厭輩不惟自置莊田，抑亦廣占物產。百姓懼其徭役，悉願與人。不計貨物，只希影覆」（《全唐文》卷八六六楊夔〈復宮闕後上執政書〉）。王梵志有兩首詩，描述的正是這種情況。其〈多置莊田廣修宅〉詩云：「多置莊田廣修宅，四鄰買盡猶嫌窄。雕牆峻宇無歇時，幾日能爲宅中客？」〈富饒田舍兒〉詩云：「廣種如屯田，宅舍青煙起。槽上飼肥馬，仍更買奴婢。牛羊共成群，滿圈豢肫子。窖內多埋穀，尋常願米貴。里正追役來，坐著南廳裡。廣設好飲食，多酒勸遣醉。追車即與車，須馬即與馬。須錢便與錢，和市亦不避。」又云：「縱有重差科，有錢不怕你。」這些地主官僚占有大片田產，且財力雄厚，實際上已成爲大土地所有者。同時由於「有錢」，他們可以通過賄賂等手段買通胥吏，規避「差科」。

與此情況形成鮮明對照的是，大量農民走向破產或貧困化。如上所述，均田制下，農民實際所受田地普遍不足於法定面積。武后時狄仁傑所上〈乞免民租疏〉稱江西彭澤一帶的情況是：

> 山峻無田，百姓所營之田，一戶不過十畝、五畝。准例常年縱得全熟，納官之外，半載無糧。今總不收，將何活路？

有些貧苦農民的土地甚至更少。王梵志〈貧兒二畝地〉詩云：「貧兒二畝地，乾枯十樹桑。桑下種粟麥，四時供父娘。」這些貧民度日維艱，有的甚至土地完全被兼併掉，靠爲人傭力客作維持生計：「婦即客舂持，夫即客扶犁。黃昏到家裡，無米復無柴。男女空餓肚，狀似一食齋。里正追庸調，村頭共相催。」（王梵志〈貧窮田舍漢〉）無土地又無家產的貧民，「庸調」卻不得免。高適〈封丘作〉講他做封丘縣尉時，不忍心向貧民逼租索稅，說：「鞭撻黎庶令人悲。」政府對原來授田的農民橫征暴斂，農民不堪忍受，或紛紛逃亡，或出賣土地，投靠貴族官僚地主爲佃客。這又加速了土地兼併的速度。

開元、天寶之際，兼併之風愈演愈烈。《通典》卷二〈食貨二・田制下〉云：「開元之季，天寶以來，法令弛壞，兼併之弊，有逾於漢成、哀之間。」均田令具文而已。伴隨著土地兼併的進行，國有土地和小農土地迅速向各類地主手中集聚，他們在兼併來的土地上紛紛置莊管理。地主的田莊、別業便迅速得以發展。天寶十一年（七五二），玄宗下詔稱：「王公百官及富豪之家，比置莊田，恣行吞併，莫懼章程。」（《冊府元龜》卷四九五〈邦計部・田制〉）

安史之亂前後，田莊、別業明顯增多。地主把占有的多片田地，按照阡陌相連成一片，組成一個農業生產單位，稱爲莊。莊，又有莊田、田莊、別業、墅、別墅、田園等許多別名。這些莊田，大抵由帝王賞賜或逐漸兼併而獲得。安史之亂前，田莊、別業就已經不少了。李白〈贈閭丘處士〉詩云：

賢人有素業，乃在沙塘陂。竹影掃秋月，荷衣落古池。
閑讀《山海經》，散帙臥遙帷。且耽田家樂，遂曠林中期。
野酌勸芳酒，園蔬烹露葵。如能樹桃李，為我結茅茨。

看來，這位閭丘處士憑藉素業莊田，優游度歲，惹得李白也不免心生豔羡。宋之問〈藍田山莊詩〉寫道：「考室先依地，爲農且用天。輞川朝伐木，藍水暮澆田。」他的藍田山莊後來爲王維所有，稱輞川別業。王維〈輞川別業〉「不到東山向一年，歸來才及種春田。雨中草色綠堪染，水上桃花紅欲燃」即指此。儲光羲〈田家雜興〉八首其八說：「種桑百餘樹，種黍三十畝。衣食既有餘，時時會親友。」又說：「春至鶬鶊鳴，薄言向田墅。不能自力作，黽勉娶鄰女。既念生子孫，方思廣田圃。閑時相顧笑，喜悅好禾黍。」（其一）看得出，儲光羲也有自己的「田墅」，而且，他儘管「衣食既有餘」，但還有擴大田地的打算。

安史之亂後，田莊、別業就更多了。即以唐代一些著名詩人所擁有的田莊、別業情況來看，就可窺見一斑。如顧況有長洲別業、茅山別業（見皎然〈送顧處士歌〉、顧況〈山居即事〉），顧況在茅山別業中親自過問農事，其〈山居即事〉有「崦合桃花水，窗分柳谷煙。抱孫堪種樹，倚杖問耘田」之句。再如，皎然在湖州有謝墅、陸羽有青塘別業（皎然〈賦得謝墅送王長史〉、〈喜義興權明府自君山至集陸處士羽青塘別業〉爲證）；劉長卿有歙州碧澗別業（劉長卿〈碧澗別墅喜皇甫侍御相訪〉可證）；做過宰相的武元衡、權德輿分別有南徐別業（武元衡〈南徐別業早春有懷〉可證）和丹陽別墅（權德輿〈省中春晚忽憶江南居〉可證）；這自不必說，就連天天哭窮的孟郊也有義興莊田莊（孟浩然〈乙酉歲舍弟扶持歸義興莊居〉可證）。

在官僚地主兼併土地、廣置莊田日益嚴重的同時，佛教、道教的流行和發展，使得佛寺、道觀日益增多，僧、尼、道士、女冠以及寺院奴婢大量產生。佛寺、道觀的興建，寺田、廟產的拓廣，也使國家和小農的土地愈來愈少，農民的負擔愈來愈重。

寺觀田莊的發展引人注目。如越州阿育王寺，有常住田十頃，爲「陸水膏腴之沃壤」（萬齊融〈阿育王寺常住田碑〉）；天寶八年，唐玄宗下詔修造紫陽觀，徒眾受有土地，觀內有車、奴婢、耕牛（陳希烈〈修造紫陽觀敕牒〉）。寺觀的田產除了來自政府和施主的舍田外，還有寺觀自己購置的。肅宗至德元年，揚州六合縣靈居寺賢禪師就曾「積衣缽餘，崇常住業，置雞籠墅、肥地莊，山原連延，亙數十頃」（《全唐文》卷七四五叔孫矩〈大唐揚州六合縣靈居寺碑〉）。韓愈〈原道〉說：「古之爲民者四，今之爲民者六；古之教者處其一，今之教者處其三。農之家一，而食粟之家六；工之家一，而用器之家六；賈之家一，而資焉之家六。奈之何民不窮且盜也！」韓愈的意思是說，歷朝百姓，有士、農、工、商四類，現在卻要再加上佛徒和道士；原來是農、工、商三類百姓養活士人都勉強支撐，現在他們還要養活佛徒和道士兩類人，這不是逼著老百姓造反嗎？

韓愈說的不錯。地主官僚、佛寺道觀對農民土地的侵奪和兼併，讓許多農民失去了土地，衣食無著，社會上出現了嚴重的貧富對立和兩極分化，正是「朱門酒肉臭，路有凍死骨」。杜甫〈歲晏行〉所言「高馬達官厭酒肉，此輩杼軸茅茨空」、「況聞處處鬻男女，割慈忍愛還租庸」，也正是當時社會境況的眞實寫照。

安史之亂所造成的對社會生產的大破壞，唐朝對農民賦稅剝削的日益加重，更使得廣大農民的生活境遇一天比一天窘迫。「戰伐乾坤破，瘡痍府庫貧」（杜甫〈送陵州路使君赴任〉）、「盜賊浮生困，誅求異俗貧」（杜甫〈東屯北崦〉）、「亂世誅求急，黎民糠籺窄」（杜甫〈驅豎子摘蒼耳〉）、「哀哀寡婦誅求盡，慟哭秋原何處村」（杜甫〈白帝〉）。從杜甫的這些詩句不難看出，唐朝爲了填補安史之亂造成的巨大軍費開支，毫不留情地加重了對農民的賦稅徵收，從而使租庸調制被嚴重破壞。元結的〈舂陵行〉這樣寫道：

軍國多所需，切責在有司。有司臨郡縣，刑法競欲施。
供給豈不憂？征斂又可悲。州小經亂亡，遺人實困疲。
大鄉無十家，大族命單羸。朝餐是草根，暮食仍木皮。
出言氣欲絕，意速行步遲。追呼尚不忍，況乃鞭撲之！
郭亭傳急符，來往跡相追。更無寬大恩，但有迫促期。
欲令鬻兒女，言發恐亂隨。悉使索其家，而又無生資。
聽彼道路言，怨傷誰復知！

幾經兵荒馬亂，人民疲困不堪，而官府橫征暴斂卻有增無減。敲骨吸髓的壓榨，已經讓農民山窮水盡、走投無路了。於是，愈來愈多的農民脫離了土地。他們有的走上了逃亡之路，成爲流民。柳宗元〈捕蛇者說〉借捕蛇者之口，講述農戶的流亡情狀：「曩與吾祖居者，今其室十無一焉。與吾父居者，今其室十無二三焉。與吾居十二年者，今其室十無四五焉。非死即徙爾。」白居易〈贈友五首〉其二說：「銀生楚山曲，金生鄱溪濱。南人棄農業，求之多苦辛。」儘管採金和採銀是非常辛苦的，但農民仍不願再從事幹了多年的農業，而是「棄本以趨末」。流亡、改行之外，大部分失去土地的農民只好成爲貴族官僚地主的佃客。

地主官僚又趁著農民破產的機會，占田拓土，大肆兼併。陸贄說，當時「制度弛紊，疆理隳壞，恣人相吞，無復畔限」（《全唐文》卷四六五陸贄〈均節賦稅恤百姓六條〉）。劉允文說：「強家大族，疇接壤利，動涉千頃，年登萬箱。」（劉允文〈蘇州新開常熟塘碑銘〉）《文苑英華》則有此記載：「上田沃土，多歸豪強。」這些都是豪強地主兼併土地的有力證明。

到中唐時，破產農民急劇增多，而地主通過兼併，廣置田莊、別業。田莊、別業等大土地所有制形式成了當時事實上的土地所有制形式，均田制已經名存實亡了。德宗建中元年（七八〇），兩稅法頒布，標誌著均田制的最後瓦解。

從北魏太和九年（四八五）孝文帝頒布均田令，到唐德宗建中元年（七八〇）均田制最後瓦解，做爲中國歷史上重要土地制度之一的均田制，歷時約三百年。

春風得意馬蹄疾，一日看盡長安花——唐朝的科舉制度

昔日齷齪不足誇，今朝放蕩恩無涯。
春風得意馬蹄疾，一日看盡長安花。

——孟郊〈登科後〉

春風得意馬蹄疾　一日看盡長安花

唐德宗貞元十二年（七九六），四十六歲的詩人孟郊終於中了進士，不由得百感交集，寫下了這首詩。孟郊幾經落第，那種「棄置復棄置，情如刀劍傷」（〈下第〉）的哀怨，他是有著深刻體驗的。所以，孟郊得知自己及第後，不免喜出望外，情不能已。

其實，孟郊四十六歲及第，還不算老的。唐代的白頭進士很多。五代王定保《唐摭言》卷一〈述進士上〉載：（太宗）嘗私幸端門，見新進士綴行而出，喜曰：「天下英雄入吾彀中矣。」故趙嘏有詩云：「太宗皇帝眞長策，賺得英雄盡白頭。」這兩句詩形象地刻畫出進士登第的難度。以「一將功成萬骨枯」（曹松〈己亥歲〉）詩句而知名的晚唐詩人曹松，大約考了幾十年的進士，經歷了幾個皇帝，直到唐昭宗天復初年杜德祥主持考試，才讓他和另外四個老頭及第。這時他們都已經七十多歲了，當時人們戲稱「五老榜」。曹松自然很是激動，於是特意寫了一首詩贈給主考官：「得召丘牆淚卻頻，若無公道也無因。門前送敕朱衣吏，席上銜杯碧落人。半夜笙歌教泥月，平明桃杏放燒春。南山雖有歸溪路，爭那酬恩未殺身。」（〈及第敕下宴中獻座主杜侍郎〉）及第後頻頻落淚，是喜悅？是辛酸？或者兼而有之。但卻沒有任何對自己未能歸隱南山的悔意。

唐代正式確立科舉制

是什麼促使這些應舉者對進士考試倍加青睞，縱然白首場屋也無怨無悔呢？這要從古代的科舉取士制度說起。

漢魏晉南北朝的取士制度主要是薦舉。漢行察舉、征辟制。察舉是由州、郡地方長官向朝廷舉薦人材，經朝廷考察後授其官位。征辟是皇帝及公卿郡守選拔任用屬員的一種制度，皇帝特徵、聘召人才爲「征」，公卿郡守聘任幕僚屬官爲「辟」。魏文帝曹丕實行九品中正制，具體方法是在州、郡設大小中正官，大、小中正負責按家世門第和道德才能，將士人分爲從上上至下下的九等。結果評出並核實後，由吏部尚書選用。東晉以後，門閥士族把持中正、控制選舉，他們品評隨意，以至於評舉出來的人才中幾乎全是士族子弟，出現了「上品無寒門，下品無世族」的局面。九品中正制成爲門閥統治的工具。

隋朝主要依靠關隴貴族建立政權，舊有的山東士族、代北士族、江南士族，在統一的過程中受到沉重打擊，漸趨衰落。隨著門閥世族制度的衰落和庶族地主的興起，魏晉以來選拔官吏注重門第的九品中正制，已無法繼續推行下去。於是，隋文帝廢除九品中正制，從開皇二年（五八二）開始，對人才選拔制度進行了改革。開皇十八年（五九八），隋文帝又詔命「京官五品以上、總管、刺史，以志行修謹、清平幹濟二科舉人」，標誌著科舉制的創立。趙嘏詩「文皇有道選才能，布衣仗筆覓封侯」即指此。隋煬帝大業三年（六〇七）下詔，以孝悌有聞、德行敦厚、節義可稱、操履清潔、強毅正直、執憲不撓、學業優敏、文才秀美、才堪將略、膂力驍壯十科舉人。大業五年（六〇九），煬帝又把「十科」歸納爲「四科」，按「四科」舉人。據《舊唐書・楊綰傳》載：「近煬帝始置進士之科，當時猶試策而已。」用考試的方式選拔官員，標誌著科舉取士制度的眞正產生。當時進士科考試的內容主要是策問，即出一些有關時事政務、經義等方面的問題，由士子作答。

隋之科舉雖然尚屬草創，但意義重大。鄭樵《通志・選舉略一》說：「唐人貢士之法，多循隋制。」唐代進一步發展和充實了隋代的人才選拔制度，奠定了影響中國歷史長達千年之久的科舉制的基礎。武德四年（六二一），唐高祖決定恢復隋朝設置的明經、秀才、進士等科，並於武德五年（六二二）正式開科取士（參見《唐摭言》卷十五〈雜記〉）。

科舉制度是唐代選拔人才的政治制度，科舉各科最重要的科目是進士科。陳寅恪《唐代政治史述論稿》說：「進士科雖設於隋代，而其特見尊重，以爲全國人民之唯一正途，實始於高宗之代，即武曌專政之時。及至玄宗，遂至於凝定。」又云：「以詩賦舉進士致身卿相爲社會心理群趨之鵠的。」

唐代科舉制度的意義之一是科舉面前人人平等（不包括賤民階層），突破了魏晉南北朝以來的貴族世襲政治制度，爲廣大下層寒士提供了參與政治的廣闊前景，最終導致貴族階級的逐漸消亡。中國中古史上這一政治社會的大變革，是在不流血的方式中完成的。

意義之二是崇尚文學、人文，促進了唐代文學的繁榮。唐封演《封氏聞見記》卷二〈貢舉〉載：「天寶初，達奚珣、李岩相次知貢舉，進士文名高而帖落者，時或試詩放過，謂之贖帖。……又，舊例：試雜文者，一詩一賦。」這即是以詩取士的制度。

應試者的身分與考試的時間和地點

三種身分來源　清人徐松在他的《登科記考》序言中寫道，唐代科舉「無流品之別，無華夷之限，衡校古今，得士之盛，於斯爲最」。他講得較籠統，意思是說對舉子的身分要求很寬鬆。具體說來，應舉者的身分來源主要有三種。

一是在各級官學學習，考試合格後被送至尚書省參加科舉的「生徒」。他們或是來自「六學二館」（即朝廷所設的國子學、太學、四門學、律學、書學、算學和弘文館、崇文館）的學生，或是來自各地州、縣學館的學生。學館出身者多爲官宦子弟。他們在學校考試合格以後，便可以參加朝廷於尚書省舉行的科舉考試，也稱爲省試。唐武宗會昌年間有一段時間，還曾取消鄉貢，專以生徒爲舉子參加考試。這說明，在學館學習的官宦子弟參加科舉考試時，一定程度上具有相對優越的條件。

二是由州縣考送的「鄉貢」。這部分不在學館、靠自學成材的普通讀書人，多屬平民子弟。他們可以向地方政府投牒（「牒」列姓名、籍貫、學歷等）自舉，考試合格後同地方貢品一起被送入京城參加科舉考試。五代王定保《唐摭言》卷一〈統序科第〉載：「武德辛巳歲四月一日，敕諸州學士及早有明經及秀才、俊士、進士，明於理體，爲鄉里所稱者，委本縣考試，州長重複，取其合格，每年十月隨物入貢。斯我唐貢士之始也。」各郡每年的貢士數目有規定。據《通典．選舉典》載：「上郡歲三人，中郡二人，下郡一人，有才能者無常數。」

三是參加制舉的考生。制舉由皇帝親自招考，允許布衣和官員任意應試。如杜甫就曾在天寶六年（七四七）參加了一次制舉。當時，玄宗下詔求天下之士，「命通一藝者詣京師」參加制舉，杜甫和元結皆應詔參加選試。但當時玄宗正寵楊貴妃，「宮中行樂祕」（杜甫〈宿昔〉），無暇顧及，就由忌刻文士的奸相李林甫操縱考試，他故意使「無一人及第」，還上表稱賀「野無遺賢」，杜甫因此被阻斷了仕進的機會，「忤下考功第，獨辭京尹堂」（〈壯遊〉）。制舉的科目繁多，主要科目有賢良方正、直言極諫和才識兼茂、明於體用等。品級較低的官員，往往參加制科考試，以獲得升遷的機會。按《新唐書》本傳，賀知章、張九齡都是在先中進士後，又分別應制舉再被錄取的。賀知章應的是超拔群類科，張九齡應的是道侔伊呂科。參加制舉的考生人數亦當不少。據《舊唐書・高宗紀》載，顯慶四年（六五九）二月的一次制舉，應舉者「凡九百人」。

唐代科舉對應舉者資歷的限制比較少，但也有一些規定。如女子不能報考。這使得不少女子尤其是那些出身於士大夫家庭、受過良好教育的女子，即使熟讀經史、學識超人，也無緣科舉，躋身仕途。此外，工商之民、官私奴婢、州縣小吏也不能參加考試。《唐六典》卷三明確規定：「凡習學文武者爲士，肆力耕桑者爲農，工作貿易者爲工，屠沽興販者爲商。工商之家，不得預於士。」唐憲宗敕告：曾經犯法者、曾經做過州縣小吏者，即使有文才，也不能送舉，否則嚴厲追究舉送官和考試官的責任。在居喪期間或犯父祖名諱者，不能參加科舉考試。如唐代詩人李賀父名晉肅，便不能應進士舉。舉子在考試時，遇到題目有家諱的，就必須託病主動退出。唐錢易《南部新書》（丙）載：「凡進士入試，遇題目有家諱，謂之『文字不便』，即託疾，下將息狀求出，云：『牒某，忽患心痛，請出試院將息。謹牒。』如得暴疾亦如是。」這些對於應舉者的限制，自然也會使少數俊逸有才者常懷不遇之悲。早就詩名遠揚的李賀本可以才學入仕，但這條進身之路被「避父諱」這一封建禮教無情地堵死了，使他沒有機會施展自己的才能。於是，他悲嘆道：

我有迷魂招不得，雄雞一聲天下白。
少年心事當拿雲，誰念幽寒坐嗚呃。（〈致酒行〉）

客觀地講，像李賀這樣苦命的才子畢竟只是少數。科舉對絕大多數士人來說，還是大門敞開的。而且，唐朝對報考者的要求實際上不甚苛刻。到了唐代後期，縣吏、工商市井、節鎮衙將的子弟及僧道等，都可以參加考試，而且還有不少及第的。

科舉入仕是唐人的入仕正途。唐人沈既濟稱，開元、天寶中，「太平君子唯門調戶選，徵文射策，以取祿位，此行己立身之美者也。」（《通典》卷十三〈選舉〉）

每年十一月舉行科考

「槐花黃，舉子忙。」這是唐代的一句諺語。入夏不久，舉子們就爲赴舉應試忙碌起來了。舉子們爲了考試所做的準備是長期而辛苦的。白居易爲了考進士，學習相當刻苦。他整天讀書練字、寫詩作文，以至讀書讀得口舌生瘡，握筆的手都磨出了老繭。韓愈也是通過苦讀而釋褐的，其〈進學解〉說自己「口不絕吟於六藝之文，手不停披於百家之編……焚膏油以繼晷，恆兀兀以窮年」。晚唐徐夤詩說：「中興未遇先懷策，除夜相催也課詩。」（〈溫陵殘臘書懷寄崔尚書〉）看來，即使逢年過節，舉子們也不忘攻讀。

唐代科舉考試一般在每年十一月舉行。參加朝廷省試的考生要在當年十月到長安來報到。舉子劉蛻在〈上禮部裴侍郎書〉中訴苦道：

> 家在九曲之南，去長安近四千里。膝下無怡怡之助，四海無強大之親。日行六十里，用半歲為往來程，歲須三月侍親左右，又留二月為乞假衣食於道路，是一歲之中，獨留一月在長安。

劉蛻是荊州舉子，赴舉進京，往返需要半年時間，籌措資費需要兩個月。可見，在交通還不是特別發達的唐代，各地舉子應試赴舉，路途相當辛苦。

進京赴舉　唐代省試一般都在京城長安舉行，常科的主考機關是尚書省。唐初，考試由吏部考功員外郎負責。有時，皇帝也會親自主持省試，如武則天就在洛城殿親自策問諸舉人。因考功員外郎官位不受士子尊重，故玄宗開元二十五年（七三七）下詔：「自今以後，每歲諸色舉人……仍委侍郎專知。」自此，省試改由禮部侍郎主考，成爲定制。科舉考試的制舉則由君主臨時親自策試，既無固定時間，也沒有固定的主考機關。

科舉考試的科目與內容

科舉的「科」指的是考試科目，「舉」指的是選拔人才，科舉是通過設科考試選拔人才。唐代科舉考試在不同時期，設立的科目也不盡相同，隨時有增減，前後總計不下幾十種。其中省試常行的有秀才、進士、明經、明法、明書、明算六科，此外還有童子科、史科、開元禮科、道舉等，也都屬於「歲舉之常選」。常選之外，又有「制舉」和「武舉」。

秀才一科要求對有關國家的大政方略問題，作策論五篇。但由於此科對考生的要求非常高，唐初每年及第者僅僅一兩個人而已。而且，如果被推薦的考生未能及第，負責推薦的地方長官要受處分。所以，參加考試的人數非常少。

明法、明書、明算諸科則是分別考試律令、文字學、數學。明法科旨在選拔熟悉法律的司法人才，明書科旨在選拔對書法、文字有專長的人才，明算科旨在選拔精通算術的數學人材。此三科不甚爲時人看重。

唐朝所設各科中，以應考進士、明經的人最多。這兩科自隋朝就已經設置。《隋書・房暉遠傳》就說過，隋文帝開皇年間命他主考「明經高第」科。還有唐初名臣韋雲起也在「隋開皇中明經舉」。由此可知，明經科早在隋文帝開皇年間就已設置。唐朝名儒、十八學士之一的孔穎達在隋煬帝大業初年考中明經。《舊唐書・孔穎達傳》說他「隋大業初，舉明經高第」。進士科則於隋煬帝時正式設置。事見《舊唐書・楊綰傳》楊綰奏疏。據《舊唐書・房玄齡傳》載，唐太宗時的名相房玄齡就是在隋末舉進士的。

明經科注重考核儒家經義，主要考兩部儒家經典。唐制正經有九，《禮記》、《左傳》爲大經，《毛詩》、《周禮》、《儀禮》爲中經，《周易》、《尚書》、《公羊》、《穀梁》爲小經。通兩經者須通一大經一小經，或通兩中經。同時還要兼習《孝經》、《論語》。唐太宗時，由孔穎達編的《五經正義》成爲科舉考試的標準。明經科的考試分三場。第一場爲「帖經」，第二場爲口試，第三場爲試「策論」。第一場所謂的「帖經」，是指把經書某頁前後兩邊都遮蓋上，中間只留一行，再用紙把這一行中的文字貼住，讓考生把被貼住的字讀出來。第二場口試是考經文及注疏大義十條。第三場「策論」須問時務策三道，即考官出三道有關政治、經濟、軍事等方面的問題要考生作答。

進士科在唐初沿襲隋朝的考試內容，只考「時務策」，即對時事和政治的看法；太宗貞觀八年（六三四），加考經書或史書一部；高宗調露二年（六八〇）以後，又加試帖經、雜文兩項。據清徐松《登科記考》載：「按雜文兩首，謂箴、銘、論、表之類，開元間始賦居其一，或以詩居其一，亦有全用詩賦者，非定制也。」玄宗時規定：明經先試帖經，次試經義，最後試策；進士先試帖經，次試詩賦，最後試策。至此，明經、進士兩科須考三場，且有所側重，明經重「帖經墨義」，進士重詩賦。此後遂成定制。這樣，唐玄宗以後，詩賦就成爲進士科最主要的考試內容。唐代省試詩（或試帖詩）的篇幅和格式都有嚴格的規定，爲五言六韻十二句，詩人的創作自由受到了很大的限制。科舉促進了唐詩的繁榮，主要在於它激勵了詩歌的創作，而不在於省試詩——考卷上的詩。

相較而言，進士科比明經科要難考得多。三場考試中，第一場考帖經，兩者難易相仿；第二場明經科口問大義十條，只需背誦經注，較容易，而進士科試詩賦，須獨立思考、自出心裁，較重個人發揮及文才，所以較難；第三場試策，明經科答時務策三道，「粗有文理」即可，但進士科要答時務策五道，而且要求也高些。

由於進士科錄取比明經科難，所以兩科考取的人數就大不相同。明經科每百人可取十幾人甚至二十幾人，而進士科每百人不過錄取一、兩人。唐代在其鼎盛時期，每年參加進士科考試的考生少則八、九百人，多則一、兩千人，其中能及第者不過十餘人至三十人左右，錄取比例不過百分之一二。從唐人及第詩中，我們可以知曉當時進士及第的人數。白居易貞元十六年（八〇〇）考中進士時，寫有「慈恩塔下題名處，十七人中最少年」的詩句。由此可知，貞元十六年進士及第者才十七人。陳標〈贈元和十三年登第進士〉詩云：「文字一千重馬擁，喜歡三十二人同。」陳標是穆宗長慶二年（八二二）進士，他是以晚四年登第的身分寫詩給元和十三年（八一八）登第的先輩（唐時例稱先登科者爲先輩）。可見元和十三年進士及第者共三十二人。趙嘏〈今年新先輩〉詩曰：「天上高高月桂叢，分明三十一枝風。」趙嘏此詩作於開成五年（八四〇），可見此年進士及第者共三十一人。韋莊〈放榜日作〉云：「一聲天鼓辟金扉，三十仙才上翠微。」韋莊是昭宗乾寧元年（八九四）進士，同榜三十人。黃滔〈放榜日〉云：「吾唐取士最堪誇，仙榜標名出曙霞。白馬嘶風三十轡，朱門秉燭一千家。」黃滔於昭宗乾寧二年（八九五）中進士，同榜也是三十人。可見，唐朝每年進士及第者多爲三十人左右。所以，有人要去赴舉，與親友分別時就寫詩說：「桂樹只生三十枝。」（李山甫〈赴舉別所知〉）可見，他預測錄取人數和往年差不多，應該也是三十個上下。由於所取名額太少，進士科考也招致一些舉子的抱怨，「平人登太行，萬萬車輪折」（曹鄴〈成名後獻恩門〉）、「中原不是無麟鳳，自是皇家結網疏」（陳陶〈閒居雜興五首〉）。

進士科與明經科入選時的年齡也有很大的差異，當時有「三十老明經，五十少進士」之說。這是說，由於進士科應試者多，錄取名額極少，五十歲能考中進士的人，還算年輕，仍被看作「少進士」；而明經科由於每年錄取人數較多，相比而言較爲容易，即使三十歲考上，已經不算年輕了。

正是因爲進士科考題難度大，錄取人數少，所以及第者備受青睞。《文獻通考‧選舉考》謂：「唐眾科之目，進士爲尤貴，而得人亦爲最盛。」由於明經科需多參閱經籍，當時存藏經籍者又以大族爲主，故應考明經者多爲南北朝以來的門閥；進士科則較重發揮，少重經籍，故應舉者多爲寒門。當時投考科舉的寒門書生們都習慣穿白色麻布袍衫，人們就把考中的進士稱爲「白衣卿相」、「一品白衫」。唐代的宰相後來往往出身進士。唐代並非只有寒門書生才熱中於考進士。《唐摭言》稱，唐代「縉紳雖位極人臣，不由進士出身，終不以爲美」。高宗時的宰相薛元超不無遺憾地說：「吾不才，高貴過人，平生有三恨：始不以進士擢第。」（《唐語林》卷四）足見進士科在時人心目中的地位。唐人封演的《封氏聞見記》說，廣大士人弟子無不「酷嗜進士名」，以爲「俊秀皆舉進士」，榜上題名「百千萬里盡傳名」，因而視爲「登龍門」。

唐代人才進身，亦尤重進士。進士一詞初見於《禮記・王制》篇，其本義爲可以進受爵祿之義。唐代一旦登第就名聞士林，如登龍門，意謂著可以在仕途上飛黃騰達了。唐代進士及第者，「位極人臣，常有十二三；登顯列，十有六七。」唐政府從進士科中選拔了大批人才，許多都成爲一代名臣、名家，如王維、韓愈、柳宗元、白居易等都是進士出身。

行卷與溫卷之風

唐代的科舉考試仍保留漢代以來的譽望風氣，主考官並非單憑考生的成績而定等第，還考慮考生的知名程度。因此，唐代應試舉子能否被錄取，並不僅僅由一場考試的成績來決定。舉子在社會上的聲譽也是被考官特別看重的。爲此，考生們往往要拜求官僚顯貴或有文學聲望的學者，讓他們爲自己提高知名度，甚至把自己推薦給主考官。這在當時是公開進行的。應考之前，舉子雲集京師，競相將自己的得意作品送呈京師的達官貴人，以期通過邀名譽、觀素學，對錄取產生重要影響。這樣就產生了「行卷」：即考生們爲了求得推薦人的信任和賞識，把自己平日的文學著作工整地抄寫在卷軸上，呈獻給推薦人。行卷以後，若無反映，還須再行投贈，稱爲「溫卷」。

行卷中呈獻的作品體裁廣泛，包括古詩、律詩、詞賦、駢文、散文、小說等。李翱的〈感知己賦序〉和韓愈的〈與陳給事書〉就是典型的行卷之作。唐代由於詩歌最爲繁榮普及，進士考試又重詩賦，所以獻詩投贈者較多。宋代的王安石編輯了一本《唐百家詩選》，採錄了許多唐代的行卷詩。今天我們讀到的唐詩名篇，比如王昌齡的〈出塞〉、張繼的〈楓橋夜泊〉等，在當時都是以行卷詩的面目出現的。

天寶元年韋陟知貢舉時，還創立了納卷制度。即應試舉子在考試前先「自通所工詩筆」，呈送自己的作品，使主考官「知其所長，然後依常試考核」（《舊唐書・韋陟傳》）。如元結考進士時，就曾「作〈文編〉納於有司」。

唐人曾把行卷稱爲「求知己」，如《文獻通考》卷二十九〈選舉二〉引唐人項安世語：「天下之士，什什伍伍，戴破帽，騎蹇驢，未到門百步輒下馬，奉幣刺再拜以謁於典客者，投其所爲之文，名之曰『求知己』。」在行卷時，只有合乎顯達者的口味，行卷的目的才能達到。不善於揣測對方口味，往往會把事情辦砸。崔顥曾經行卷給李邕，但他沒有注意行卷詩的編排順序，行卷詩中的頭篇是〈王家少婦〉，第一句就是「十五嫁王昌」，李邕一看，拍案而起，說道：「小子無禮！」便把崔顥趕了出去。崔顥後來的考試結果也就可想而知了。崔顥是才子，他如果把曾讓李白爲之擱筆的〈黃鶴樓〉放在開頭，情況也許會不同。李邕是「濟南名士」，他喜歡的是杜甫那樣的儒雅之士，所以他才主動去結識杜甫。可惜，崔顥贈詩前沒有考慮周全，給李邕投詩，卻以輕薄之篇打頭，難怪李邕動怒。

與崔顥不同，有個叫朱慶餘的詩人就很會動腦筋。他在考前向詩名早盛的水部員外郎張籍行卷。其中有一首著名的〈閨意〉：

洞房昨夜停紅燭，待曉堂前拜舅姑。
妝罷低聲問夫婿，畫眉深淺入時無。

這是朱慶餘爲投石問路而寫的一首比體詩。顯然，朱慶餘把自己比作了新嫁娘，而詩中的「舅姑」指主考官，「夫婿」是稱張籍。「畫眉深淺入時無」則是說：以我現在的水準能否考上進士？張籍善寫比體詩，他的〈節婦吟〉就是以男女之情喻君臣之義的名作。朱慶餘投其所好，所以得到了張籍的賞識。唐范攄《雲溪友議》載：「朱慶餘，遇水部郎中張籍知音，索慶餘新舊篇什數通吟改，只留二十六章，籍置於懷抱而推贊之，時人以籍重名，無不繕錄諷詠，遂登科第。初，慶餘尚爲謙退，作〈閨意〉一篇以獻張曰……籍酬之曰：『越女新妝出鏡心，自知明豔更沉吟。齊紈未是人間貴，一曲菱歌敵萬金。』由是朱之詩名流於四海內矣。」這是行卷成功的例子。

當然，要想得人稱賞，最關鍵的還是投贈者的眞才實學。唐張固《幽閒鼓吹》載，白居易到長安應試，攜詩作往謁老詩人顧況，顧況以爲這個十七歲的少年大概不會做出什麼好詩，就以他的名字「居易」開玩笑說：「長安米貴，住下來恐怕不大容易。」可是當他看了白居易的第一首詩作時，不禁大爲吃驚，說：「能有詩如此，住下來容易得很呢！」「因爲之延譽，聲名大振」。白居易青年登第，「十七人中最少年」，恐怕也與老詩人的「延譽」有關。

這種行卷的作法，使一些有文學才幹的青年，有機會把自己平日的成就展現出來，在遇到有眼力的先輩時，便可以得到提拔。這也促使一些讀書人在應考之前注意認眞提高自己的文學修養，努力創作出高水準的作品來。但是，也有些舉子借行卷之機弄虛作假、抄襲剽竊，或者做些投機文字，巴結權貴，這自然讓一些正直而無門路的士子感到憤怒。唐人杜荀鶴詩說：「空有篇章傳海內，更無親族在朝中。」就是抱怨空有文才而請託無人的牢騷話。

看來，「草野寒畯，登進有路，不假憑藉，可至公卿」，只是人們對於科舉的理想化的表達。由於唐代的科舉考試一般不採取糊名（即將試卷上考生姓名密封起來）、謄錄（把考生試卷另謄寫一份供考官評閱，以免考官辨認筆跡）等作法，才學名氣和人情因素又難以客觀把握，所以主考官員在進行錄取時很難做到絕對公平。這在後來竟成了朝廷黨爭的導火線。

既然行卷頗易生弊，就有少數考官不願買請託者的帳。如唐玄宗開元二年（七一四）科舉狀元李昂，就是其中的一個。《大唐新語》和《唐摭言》中記載，作者在任考官時，「以舉人皆飾名求稱，搖盪主司，談毀失實，竊病之，而將革焉」。他把科舉考生都集中起來，對他們說：「文之美惡，悉知之矣。考校取捨，存乎至公。如有請託於時，求聲於人者，常首落之。」這種秉公錄取、不循私情的精神確實難得。

科舉考試的過程

舉子臨考之日，九州俊彥，齊聚長安，人人自謂握靈蛇之珠，家家自謂抱荊山之玉，普遍懷著「前程心在青雲裡」（歐陽詹〈送郭秀才應舉〉）的僥倖心理，興沖沖而來，各自在夢想中編織著輝煌的人生前景。

白居易有〈早送舉人入試〉詩：「夙駕送舉人，東方猶未明。自謂出太早，已有車馬行。」由此可知，大約是黎明時分，舉子就早早地來到考場。

省試時，考場內部都用荊席圍隔，考生們坐在廊下答題。唐人詩「棘籬何日免重來」（韋承貽〈策試夜潛紀長句於都堂西南隅〉）中的「棘籬」說的就是荊圍。《通典》說：「（尚書省）禮部閱試之日，皆嚴設兵衛，薦棘圍之，搜索衣服，譏訶出入，以防假濫焉。」可見還是很嚴格的。《新唐書．舒元輿傳》載，元和八年（八一三）進士舒元輿說：舉子進入考場時，自帶水、炭、脂炬、餐具等，「或荷於肩，或提於席」，經胥吏唱名、搜檢衣物，方依次入場，頗見當時應舉者的苦寒之狀。舒元輿和他的幾個弟弟都是進士，他大概是根據他和弟弟們應試時的情景而做的眞實描述。

考試時，燃燭以計算時間。大約三根蠟燭燃盡，就該交卷了。薛能〈入試夜〉「報導第三條燭盡，南宮風月畫難成」，韋承貽〈策試夜潛紀長句於都堂西南隅〉詩「三條燭盡鐘初動，九轉丹成鼎未開」，都提到「三條燭盡」，考試完成。

三場考試，每場都淘汰一部分。黃滔〈下第〉詩云：「昨夜孤燈下，闌干泣數行。辭家從早歲，落第在初場。」說明黃滔第一場即被淘汰。

三場考試結束後，舉子們就要在旅邸或家中靜候消息了。等待的滋味是焦急而痛苦的，「每聽浮競言，喉中似無舌。忽然風雷至，驚起池中物。」、「年年孟春至，看花如看雪。僻居城南隅，顏子須泣血。沉埋若九泉，誰肯開口說？」（曹鄴〈成名後獻恩門〉）突然得知登第，又不免有人喜出望外，「一旦公道開，青雲在平地。枕上數聲鼓，衡門已如市。白日探得珠，不待驪龍睡。匆匆出九衢，僮僕顏色異。故衣未及換，尙有去年淚。晴陽照花影，落絮浮野翠。對酒時忽驚，猶疑夢中事。」（曹鄴〈杏園即席上同年〉）有的舉子情緒悲觀一點，考後覺得把握不大，就垂頭喪氣。《劇談錄》載，韋顓中舉之日，「夜分歸於所止，擁爐而坐，愁嘆無已。俄而禁鼓忽鳴，榜到，顓已登第。」進士考試，百裡挑一，尤爲不易。一些舉子驟聞報捷，聯想到自己先前困頓科場的種種往事，巨大的心理落差，自然會讓他們感慨萬端，不勝唏噓。

唐代公布科舉考試的錄取名次稱爲「放榜」。進士試放榜多在二月，由主考官親自將考中的考生姓名寫在榜子上，張貼在貢院東牆，並由專人通報考中者。放榜之日，長安民眾紛紛聚攏來觀，人頭攢動，盛況空前。徐夤〈放榜日〉云：

喧喧車馬欲朝天，人探東堂榜已懸。
萬里便隨金鸑鷟，三臺仍借玉連錢。
花浮酒影彤霞爛，日照衫光瑞色鮮。
十二街前樓閣上，捲簾誰不看神仙？

劉滄〈看榜日〉云：

禁漏初停蘭省開，列仙名目上清來。
飛鳴曉日鶯聲遠，變化春風鶴影回。
廣陌萬人生喜色，曲江千樹發寒梅。
青雲已是酬恩處，莫惜芳時醉酒杯。

兩首詩都爲我們展現了放榜之日長安市車馬喧天、人聲鼎沸、爭相觀看的盛況，足見中舉在當時人們心目中的神聖與豔羨。

及第者的榮光和落第者的辛酸

放榜後，新科進士們陶醉在狂歡之中，尤其是曲江赴宴和雁塔題名，成爲當時士子炫耀功名的無上榮光。

曲江宴設在曲江邊的杏園，也稱杏園宴。因取義不同，又有「櫻桃宴」、「聞喜宴」、「謝師宴」等名稱。自唐中宗開始，規定每年早春三月，在曲江爲新科進士舉行一次盛大的宴會，以示祝賀。這天，新科進士、主考官、公卿貴冑及其家眷們，喜氣洋洋，春風滿面，前來赴宴。唐時，省試第一名稱「狀元」或「狀頭」，新科進士互稱「同年」，主考官叫「座主」、「座師」，被錄取的考生便是他的「門生」。及第後，新科進士要拜望座主表示感謝，同年之間也互相祝賀。新進士們還要推選兩名「少俊者」爲「探花使」，騎馬遍遊長安名園，採摘各種早春鮮花。孟郊詩「一日看盡長安花」即指此。唐代詩人韓偓於昭宗龍紀元年（八八九）中進士，當了「探花郎」，與他相好的妓女以繚綾寄賀。韓偓收到禮物後寫了一首七律，中有「解寄繚綾小字封，探花宴上映春叢。黛眉欲在微微綠，檀口消來薄薄紅」之句，內中提到了「探花宴」，可見當時人們對「探花郎」的祝賀。乾寧二年（八九五）進士翁承贊就被推選爲「探花使」，他的〈擢探花使三首〉寫盡了得意之態：

> 洪崖差遣探花來，檢點芳叢飲數杯。
> 深紫濃香三百朵，明朝為我一時開。

春風得意馬蹄疾，一日看盡長安花

九重煙暖折槐芽，自是升平好物華。
今日始知春氣味，長安虛過四年花。

探花時節日偏長，恬淡春風稱意忙。
每到黃昏醉歸去，紵衣惹得牡丹香。

曲江宴後，還要到慈恩寺大雁塔題名留念。大雁塔俯瞰曲江，是長安城中最高的建築。新科進士們把自己的名字寫在大雁塔塔身上，又稱「題名席」或「題名會」。唐中宗神龍年間，進士張莒遊慈恩寺，一時興起，將名字題在大雁塔下。不料，此舉引得文人紛紛效倣，尤其是新科進士，更把雁塔題名視爲莫大的榮耀（事見唐韋絢《劉賓客嘉話錄》：「慈恩題名，起自張莒，本於寺中閒遊而題同年，人因爲故事。」）。從此之後，新科進士們就推舉他們中間最擅長書法的人，將他們的姓名、籍貫和及第的時間用墨筆題在雁塔牆壁上。（事見五代王定保《唐摭言・慈恩寺題名遊賞賦詠雜紀》：「神龍以來，杏園宴後，皆於慈恩寺塔下題名，同年中推一善書者紀之。」）這些人中若有人日後做到了卿相，還要將姓名改爲朱筆書寫。現在西安大雁塔已經找不到唐人當時的題名了。有人說，唐武宗時的宰相李德裕不是進士出身，故深忌進士，下令取消了曲江宴飲，並讓人將新科進士的題名也全數除去了。也有人說，北宋神宗年間，大雁塔發生一場火災，塔內樓梯全部燒燬，這些唐代進士的題壁也因之消失了。但是，雁塔題名的流風遺韻仍爲後世效倣。據說，明代陝西的鄉試舉人追慕唐韻，也相攜到塔下題詩留名。這些字跡至今仍保留在塔的門楣和石框上，由此可以想見唐代雁塔題名的情狀及影響。

雁塔上題名不在了，而當時的情景被史家和詩家攝入了詩、史作品中。詩人劉滄〈及第後宴曲江〉記述了曲江飲宴和雁塔題名的情景：

及第新春選勝遊，杏園初宴曲江頭。
紫毫粉壁題仙籍，柳色簫聲拂御樓。
霽景露光明遠岸，晚空山翠墜芳洲。
歸時不省花間醉，綺陌香車似水流。

新科進士的興高采烈之態、洋洋得意之情，洋溢在詩的字裡行間。《唐摭言》說：「曲江之宴行市羅列，長安住室半空，公卿率以其月選東床，車馬騈闐，莫可殫述。」看來，朝中顯貴也趁著這個機會紛紛擇佳婿。這些中了彩頭的新科進士，「金榜題名時」，再加上「洞房花燭夜」，應該是雙喜臨門了。

題名之後，新科進士們還要聚會「月燈閣」，打馬球。也有些進士得意忘形，不顧斯文，挾妓遊宴。開元十四年（七二六），二十歲的儲光羲進士及第，自是少年得志。他作〈長安道〉說：「鳴鞭過酒肆，袨服遊倡門。百萬一時盡，含情無片言。」眞是意氣風發，頗有五陵年少的豪情。王仁裕《開元天寶遺事》卷二說：「長安進士鄭愚、劉參、郭保衡、王沖、張道隱等十數輩，不拘禮節，旁若無人，每春時，選妖妓三五人，乘小犢車，指名園曲沼，藉草裸形，去其巾帽，叫笑喧呼，自謂之顚飲。」這也確實有些「狂」了。可也不必對這些進士過於責怪，朝廷是爲他們開了綠燈的。《北里志・序》上說：「京中諸妓籍屬教坊，凡朝士宴聚，須假諸曹署行牒，然後能致於他處。唯新進士設宴顧吏故便，可行牒追。其所贈資則倍於常數。」再者，「唐人尚文好狎」，這是當時的一種風氣。《開元天寶遺事》說：「長安右平康坊，妓女所居之地，京都俠少萃集於此。兼每年新進士以紅箋名紙遊謁其中，時人謂此坊爲風流藪澤。」《唐摭言》載：「裴思謙狀元及第後，做紅箋名紙十數，詣平康里，因留宿。及旦，賦詩曰：『銀缸斜背解鳴璫，小語偷聲賀玉郎。從此不知蘭麝貴，夜來新惹桂枝香。』」其風流倜儻之狀，赫然可見。

狂歡過後，得第舉子，凡由州郡貢舉者，料理畢長安事務，都要返鄉「覲省」（看望父母），其實多有衣錦還鄉的意味。登第回鄉，意氣洋洋。白居易〈及第詩〉就反映了這種心情：

得意減別恨，半酣輕遠程。翩翩馬蹄疾，春日歸鄉情。

唐人賀登第之詩，也有許多是在送進士還鄉的場合下寫的。唐穆宗長慶三年（八二三），李餘登第後欲回故鄉，張籍、朱慶餘等都來送行。張籍「歸去唯將新誥牒，後來爭取舊衣裳」（〈送李餘及第後歸蜀〉），是說李餘隨身攜帶新的誥牒上已注明是進士出身，後進士輩爭著取得李餘的舊衣裳，據說如此可以討得「利市」，沾新進士的吉利。朱慶餘「鄉中後輩遊門館，半是來求近日詩」，意思是說本鄉讀書人登門求教，多是希望得到李餘近來的作品，以供自己當作範本去揣摩。這些都反映了當時科舉考試對於社會心理的影響。

「春榜到春晚，一家榮一鄉。」（鄭谷〈賀進士駱用登第〉）舉子得第歸鄉，往往全家引爲榮耀。唐朝詩人王建及第後心花怒放，揮毫疾書，「一士登甲科，九族光彩新。」錢起〈送鄭巨及第後歸覲〉：「借問還家何處好？玉人含笑下機迎。」又〈送張參及第還家〉：「稚子歡迎棹，鄰人爲掃扉。」到家之日，不但老婆孩子都出來迎接，甚至鄰居也要出來幫助打掃門庭。

「及第進士，俯視中黃郎；落第進士，平揖蒲華長。」（封演《封氏聞見錄》）及第者，眾星捧月，喜悅無比；落第者則要承擔著巨大的心理壓力，「眞珠每被塵泥陷，病鶴多遭螻蟻侵。」（李旭〈及第後呈朝中知己〉）《唐人說薈．玉泉子》載，士子杜羔累舉不中，將歸家，其妻劉氏寄以詩云：「良人的的有奇才，何事年年被放回？如今妾面羞君面，君到來時近夜來。」丈夫失意，竟遭到妻子如此奚落，誠可謂難堪之極。還有更甚者。何光遠《鑒誡錄》說：「羅隱初赴舉子日，於鍾陵筵上遇娼妓雲英同席。一紀後，下第，又過鍾陵，復與雲英相見。雲英撫掌曰：『羅秀才猶未脫白。』隱雖內愧，亦嘲之以詩。」落第進士甚至難逃妓女的奚落笑話，豈不令人氣惱。羅隱只好以詩解嘲：

鍾陵醉別十餘春，重見雲英掌上身。
我未成名卿未嫁，可憐俱是不如人。

及第者風光無限，但大多數落選者的心情是抑鬱苦悶的。李觀在德宗貞元八年（七九二）登第，孟郊往賀。孟郊年長於觀，卻屢屢落第，不禁慨然興嘆：「昔爲同恨客，今爲獨笑人。舍予在泥轍，飄跡上雲津。臥木易成蠹，棄花難再春。何言對芳景，愁望極蕭晨。埋劍誰識氣，匣弦日生塵。願君語高風，爲余問蒼旻。」（〈贈李觀〉）這首詩應該是孟郊當時心境的眞實流露。

落第才子又豈止孟郊！落第舉子多有感慨賦詩者。如：「故鄉依舊空歸去，帝里如同不到來。」（《唐才子傳》卷六引羅鄴詩）、「榜前潛制淚，眾裡獨嫌身。氣味如中酒，情懷似別人。」（李廓〈落第〉）、「欲別朱門淚先盡，白頭遊子白身歸。」（徐凝〈自鄂渚至河南將歸江外留辭侍郎〉）這些詩句，都哀惋感人，可見科場之上不乏失意人。

落第者的心態，大多是惘然失落的。他們有的感到十分羞赧，如錢起感嘆「獻賦十年猶未遇，羞將白髮對華簪」（〈贈闕下裴舍人〉）；盧綸詩云：「顏衰重喜歸鄉國，身賤多慚問姓名。」（〈至德中途中書事卻寄李僩〉）有的則感到的是憤怒。晚唐羅隱〈感弄猴人賜朱紱〉：

十二三年就試期，五湖煙月奈相違。
何如買取胡孫弄，一笑君王使著緋。

《幕府燕閒錄》載：「唐昭宗播遷，隨駕伎藝人止有弄猴者。猴頗馴，能隨班起居。昭宗賜以緋袍，號孫供奉。」按唐制，五品官服淺緋，四品官服深緋。一隻伶俐的畜生，居然能夠賜以大官的朝服，封以皇帝近侍的官銜，而有眞才實學的讀書人，十二、三年離鄉背井上京應試，竟一無所得！

有人發誓磨穿鐵硯也要登科。乾符三年（八七六），黃滔在屢舉不第以後，又於本年落榜。他在〈代陳蠲謝崔侍郎啓〉中寫道：「某詞學疏蕪，進取乖拙，一叨貢士，累黜名場……謂一生而便可甘心，嘆二紀而徒勞苦節！」一紀是十二年。黃滔考了二十三年後，總算考上了。可有人辛苦十幾年甚至幾十年都徒勞無功，白首科場者大有人在。戈牢是會昌三年（八四三）進士，考取後辛酸地寫道：「再啟龍門將二紀，兩司鶯谷已三年。」（〈和主司王起〉）劉得仁考了三十年，竟不仕而死。白居易在〈悲哉行〉一詩中代舉子們訴苦：「十上方一第，成名常苦遲。縱有宦達者，兩鬢已成絲。可憐少壯日，適在窮賤時。丈夫老且病，焉用富貴爲。」從中可見當時科考的一般景況。

有人甚至命喪應試之途。元和十年（八一五），舉子廖有方參加科舉落第，獨自去蜀郡遊玩散心。他路過寶雞西邊，住在一家旅店裡時，忽然聽到隔壁有微弱的呻吟聲。廖有方前往探視，看到一個身染重病的書生在輕輕哭泣。廖有方一打聽，才知道這書生竟和自己一樣，也是個落第的舉子。書生說：「我參加過好幾次科舉考試，但都不受賞識，未被錄取。如今貧病交加，眼看就要客死他鄉了！」廖有方聽後非常同情，就留下來照顧他。可沒過多久，這位書生還是死了。廖有方就將自己的馬和鞍具賣掉，用所得的錢將書生安葬了。遺憾的是，廖有方並不知道書生的名字，只給後人留下了一首〈題旅櫬〉詩：「嗟君歿世委空囊，幾度勞心翰墨場。半面爲君申一慟，不知何處是家鄉。」

唐代的科舉制儘管還存有諸多弊端，但其意義不容低估。尤其是進士科的詩賦取士，直接促進了唐詩和唐代文化的發展，不僅造就了一批詩人，也推動了古文運動的勃興和傳奇小說的發展。科舉制在消融門第、提高官員素質方面，具有重要作用。

唐代科舉制對鄰國也產生了重要影響。新羅國即仿唐朝科舉，設「讀書三品科」，規定由國家按三品統一考試，科目全爲儒家經典。還有少數留學生參加科考而考中的，如新羅著名詩人崔致遠，就是其中的一個。

總之，唐代科舉在取士原則或形式上都開創了先河，實爲中國選舉制的轉捩點。《英國大百科全書》說：「我們所知道的最早的考試制度，是中國所採用的選舉制度。」西方人將中國的科舉制度稱之爲「中國第五大發明」。

故人西辭黃鶴樓，煙花三月下揚州——唐代士子的漫遊

故人西辭黃鶴樓，煙花三月下揚州

故人西辭黃鶴樓，煙花三月下揚州。
孤帆遠影碧空盡，唯見長江天際流。
——李白〈黃鶴樓送孟浩然之廣陵〉

故人西辭黃鶴樓　煙花三月下揚州

開元十六年（七二八）陽春三月，長江兩岸，煙花爛漫。李白佇立在鄂州（今武昌）黃鶴樓之上，目送故人孟浩然的船帆，順江東下，漸行漸遠漸小，漸漸融化在碧水青天之間。孟浩然此行，是漫遊揚州。在唐人的世界裡，漫遊，是如此的美麗、詩意。

漫遊與愛詩風氣

唐人愛好漫遊，和唐人的愛好詩歌有關，和崇尚文學的科舉制度相關。

唐朝是詩的時代、詩的國度，所以被稱爲「詩唐」（聞一多《說唐詩》）。唐代進士科舉制度是選拔官員的主要途徑。唐代科舉制度的特徵，一是實行考試面前人人平等（除賤民階層外），爲廣大寒士提供了自魏晉南北朝以來所沒有過的廣闊前景。二是崇尚文學、崇尚人文，其標誌就是以詩考試、以詩取士。陳寅恪先生說：「吾民族所承受文化之內容，爲一種人文主義之教育。雖有賢者，勢不能不以創造文學爲旨歸。」（《我國學術之現狀及清華之職責》）

唐代科舉制度，是把中國文化崇尚文學的傳統提升到了空前高度，落實到了政治制度。這就激勵了廣大士子要提高文學才能，寫詩的才能。古人說：「讀萬卷書，行萬里路。」其中大有奧妙。以司馬遷爲例，人人都知道，「太史公行天下，周覽四海名山大川，與燕趙間豪俊交遊，故其文疏蕩，頗有奇氣」（宋蘇轍《欒城集》卷二十二〈上樞密使韓太尉書〉）。唐人漫遊天下，目的正是遊覽天下名山大川，形勝古跡，結交天下之士，從而開闊眼界心胸，發展文學才華，使文章有奇氣。

唐人的漫遊，就是詩的漫遊，以山川入詩，以詩會友。唐人在青年時代漫遊之前，都已經過十年寒窗的準備。李白「五歲誦六甲，十歲觀百家」（〈上安州裴長史書〉）、「十五觀奇書，作賦凌相如」（〈贈張相鎬二首〉之二），甚至有「鐵杵磨成繡花針」的傳說。杜甫「七齡思即壯，開口詠鳳凰。九齡書大字，有作成一囊」（〈壯遊〉），少小時也下過苦功，成績不俗。不然，哪來本事以山川入詩，以詩會友呢？

再說，進士科考試詩的題目，往往就是以山水自然命題。開元十二年，試題爲《終南望餘雪》。在這場考試中，祖詠寫下名篇：「終南陰嶺秀，積雪浮雲端。林表明霽色，城中增暮寒。」天寶十一載，試題爲〈湘靈鼓瑟〉。在這場考試中，錢起寫下名句：「曲終人不見，江上數峰青。」《資治通鑑》卷二〇二唐高宗上元元年載劉曉上疏批評進士科舉說：「禮部取士，專用文章爲甲乙。」、「文成七步，未足化人。況盡心卉木之間，極筆煙霞之際，以斯成俗。」可見進士科以詩取士的考試題目，也導向人們走向山水自然。

漫遊與干謁風氣

唐人愛好漫遊，也和當時的干謁風氣有一定的關係。

干謁，是對人有所求而請見。干謁的對象，是當世顯人，在社會上、政治上、文壇上有地位的名流。干謁的目的，是求名、求仕、求名流的讚譽、舉薦。唐代入仕之途，主要是科舉，其次是征辟。士子文學名氣大，能影響到科舉主考官的錄取，以至「未引試以前，其去取高下，固已定於胸中矣」（宋洪邁《容齋隨筆．四筆》卷五）。不屑參加科舉，希望通過征辟由布衣直接致身卿相的人，更需要名氣大，名動人主。

名氣，主要是靠自己詩文創作的水準才掙得來的，但和結交名流、干謁名流、獲得名流讚譽也很有關係。唐李冗《獨異志》載，陳子昂居京師十年，不爲人知，東市有人賣一胡琴，開價百萬，豪貴們傳觀，無人能夠鑑定。子昂走出人群說：「我願出百萬來買。」眾人驚問：「做何用？」子昂說：「我會用這樂器。」有人說：「能讓我們聽你演奏嗎？」子昂答：「我住宣陽里，已準備好酒，明日恭候，希望各位光臨，也希望各位邀請知名人士光臨，眞是幸會。」次日早晨，集會百餘人，皆當時著名人士。子昂大張宴席，具備珍饈。食畢，捧起胡琴，說：「蜀人陳子昂，有文百卷，奔走京師，碌碌無爲，不爲人所知。這樂器是賤工之事，我怎能留心呢？」把胡琴扔在地上，抬出文卷兩案，遍贈與會者，一日之內，名聲傳遍京師。於是陳子昂被建安王武攸宜辟爲記室，後來官拜拾遺。這個故事本身是否眞實，可以不論，就其反映了當時求名、求仕的風氣來說，則具有眞實性。

士子獲得地方長官的器重，可以辟爲佐吏。佐吏不論出身，即使沒考進士，也可以應聘，在一定條件下，還可推薦到朝廷任職。《舊唐書・孟浩然傳》載：「（開元二十五年）張九齡鎮荊州，署爲從事，與之唱和。」孟浩然〈臨洞庭湖贈張丞相〉：「八月湖水平，涵虛混太清。氣蒸雲夢澤，波撼岳陽城。欲濟無舟楫，端居恥聖明。坐觀垂釣者，徒有羨魚情。」就是當時干謁張九齡之作，張九齡是開元賢宰相。開元二十二年（七三四），李白去拜見荊州大都督府長史韓朝宗，朝宗以提攜後進著名。李白說：「生不用萬戶侯，但願一識韓荊州。」爲什麼呢？難道不是因爲奔走君侯門下，一經讚譽，便聲譽十倍嗎？願君侯使我能夠脫穎而出，並自稱「十五好劍術，遍干諸侯；三十成文章，歷抵卿相」（〈與韓荊州書〉）。干謁求名，李白是現身說法了。李白這樣抱負遠大的人，當然不屑於做幕僚干謁求名，爲的是名動人主，獲得人主的征辟。李白後來由於玉眞公主舉薦，被玄宗征辟待詔翰林，他的征辟夢是成眞了。不過李白畢竟有他人格尊嚴的底線，如他所說是「不屈己，不干人」、「平交王侯」，儘管這話多少有點自相矛盾。

在唐代，士子不以干謁爲恥，名流亦樂於獎掖後進，如張九齡知遇孟浩然、賀知章讚譽李白、顧況讚譽白居易，這樣的佳話很多。干謁雖是唐人風氣，但賢者最終能超越於此流俗之上。李白後來覺悟了，所以寫出了「安能摧眉折腰事權貴，使我不得開心顏」（〈夢遊天姥吟留別〉）的磊落語。此李白之所以爲李白。杜甫困居長安十年，也曾從事干謁，但他後來也覺悟了，所以寫出了「獨恥事干謁」（〈自京赴奉先縣詠懷五百字〉）之句。杜甫做官後，爲政治道義而敢於廷爭、棄官、不赴詔（不應徵做官），終至飄泊以死，充分體現了士的自由獨立人格。此杜甫之所以爲杜甫。

唐人青年時代的漫遊，就其主流來說，還是爲漫遊而漫遊，較接近詩的本質，審美活動的本質。干謁不是漫遊的主流。例如杜甫青年時代三次漫遊，歷時十年，遍遊吳越、齊魯，便不是爲了求仕。那時，杜甫父親杜閑還在，在兗州（今山東兗州）做官，杜甫無憂無慮，漫遊只是遊覽名山大川，結交天下之士，同時，漫遊齊魯也是侍父。孟郊〈遊子吟〉云：「慈母手中線，遊子身上衣。臨行密密縫，意恐遲遲歸。誰言寸草心，報得三春暉。」唐代遊子背後的支持者，是他們的父母。更重要的是，在以漫遊爲背景的唐詩裡，詠唱祖國河山、朋友情誼的詩篇，比干謁之詩（類似現代的自薦信），畢竟更多、更好。唐人的漫遊，當然還可以包括遊學、宦遊、探親、訪友等等。

詩人足跡遍天下

唐人的漫遊，其中最重要的歷史時期，是初盛唐時期，那時唐朝國力空前強盛。唐杜佑《通典》卷七〈食貨七〉載，開元十三年（七二五），米一斗十三文，青州、齊州（今山東益都、濟南）五文。此後天下無貴物，兩京米一斗不到二十文、麵三十二文、絹一匹兩百一十二文。東至宋州、汴州（今河南商丘、開封），西至岐州（今陝西鳳翔），旅店商店夾路不斷，酒食豐盈。每店還備有小毛驢出租，供旅客租乘，這種小毛驢走得特快，一會兒工夫就走數十里地，名叫「驛驢」。唐人說「詩思在灞橋風雪中驢子上」，多半騎的就是這種「驛驢」。南到荊州、襄州（今湖北江陵、襄樊），北至太原、范陽（今北京），西至益州（今四川成都）、涼州（今甘肅武威），沿途都有店肆招待商旅。遠行數千里，也不用帶刀。《資治通鑑》卷二一六唐玄宗天寶十二年（七五三）八月載：「是時中國盛強，自安遠門（長安城西面北第一門）西盡唐境凡萬二千里，閭閻相望，桑麻翳野，天下稱富庶者無如隴右。」隴右（今甘肅一帶）已富庶如此，全國可想而知。可見，開元天寶時期，唐朝經濟極度繁榮，糧食布帛產量豐富，物價低廉，商業發達，道路暢通，行旅安全。

那時唐朝版圖也最爲闊大。高宗總章二年（六六九），安東都護府治平壤（今朝鮮平壤）；安北都護府治所在今蒙古杭愛山東端；交州都督府治交州（今越南河內）；安西都護府治龜茲（今新疆庫車），儀鳳四年（六七九），移治碎葉（今吉爾吉斯斯坦托馬托克）。玄宗天寶十一年（七五二）時的版圖，據《舊唐書·地理志一》載：「唐土東至安東府（治遼西，今遼寧義縣東南大凌河東岸），西至安西府（治龜茲，今新疆庫車），南至日南郡（今越南廣治省廣治河與甘露河合流處），北至單于府（治雲中，今內蒙古和林格爾西北土城子）。南北如前漢之盛，東則不及，西則過之。」這是中國自東晉南北朝分裂以來，三百多年從未有過的局面，是東晉南北朝人所未能夢見或夢寐以求而不得的局面。例如，北魏酈道元著地理學兼文學巨著《水經注》，北方水道地理往往親到實地考察，南方水道地理就只有抄書了。唐人的漫遊，足跡遍天下。岑參到了北庭（今新疆吉木薩爾北破城子）、安西；王昌齡可能遠到碎葉（參閱傅璿琮《唐代詩人叢考》）；王福時、王勃父子到了交州（《舊唐書．文苑傳上》）；杜正倫（《舊唐書》卷七十本傳）、沈佺期（《新唐書．文藝傳中》）、盧藏用（《新唐書》卷一二三本傳）遠到驩州（今越南榮市）。安史之亂以後，吐蕃侵占隴右，河北藩鎮割據，唐朝版圖也就縮小了。

初唐四傑之首的詩人王勃，曾萬里赴交趾（今越南河內）侍父。王勃是隋代大儒王通之孫、唐初優秀詩人王績之侄孫、王福時之子。上元二年（六七五）春，王福時左遷交州交趾縣令，王勃爲侍父而從老家河東龍門縣（今山西河津縣）萬春鄉（今山西萬榮縣通化鄉）出發，一路訪古會友，留下詩文佳作累累。九月，到達洪州（今江西南昌），應邀參與都督府宴會，宴席上「勝友如雲」、「高朋滿座」，二十六歲的王勃即席賦〈滕王閣序〉。當王勃寫出「南昌故郡，洪都新府」之句時，主人都督閻公說：「不過是老生常談。」又寫出「星分翼軫，地接衡廬」，閻公沉吟不言。當寫出「落霞與孤鶩齊飛，秋水共長天一色」，閻公肅然起敬地站起身來說：「此眞天才，當垂不朽矣！」宴會極歡而罷，成爲千古佳話（五代王定保《唐摭言》卷五，並參閱張志烈《初唐四傑年譜》）。上元三年（六七六）秋，王勃由交趾返回，乘船渡南海時，遇颶風失事，不幸墮海而亡。王勃遺體被海潮沖到了同龍江（今蘭江）會通口，王福時聞此噩耗倉皇趕來，撫屍慟哭不已。王福時爲政清廉，深得民心，當地百姓便自動聚金，厚葬孝子王勃。

後來王福畤亦逝，百姓爲他建祠，並立父子塑像，供奉於祠中。清徐延旭《越南輯略》卷二〈名宦〉載：「唐，王福畤爲交趾令，大興文教，士民德之。至今祀之，號王夫子祠。」（光緒三年梧州郡署刊本）祠在今越南儀靜省儀祿縣儀海鄉，千百年來香火不斷，至今仍享有「福神」的美名。祠中有兩副楹聯，爲越南阮朝大詩人阮攸（一七六五—一八二〇）所擬，一是：「座中盡是他鄉客，眼底無非失路人。」用〈滕王閣序〉「關山難越，誰悲失路之人；萍水相逢，盡是他鄉之客」之典，道盡古往今來去國懷鄉失路之人（包括王勃父子及阮攸自己）之悲慨。二是：「信哉天下有奇作，久矣名家多異才。」是集陸游〈寄溧陽周丞文璞，周寄詩卷殊可喜〉詩原句，但他集得好，上句貼切王勃〈滕王閣序〉之奇作，下句貼切河東王氏一家王通、王績、王福畤、王勃異才輩出之史實，雖是集句，實際是創作。這是中越兩國文化交流史上的一則千古佳話。

李白的漫遊傳奇

唐人的漫遊，往往帶有傳奇色彩。就說李白。李白從小就是漫遊的命，五歲時隨父親李客從碎葉遷居蜀中，可以說是李白的第一次漫遊。李白〈關山月〉詩云：「明月出天山，蒼茫雲海間。長風幾萬里，吹度玉門關。」這詩很奇，在大自然中，明月本是自東向西運行，在李白的詩中卻是自西向東運行。明月從西域東行玉門關內的畫面，其實就是李白自己幼年從西域東遷玉門關內的經歷的藝術投射。李白的漫遊天下，更產生了說不盡的傳奇故事。

洞庭湖畔洗骨葬友　開元十二年（七二四），李白離開蜀中，沿江東下，開始了「仗劍去國，辭親遠遊」的生活。數年之中，南窮蒼梧（在今湖南），東涉溟海（今江浙）。開元十三年（七二五），李白與蜀中友人吳指南同遊於楚，指南死於洞庭，李白如喪親人，穿上喪服，伏屍痛哭，臨時葬吳於洞庭湖畔，即赴金陵（今南京）。開元十五年（七二七），李白重返洞庭，掘開墳墓，見吳的遺體筋肉尚在，淚如雨下。他手持利刃，削去腐肉，洗淨遺骨，包裹起來，背負而走，借錢營葬於鄂州城東。

揚州散金三十萬救人急難　開元十四年（七二六），李白東遊揚州。他見落魄公子，便慷慨解囊，救人急難，不到一年，散金三十餘萬，自己卻由富轉貧了。

安陸許相國孫女招親　開元十四年（七二六），李白因鄉人司馬相如賦描寫雲夢澤之事，心下好奇，便沿江西上，去觀雲夢澤。結果未曾見雲夢澤，倒被家住安陸（今湖北安陸）的許相國家小姐（高宗時宰相許圉師的孫女）看中，將李白招了親。李白成了許相國孫女婿，以安陸爲家，繼續漫遊天下。

長安北門與鬥雞徒衝突歷險　開元十八、九年（七三〇—七三一）間，李白初遊長安。在長安北門，李白與鬥雞徒發生衝突和對峙，被大批鬥雞徒圍困，幸虧友人陸調衝出重圍，火急報警於御史臺，始得倖免於難。當時的長安，鬥雞徒多是禁軍士兵，後臺則是皇帝寵信的宦官。長安北門接近皇宮，這夥鬥雞徒的背景，也就可想而知了。李白的不畏強橫，也由此可見。

命高力士脫靴　入朝，可以說是李白一生中一次特殊的漫遊。天寶元年（七四二）秋，玄宗下詔徵召李白入朝，召見於金鑾殿。玄宗用七寶床賜宴，並親手調羹，請李白品嘗，說：「卿是布衣，名爲朕知，非素蓄道義，何以及此？」命李白供奉翰林。玄宗看似禮遇李白，實際是以李白的文章來點綴昇平。《舊唐書．李白傳》載：「（白）嘗沉醉殿上，引足令高力士脫靴。」才不管他是玄宗寵信的宦官呢！李白天生傲骨，在朝終究無法與統治者合作，天寶三年（七四四）春便被賜金還山。

被呼為謫仙人　在長安紫極宮，賀知章一見李白，就爲他的風姿風骨所傾倒，又讀他的〈蜀道難〉詩，讚歎再三，呼李白爲謫仙人。杜甫〈飲中八仙歌〉云：「李白一斗詩百篇，長安市上酒家眠。天子呼來不上船，自稱臣是酒中仙。」寫出了李白的仙姿和傲骨。

北上幽州探虎穴　天寶十年（七五一），朝野上下盛傳安祿山將反，只有玄宗不信。李白憂心忡忡，冒著危險，由河南北渡黃河，經邯鄲到幽州（今北京），深入虎穴，洞察安祿山必反，登上戰國時燕昭王招賢的黃金臺，爲國痛哭。李白詩〈留別于十一兄逖裴十三遊塞垣〉云：「且探虎穴向沙漠，鳴鞭走馬凌黃河。」〈經亂離後天恩流夜郎憶舊遊書懷〉云：「十月到幽州，戈鋋若羅星。君王棄北海，掃地借長鯨。呼吸走百川，燕然可摧傾。心知不得語，卻欲棲蓬瀛。」就是此行洞察安祿山必反的生動寫照。又作〈遠別離〉詩，用驚心動魄的隱語，抒發了國將危亡而君主不察的隱憂。

在李白一系列的漫遊傳奇故事中，我們可以看出李白性格中的仁義、正直、勇敢和冒險精神，這，正是唐人精神氣質的代表。沒有這樣的精神氣質，也就不會有唐人漫遊天下這道歷史風景線了。

漫遊：唐詩的搖籃

唐人的漫遊，爲的是遊覽天下名山大川、名勝古跡、歷史遺跡，感受那裡的風土人情。杜甫創造了一個新詞——「壯遊」，李白亦自稱「五嶽尋仙不辭遠，一生好入名山遊」，這些詞語、詩句，都是從親身經驗中跳出來的，包含了眞情實感，所以那麼新警，那麼貼切。

唐人的漫遊，都在唐詩裡留下了痕跡。漫遊詩要占唐詩的一半以上。李白寫黃河——中華民族的母親河說：「黃河如絲天際來。」（〈西嶽雲臺歌〉）黃河，是多麼的飄逸！「黃河落天走東海，萬里寫入胸懷間」（〈贈裴十四〉）、「黃河西來決崑崙，咆哮萬里觸龍門」（〈公無渡河〉）、「君不見黃河之水天上來，奔流到海不復回」（〈將進酒〉），黃河，又是多麼的氣勢磅礡！王灣寫長江：「海日生殘夜，江春入舊年」（〈次北固山下〉），寫出了長江浩瀚雍容的氣度；杜甫寫長江：「無邊落木蕭蕭下，不盡長江滾滾來」（〈登高〉），寫出了長江洶湧澎湃的氣勢。杜甫寫泰山——祖國的五嶽之首說：「岱宗夫如何，齊魯青未了。」（〈望嶽〉）一脈青綠的山色，綿延齊、魯兩古國大地而未盡，多麼神韻駘蕩，又是多麼氣勢磅礡！王維寫終南山說：「太乙近天都，連山到海隅。白雲回望合，青靄入看無。」（〈終南山〉）寫出了終南山的高遠和遊山的趣味。李白寫秦嶺蜀道說：「噫吁戲，危乎高哉！蜀道之難難於上青天。」（〈蜀道難〉）寫出了蜀道的艱險、高危和磅礡。孟浩然寫洞庭湖說：「氣蒸雲夢澤，波撼岳陽城。」（〈望洞庭湖贈張丞相〉）杜甫寫洞庭湖說：「吳楚東南坼，乾坤日夜浮。」（〈登岳陽樓〉）寫出了洞庭湖那浩浩蕩蕩橫無涯際的宏偉氣魄。

再看唐人寫邊塞：「黃河遠上白雲間，一片孤城萬仞山。羌笛何須怨楊柳，春風不度玉門關。」（〈出塞〉）王之渙筆下的玉門關，何等雄偉，又何等溫柔、蒼涼！「大漠孤煙直，長河落日圓」（〈使至塞上〉），王維筆下的大漠、長河，在落日的照耀下，是何等氣派，又是何等安詳！「北風捲地白草折，胡天八月即飛雪。忽如一夜春風來，千樹萬樹梨花開。」（〈白雪歌送武判官歸京〉）岑參筆下西域的八月雪，是多麼奇特，又是多麼美麗！

再看唐人寫各地的風土人情：「營州少年厭原野，狐裘蒙茸獵城下。虜酒千鍾不醉人，胡兒十歲能騎馬。」（〈營州歌〉）高適所見的東北胡兒，粗獷豪邁；「越女天下白，鑑湖五月涼」（〈壯遊〉），杜甫所見的江南女子，秀麗溫柔：「跪進雕胡飯，月光明素盤。令人慚漂母，三謝不能餐」（〈宿五松山下荀媼家〉），李白面對淳樸好客的江北荀媼，滿懷感激：「結髮爲妻子，席不暖君床。暮婚晨告別，無乃太匆忙。……羅襦不復施，對君洗紅妝。仰視百鳥飛，大小必雙翔。人事多錯迕，與君永相望」（〈新婚別〉），杜甫目睹送郎上前線的河南新娘，感動難忘。神州大地，吾土吾民，各地的風土人情，在唐人的漫遊中留下了不可磨滅的美好印象。「前不見古人，後不見來者。念天地之悠悠，獨愴然而涕下」（陳子昂〈登幽州臺歌〉）、「牛渚西江夜，青天無片雲。登舟望秋月，空憶謝將軍。余亦能高詠，斯人不可聞」（李白〈夜泊牛渚懷古〉）、「丞相祠堂何處尋，錦官城外柏森森。映階碧草自春色，隔葉黃鸝空好音」（杜甫〈蜀相〉），遍布祖國各地的歷史遺跡，先聖先賢的流芳餘韻，同樣也在唐人的漫遊中留下了不可磨滅的美好印象。

祖國的山河大地、歷史遺跡、風土人情，在唐代的漫遊詩中得以寫照，成就了唐人的性情、靈氣、詩才，也成就了唐詩。

漫遊：結交天下士

唐人的漫遊，爲的是結交天下之士，四海朋友。所以杜甫晚年回憶早年漫遊，作〈壯遊〉詩後，又作〈憶昔〉詩，專門回憶昔日的交遊。詩云：「憶昔開元全盛日」、「天下朋友皆膠漆」。這如膠似漆親密無間的友誼，大半是結交於漫遊。唐人喜歡交遊，特重友情。李白詩集中大半是交遊詩，交遊人名多達兩百多位。最令李白傾倒的朋友是前輩詩人布衣孟浩然，兩人訂交，大約在開元十四年李白漫遊安陸時。李白爲孟浩然寫了六首詩，「吾愛孟夫子，風流天下聞。紅顏棄軒冕，白首臥松雲。醉月頻中聖，迷花不事君。高山安可仰，徒此挹清芬」（〈贈孟浩然〉），寫出了孟浩然澹泊高潔的品格、灑然塵外的風姿，和自己的一片景仰之情。前引〈黃鶴樓送孟浩然之廣陵〉，則是用至深的友情，最優美的畫面，爲孟浩然送行。李白天生傲骨，可是對朋友卻是這樣眞誠。

李白與杜甫的會面，如聞一多先生說：「我們該當品三通畫角，發三通擂鼓，然後提起筆來蘸飽了金墨，大書而特書。因爲我們四千年的歷史裡，除了孔子見老子（假如他們見過面），沒有比這兩個人的會面，更重大、更神聖、更可紀念的。我們再逼緊我們的想像，譬如說，青天裡太陽和月亮走碰了頭，那麼，塵世上不知要焚起多少香案，不知有多少人要望天遙拜，說是皇天的祥瑞。如今李白和杜甫——詩中的兩曜，劈面走來了，我們看去，不比那天空的異瑞一樣的神奇、一樣的有重大的意義嗎？」（《唐詩雜論・杜甫》第一五四頁，古籍出版社，一九五六年）李白與杜甫的會面，大約是在開元二十五六年的梁宋之遊，參與者除李白與杜甫外，還有高適。杜甫當時有〈贈李白〉說：「二年客東都，所歷厭機巧。」是指李白旅居洛陽兩年，尋求出路，歷盡世間爾虞我詐；又說「李侯金閨彥，脫身事幽討」，是指李白本應爲朝廷文臣，但不得志，便從世間脫身，從事尋幽訪勝的漫遊，對李白理解得多麼深切（以上參考鄺健行《杜甫新議集》）。杜甫後來回憶說：「昔我遊宋中……憶與高李輩，論交入酒壚。兩公壯藻思，得我色敷腴。氣酣登吹臺，懷古視平蕪。」（〈遺懷〉）難忘三人之間的詩酒之會、吹臺勝遊。天寶三年至四年間，三人又有齊魯之遊。杜甫當時作〈與李十二白同尋范十隱居〉說：「李侯有佳句，往往似陰鏗。余亦東蒙客，憐君如弟兄。醉眠秋共被，攜手日同行。」寫出兩人間親如兄弟的情分。杜甫後來回憶說：「昔者與高李，晚登單父臺。寒蕪際碣石，萬里風雲來。」

〈昔遊〉）又說：「放蕩齊趙間，裘馬頗清狂。春歌叢臺上，冬獵青丘旁。呼鷹皂櫪林，逐獸雲雪岡。射飛曾縱鞚，引臂落鶖鶬。」（〈壯遊〉）難忘那一段裘馬清狂的漫遊生活，好不痛快淋漓。分別時，李白贈詩給杜甫：「何時石門路，重有金樽開。」（〈魯郡東石門送杜二甫〉）分別後，李白寄詩給杜甫：「魯酒不可醉，齊歌空復情。思君若汶水，浩蕩寄南征。」（〈沙丘城下寄杜甫〉）李白對比自己小十一歲的杜甫，感情是眞摯的。那時李白早已名滿天下，杜甫才三十四歲，他的詩歌還處在成長過程中呢！李白爲最傾倒的前輩友人孟浩然寫了六首詩，爲無名後輩杜甫寫了三首詩，可見他對杜甫的器重。

杜甫對李白，更是一往深情，終其一生，時間愈久，懷念愈深。「寂寞書齋裡，終朝獨爾思」（〈冬日有懷李白〉）、「白也詩無敵，飄然思不群。清新庾開府，俊逸鮑參軍。渭北春天樹，江東日暮雲。何時一樽酒，重與細論文」（〈春日憶李白〉）、「南尋禹穴見李白，道甫問信今何如」（〈送孔巢父謝病歸遊江東兼呈李白〉）。這些詩是安史之亂爆發前所寫，寫出了杜甫對李白的思念和問候。安史之亂爆發後，李白爲參與平叛入永王璘幕府，在唐室內部的皇權鬥爭中，永王璘被肅宗宣布爲所謂的「叛逆」而加以鎭壓，李白也因所謂的「從逆」罪被下獄、流放。這段時期，杜甫也因疏救宰相房琯而得罪肅宗，經歷了交付三司會審、貶謫，最後自己毅然棄官表示抗議、飄泊秦州的艱難歲月。儘管杜甫自己朝不保夕，可是關切李白卻是刻骨銘心。「不見李生久，佯狂眞可哀。世人皆欲殺，吾意獨憐才」（〈不見〉），是爲李白的生死存亡擔憂。「文章憎命達，魑魅喜人過。應共冤魂語，投詩贈汨羅」（〈天末懷李白〉），是勇敢地爲李白鳴冤叫屈。〈夢李白二首〉其一說：「死別已吞聲，生別常惻惻。江南瘴癘地，逐客無消息。故人入我夢，明我長相憶。恐非平生魂，路遠不可測。魂來楓林青，魂返關塞黑。君今在羅網，何以有羽翼？落月滿屋梁，猶疑照顏色。水深波浪闊，無使蛟龍得。」其二：「浮雲終日行，遊子久不至。三夜頻夢君，情親見君意。告歸常局促，苦道來不易。江湖多風波，舟楫恐失墜。出門搔白首，若負平生志。冠蓋滿京華，斯人獨憔悴。孰云網恢恢，將老身反累。千秋萬歲名，寂寞身後事。」這是唐詩中最深情的詩篇。杜甫的交友之道，眞誠，生死不渝，故永遠能感動人心。

忽如一夜春風來，千樹萬樹梨花開——唐代士人的從軍與出塞

忽如一夜春風來，千樹萬樹梨花開

忽如一夜春風來　千樹萬樹梨花開

北風捲地白草折，胡天八月即飛雪。
忽如一夜春風來，千樹萬樹梨花開。

——岑參〈白雪歌送武判官歸京〉

天寶十三年（七五四），岑參出塞，入安西北庭節度使封常清幕府。節度判官武某歸京，岑參寫此詩贈之。詩寫塞外北風一吹，大雪紛飛的苦寒之狀。但岑參突發奇想，妙手回春：以「春風」使梨花盛開，來比擬「北風」使雪花飛舞，這樣就將冬景比作了春景，讓人感受到的彷彿不是奇寒，而是充溢於內心的喜悅與溫暖。詩人從軍邊塞的豪情融化了雪地冰天。

唐前期：滿懷激情謀功名

岑參曾兩度出塞入幕，先任安西四鎮節度使高仙芝幕府書記，後做封常清的幕府判官。他在詩中對自己出塞臨邊的意圖和決心曾做過如許表白：

功名須及早，歲月莫虛擲。〈送郭乂雜言〉

丈夫三十未富貴，安能終日守筆硯。〈銀山磧西館〉

功名只向馬上取，真是英雄一丈夫。〈送李副使赴磧西官軍〉

萬里奉王事，一身無所求。也知塞垣苦，豈為妻子謀。〈初過隴山途中呈宇文判官〉

於其中可見他不辭難苦、立功西北邊陲的凌雲壯志。

像岑參這樣，企圖通過出塞入幕、從軍立功來謀求仕途顯達者，在唐代大有人在。高適和岑參一樣，也是個熱中於功名進取、有著強烈入世精神的詩人。他的〈塞下曲〉說：「萬里不惜死，一朝得成功。畫圖麒麟閣，入朝明光宮。大笑向文士，一經何足窮。古人昧此道，往往成老翁。」這當是高適從軍邊塞眞實心跡的表露。唐玄宗時，李林甫、楊國忠相繼專權，政事日非，使許多自負才氣的士人或入仕無門，或升遷遲緩，如果苦苦株守於朝闕之下，往往會落得年與時馳、意隨日去，成了志意蕭條、惆悵落寞的「老翁」。

與此相對照的是，盛唐時唐王朝正大事邊功，有才力者即可通過立功邊土以求進身。《資治通鑑》卷二一六天寶六年載：「自唐興以來，邊帥皆有忠厚名臣……功名著者往往入爲宰相。」開元宰相姚崇、宋璟、蘇頲、裴耀卿，都有任邊帥的經歷。姚崇曾任靈武道大總管，宋璟曾任幽州都督、嶺南五府經略使，蘇頲曾任益州長史、劍南節度使，裴耀卿曾隨信安王征契丹，任副帥。盛唐以守邊博得封侯爵賞的將領，也不在少數。如高仙芝、哥舒翰、封常清等輩，皆名高位重、聲振朝野。這些將相的仕途經歷，爲當時的士人樹立了榜樣。於是，士人從軍出塞之風蔚然。

高適走的就是這條從軍出塞、再由幕府遷轉的道路，而且很成功。他在天寶八年（七四九）中舉後，授封丘尉。因爲不甘心做「拜迎官長心欲碎，鞭撻黎庶令人悲」的縣尉，三年後毅然棄官，入河西節度使哥舒翰幕府，當了掌書記。自此官運亨通，做過淮南節度使和蜀、彭二州刺史，代宗時還進封渤海縣侯。

高適、岑參之外，許多初盛唐著名士人都有過幕府生活的經歷。初唐時，就有很多文士在詩文中表達了自己從軍入幕的願望和決心。如「初唐四傑」之一的駱賓王，有過兩次從軍的經歷。唐高宗上元三年（六七六），吐蕃入侵，裴行儉西征，想讓駱賓王入幕。駱賓王因爲要侍奉老母而不得從征。他深爲抱憾，作〈上吏部裴侍郎書〉說：「今君侯無求於下官，見接以國士，正當陪麾後殿，奉節前驅，賈餘勇以求榮，效輕生而答施。」他的〈從軍行〉表達了立功邊塞的志向：

平生一顧重，意氣溢三軍。野日分戈影，天星合劍文。
弓弦抱漢月，馬足踐胡塵。不求生入塞，唯當死報君。

陳子昂〈送魏大從軍〉寫得更是豪情滿懷：

匈奴猶未滅，魏絳復從戎。悵別三河道，言追六郡雄。
雁山橫代北，孤塞接雲中。勿使燕然上，惟留漢將功。

陳子昂在詩中激勵出征者立功沙場，希望他揚名塞外，不要使燕然山上只留漢將功績，也要有我大唐將士的赫赫戰功。自然，陳子昂也借送別友人，抒發了「感時思報國，拔劍起蒿萊」（〈感遇〉三十五）的慷慨壯志。後來陳子昂又高唱著「孤劍將何託，長謠塞上風」（〈東征答朝臣相送〉），從軍出征。

再如爲大家所熟悉的，李白曾入永王李璘的幕府，杜甫曾從軍劍南節度使嚴武幕府。王維在安史之亂以前也曾有過邊塞生活的體驗。開元二十五年（七三七）三月，他曾以監察御史身分出使涼州勞軍，並留軍中，兼爲河西節度判官，大約兩年。其他如張說、郭元振、盧藏用、王翰、李華、梁肅、蕭穎士、元結等，也都有過投幕生涯。

唐代的幕府是具有軍事性質的府署。唐李直方〈邠州節度使院壁記〉載：

> 自西漢始置幕府，得顓辟士，其聘舉之盛，與公府署吏、王國命官為比，……大抵多巡禦封略，經參戎事，居無恆處，秩靡常品，故命之曰賓。國朝篤方岳之任，慎求其佐，須以職貢，為之定制。……其所司也，調政教之和，策軍算之祕，出入聘覲，應對賓客；其立署也，行有戎次，處有公堂，與方伯周旋、彌縫潤色而已。王畿之腋，劃為巨防，外殿朝那，作捍西疆，中拱皇都，以臨諸夏。

由此可見，幕府通過聘舉任用僚屬，以幫助統帥「巡禦封略，經參戎事」，而「居無恆處，秩靡常品」則表明幕府僚屬不是朝廷直接任命的官吏。至於幕府的職責，即「策軍算之祕」、「與方伯周旋、彌縫潤色」，明顯具有軍事參謀或署將的特點。

文士入幕而獲得升遷擢拔的機會，有時確實比任職於朝廷或內地要容易一些。唐代選擇官吏，除了科舉入仕外，還有以門蔭入仕、流外入流、以軍功敘選等幾種途徑。科舉錄取的名額並不多，每年不過一、兩百人（其中進士就更少，每年大約不超過幾十人）。以門蔭入仕自然也是很少的。這兩種入仕途徑，雖然榮耀，但被錄用者數量不大。

與前兩種入仕途徑不同，流外入流者數量很大。開元十七年（七二九），國子監祭酒楊瑤光上〈諫限約明經進士疏〉說：「自數年以來，省司定限，天下明經進士及第，每年不過百人……臣竊見流外入仕、諸色出身，每歲尚二千餘人，方於明經進士，多十餘倍，則是服勤道業之士，不及胥吏浮虛之徒，以其效官，豈識於先王之禮義？」我們除了從這裡可以得知「流外入仕、諸色出身」者數量較大以外，還可以從中獲悉另一資訊，即流外入流者並不爲人所重，而是被士林正統斥爲不知先王禮義的「胥吏浮虛之徒」，是「不得任清資要官」（《舊唐書・職官志一》）的。

事實上，即使以科舉入仕者，欲求官位顯達，也往往要走入幕從軍之路。《舊唐書・職官志》論科舉入仕說：「進士、明法出身，甲第，從九品上；乙第，從九品下。」馬端臨《文獻通考・選舉》言：「自武德以來，明經唯丁第，進士唯有乙科而已。」可見，剛剛步入仕途的進士，一般只能由從九品下這樣的卑微官職做起，官職的遷轉很是艱難。但如果任職於幕府，就會獲得許多以軍功敘選的機會。

如初唐詩壇號稱「文章四友」之一的蘇味道，弱冠擢進士第，累轉咸陽尉。後來，他跟從裴行儉征突厥，任裴的行軍管記。裴行儉大勝回朝後，受到高宗的親自宴賞，蘇味道自然也因爲功勞和文名爲朝廷所看重，前後居相位數載。又如郭元振舉進士後，授通泉縣尉。後來從涼州都督唐休璟抵禦吐蕃入侵，因功拜主客郎中，在唐睿宗時入爲宰相。再如張說，弱冠應制舉及第，開始做官也不大，是太子校書，爲正九品下。後來他從清邊道行軍大總管王孝傑征討契丹，爲管記。王孝傑兵敗，他馳奏其事，爲武后賞識，後來做到了中書侍郎，同中書門下平章事。

看來充職幕府也確實爲許多士人提供了擢拔升遷的機遇。這樣，把幾種入仕途徑比較一下，入幕從軍也就對士人更有吸引力。加入幕府希圖藩鎮邊帥的賞識，甚或立功受獎曲線歸朝，也就成了唐時許多士人的夢想和自覺的追求。

胡震亨《唐音癸籤》卷二十七說：「唐詞人自禁林外，節鎮幕府爲盛。如高適之依哥舒翰，岑參之依高仙芝，杜甫之依嚴武，比比而是。中葉後尤多。蓋唐制，新及第人，例就辟外幕。而布衣流落才士，更多因緣幕府，攝級進身。」追求功業而羨慕富貴，是唐代士人的普遍心理。他們中有許多人因不滿於在卑官任上虛度時日，乃慷慨從軍，謀求新的仕進出路。前面提到的初唐的蘇味道、郭元振、張說諸人，就是走這條道路而成功的例子。

到了唐玄宗開元時期，隨著唐朝邊防形勢由攻勢轉爲守勢，初唐的行軍幕府逐漸變化爲邊鎮幕府。節度使的設置開始確立起來。節度使幕府多在塞外邊鎮，僚佐名目繁多，大略依次有節度副使、行軍司馬、判官、參謀、掌書記、推官、巡官等各種職掌。藩鎮統帥還往往爲其僚屬奏請朝職，以表示其品節與資歷。《唐語林》卷八云：「開元已前，諸節制並無憲官，自張守珪爲幽州節度，加御史大夫，幕府始帶憲官，由是方面威權益重。遊宦之士至以朝廷爲閒地，謂幕府爲要津。遷騰倏忽，坐致郎省，彈劾之職，遂不復舉。」

幕府節帥做御史大夫，其僚佐也就成了御史。如岑參在安西封常清幕府爲「大理評事、攝監察御史，領伊西、北庭支度副使」。幕府僚佐所帶朝銜，多稱檢校官，如杜甫被嚴武表薦爲工部檢校員外郎，賜緋魚袋。

唐前期幕府多在邊地，多數方鎮忠於朝廷，或拓邊，或禦侵，或鎮守。與此相應，前期從軍投幕的士人，大都爲了從軍報國、立身揚名，所以當時的邊塞之作大都詞氣慷慨、意緒縱橫。他們有健全的體魄和報國的熱情：「側身佐戎幕，斂衽事邊陲。自逐定遠侯，亦著短後衣。近來能走馬，不弱幽并兒。」（岑參〈北庭西郊候封大夫受降回軍獻上〉）他們有以身許國、淨掃邊塵的意志和決心：「黃沙百戰穿金甲，不破樓蘭終不還！」（王昌齡〈從軍行〉）他們壯志滿懷，雄心勃發：「功名萬里外，心事一杯中。虜障燕支北，秦城太白東。離魂莫惆悵，看取寶刀雄。」（高適〈送李侍御赴安西〉）他們在疆場上搏殺，重勝輕死：「男兒事長征，少小幽燕客。賭勝馬蹄下，由來輕七尺。殺人莫敢前，鬚如蝟毛磔。黃雲隴底白雲飛，未得報恩不得歸。」（李頎〈古意〉）即便是鳴箏而坐的樓頭少婦，也在癡想著「金章紫綬千餘騎，夫婿朝回初拜侯」（王昌齡〈青樓曲〉）。

還應說明的是，士人之從軍者多在幕府，但士人赴邊，又不限於入幕。舉凡遊歷、出征、出使、歸鎮、出宰邊地等，也大都出塞，可見赴邊方式非常豐富。有遊歷出塞者，如李頎曾出塞遊歷至幽、薊、雁門；王昌齡曾出西北邊塞，至少到過蕭關、臨洮等地。有出使出塞者，如前舉王維，再如李華。李華寫有〈奉使朔方贈郭都護〉，是他出塞朔方的證明。有從軍出塞者，如崔顥曾從軍於河西、幽州、河東等地。再如，《唐才子傳》說張謂：「二十四受辟，從戎營、朔十載，亭障間稍立功勛。以將軍得罪，留滯薊門。」還有巡邊出塞者，如張說曾任兵部尚書，奉敕出巡北塞，皇帝與群臣賦詩送行，張說集中有〈巡邊在河北作〉、〈幽州夜飲〉等篇可以做爲證明。

唐中後期：價值取向各自異

中唐以後，入幕從軍的風氣更甚，入幕才士更多。根據臺灣學者卓遵宏所作〈中晚唐進士受辟藩鎮統計表〉，從憲宗至哀帝，受辟藩鎮的進士有四百三十二人之多，占此期間進士總數（六百五十三人）的三分之二。戴偉華《唐方鎮文職僚佐考》也考證，中唐後入幕的知名文士，爲數當在七十人以上。這表明，中唐以後的進士就藩尤甚於初盛唐。這種情況與唐朝在不同時期的藩鎮設置相關：開元、天寶時僅於邊地置節度、經略使，凡有十鎮；安史亂後則在內地遍設節度、觀察使，新增置的節鎮達四十多個，所以文士入幕之盛，中晚唐時大過於開、天之時。此外，唐後期方鎮職權也呈現擴大的趨勢，節鎮幕府的待遇也要比任職於朝廷更爲優厚。

開、天時幕府多在荒寒邊地，生活艱苦，士子們感覺在朝廷難以有所作爲，才就藩入幕。中晚唐時，節鎮幕府待遇優厚。這也成爲幕府招攬人才的一個重要因素。據《資治通鑑》卷二二五代宗大曆十二年記載，元載爲相專權，因爲厭惡京官逼己，所以在制定俸祿時，有意「厚外官而薄京官，以至京官不能自給，常從外官乞貸」。再如《新唐書・李泌傳》所載，唐德宗貞元時期，「州刺史月奉至千緡，方鎮所取無藝，而京官祿寡薄，自方鎮入八座，至謂罷權」。這說明唐中葉後，士人具有了明顯的重外輕內的仕宦觀念。石雲濤《唐代幕府制度研究》對其時幕府僚佐的待遇和京官及州縣官的俸祿進行過比較，發現僚佐的待遇要優厚一些。

還有的方鎮爲了籠絡才士，濫發賞賜。《新唐書・嚴武傳》載：「武在蜀頗放肆，用度無藝；或一言之悅，賞至百萬。蜀雖號富饒，而峻掊亟斂，閭里爲空，然虜亦不敢近境。」唐李肇《唐國史補》卷中記載：「韋太尉在西川，凡事設教。軍士將吏，婚嫁則以熟彩衣給其夫氏，以銀泥衣給其女氏，又各給錢一萬；死葬稱是，訓練稱是。內附者富贍之，遠來者將迎之。極其聚斂，坐有餘力，以故軍府浸盛，而黎甿重困。」可見方鎮統帥爲了籠絡軍府人心，以加強自身的軍事、政治實力，往往不惜荼毒百姓，極其聚斂，以厚待僚佐部下。

幕府僚佐如此優厚的待遇，對一些流落無依的士子，無疑具有強大的吸引力。如柳宗元有一從弟柳謀，舉進士不第，爲養家奉親而就嶺南幕府。柳宗元〈送從弟謀歸江陵序〉說，柳謀「爲廣州從事。復佐邕州，連得薦舉至御史，後以智免，歸家江陵。有宅一區，環之以桑，有僮指三百，有田五百畝，樹之穀，藝之麻，養有牲，出有車，無求於人。日率諸弟具滑甘豐柔，視寒燠之宜，其隙則讀書，講古人所謂求其道之至者以相勵也」。這樣富足的生活讓柳宗元非常羨慕，他說：「不謀食而食給，不謀道而道顯。則謀之去進士爲從事於遠，始也吾疑焉，今也吾是焉。……用是愈賢謀之去進士爲從事以足其家，終始孝悌，今雖欲羨之，豈復可得？」對於柳謀棄進士而從幕之舉給予了充分的肯定。

可是，儘管幕府待遇優厚，卻也有許多士人不願意到幕府任職。

安史之亂後，一些方鎮依仗其政治、軍事和經濟上的實力，不把朝廷放在眼裡，飛揚跋扈，儼然與中央分庭抗禮。這樣，一些氣節之士寧可抱守困窮，也不願意喪失立場，同流合污。如著名詩人張籍有〈節婦吟〉詩云：

君知妾有夫，贈妾雙明珠。感君纏綿意，繫在紅羅襦。妾家高樓連苑起，良人執戟明光裡。知君用心如日月，事夫誓擬同生死。還君明珠雙淚垂，恨不相逢未嫁時。

張籍這首詩題下自注云：「寄東平李司空師道。」李師道是什麼人呢？他原本是高麗人，父李正己，兄李師古，相繼爲淄青節度使。師古死，師道於元和元年十月繼任鄆州大都督府長史，充平盧軍及淄青節度副大使知節度事。當時的節度使雖是隸王李審，但他只是名義上的遙領，李師道雖是副大使，卻是實際上的節度使。他們父、兄、弟三人踞有平、盧、淄、青一帶前後四十年，是今天河北南部、山東北部地區的一個大藩鎮。李師道終因造反失敗，於元和十四年（八一九）被魏博節度使田弘正所殺。洪邁《容齋隨筆》云：「張籍在他鎮幕府，鄆帥李師古又以書幣辟之，籍卻而不納，作〈節婦吟〉一章寄之。」據此可知張籍這首詩是以比興手法辭謝李氏的羅致。詩中的「妾」是張籍自喻，「君」是指李氏。張籍詩題稱「李司空師道」，《容齋隨筆》稱「鄆帥李師古」。東平郡即鄆州（今山東東平東北），是節度使治所。李氏父子三人都是跋扈的軍帥，名聲都很壞，所以意欲羅致張籍的人到底是師道還是師古也就不重要了。張籍不受他們的徵聘，又畏懼李氏威權，所以故意這樣措辭，使李氏看了，不至於發怒結怨，這也是當時文人明哲保身之計。

韓愈〈試大理評事王君墓誌銘〉寫了一個叫王適的人。他「懷奇負氣，不肯隨人後舉選」，赴制舉，又「不中第，益困」。但當張狂跋扈的昭義軍節度使盧從史派人鉤致他時，王適則立刻拒絕，說：「狂子不足以共事。」

張籍和王適都是出於氣節和立場而不願意入幕。但也有一些士人，雖然知道方鎮將帥居心叵測，卻在仕途困窮之時「飢不擇食」，也只好到幕府暫就一時了。如當時的河北是藩鎮割據的地方，爲安史遺禍。可詩人李益，大曆四年登進士第，授鄭縣尉，「久之不調，而流輩皆顯位。益不得意，北遊河朔，幽州劉濟辟爲從事。嘗與濟詩，而有『不上望京樓』之句。」（《舊唐書》卷一三七本傳）又如韓愈〈送董邵南序〉云：

燕趙古稱多感慨悲歌之士。董生舉進士，連不得志於有司，懷抱利器，鬱鬱適茲土。吾知其必有合也。董生勉乎哉！夫以子之不遇時，苟慕義強仁者，皆愛惜焉。矧燕趙之士，出乎其性者哉！然吾嘗聞風俗與化移易，吾惡知其今不異於古所云耶？聊以吾子之行卜之也。董生勉乎哉！吾因數有所感矣。為我弔望諸君之墓，而觀於其市，復有昔時屠狗者乎？為我謝曰：「明天子在上，可以出而仕矣！」

董邵南往河北，無非憤己不得志，欲求合於「不奉朝命」之藩鎮。韓愈很希望朝廷爲了實現統一而廣泛招攬人才，但在這一點上朝廷使他大失所望。所以他在許多詩文中，都替自己與他人抒發過懷才不遇的感慨。他有一篇〈嗟哉董生行〉的詩，其中說：「壽州屬縣有安豐，縣人董生召南隱居行義於其中，刺史不能薦，天子不聞名聲，爵祿不及門。」全詩在讚揚董生「隱居行義」的同時，也對「刺史不能薦」表示遺憾。這位董生隱居了一段時間，大約不安於「天子不聞名聲，爵祿不及門」的現狀，終於主動出山了，選擇了去河北投靠藩鎮。對於董生的「鬱鬱不得志」，韓愈自然抱有一定的同情。結尾託他去弔望諸君之墓、勸諭燕趙之士歸順朝廷，則表明韓愈打從心底不願董生這樣「懷抱利器」的人投效藩鎮的。韓愈之意在於提醒董邵南：河北藩鎮胡化割據，故不能去。

唐中葉後，藩鎮節帥往往擁兵自重、抗禮朝廷。由於一些文士本以窮途投藩，再加上藩鎮節帥平時的籠絡，部分僚佐自然視節帥爲恩主，主動爲其出謀畫策，成爲其心腹和羽翼。

南宋尤袤《全唐詩話》卷五「劉魯風」條載：

> 魯風江南投謁所知，頗為典客所阻，因賦一絕曰：「萬卷書生劉魯風，煙波萬里謁文翁。無錢乞與韓知客，名紙毛生不肯通。」自貞元後，唐文甚振，以文學科第為一時之榮。及其弊也，士子豪氣罵吻，遊諸侯門，諸侯望而畏之。如劉魯風、姚嵓傑、柳棠、胡曾之徒，其文皆不足取。余故載之者，以見學時諸侯爭取譽於文士，此蓋外重內輕之牙蘖。如李益者，一時文宗，猶曰：「感恩知有地，

不上望京樓。」其後如李山甫輩，以一名一第之失，至挾方鎮，劫宰輔，則又有甚焉者矣。一篇一韻，初若虛文，而治亂之萌繫焉。余以是知其不可忽也。

尤袤從劉魯風、李益等人不遇於朝廷，奔走於諸侯的舉動中看出了士人「外重內輕之牙櫱」。其甚者，有「以一名一第之失，至挾方鎮，劫宰輔」的。《新唐書・王鐸傳》載：「李山甫者，數舉進士被黜，依魏幕府，內樂禍，且怨中朝大臣，導從訓以詭謀，使伏兵高雞泊劫之，鐸及家屬吏佐三百餘人皆遇害。」李山甫輩，是懷有報復朝廷的心理、在方鎮助紂爲虐的典型。

還有的文士或僚佐見風使舵，觀察時機，以期從中漁利，竊時肆暴。《全唐文》卷四五八有高仲武〈紀蘇渙文〉云：

渙本不平者，善用白弩，巴人號曰白蹠……後自知非，乃變節從學，鄉試擢第，累遷至御史，佐湖南使崔中丞權幕。崔遇害，渙遂逾嶺扇動，與哥舒晃跋扈交廣，此猶蛟龍見血，本質彰矣。

蘇渙本來是一個很有詩才的詩人。杜甫還曾作詩對他寄予厚望：「宴筵曾語蘇季子，後來傑出雲孫比。……無數將軍西第成，早作丞相東山起。……致君堯舜付公等，早據要路思捐軀。」（〈暮秋枉裴道州手札，率爾遣興，寄近呈蘇渙侍御〉）

可是，唐代宗大曆五年（七七〇），蘇渙原來的幕主崔權爲亂軍所殺，蘇渙投嶺南哥舒晃，並爲之策畫反叛，終於事敗被殺。

與此形成鮮明對照的是，部分方鎮僚佐堅決站在朝廷一方，表現出反對割據、維護統一的心態和立場。

唐德宗建中四年（七八三），涇原兵變，李懷光與朱泚勾結作亂。做爲副元帥判官的高郢堅決反對叛亂。《舊唐書・高郢傳》載：「李懷光節制邠寧，奏爲從事，累轉副元帥判官、檢校禮部郎中。懷光背叛，將歸河中，郢言：『西迎大駕，豈非忠乎！』懷光忿而不聽。」

唐憲宗元和二年（八〇七），鎮海軍節度使李錡謀反。時任李錡掌書記的李紳「數諫，不入；欲去，不許」。後來朝廷派使者召李錡，李錡脅迫使者，希望不去朝廷。他召來李紳，讓李紳作疏，李紳故意裝出害怕的樣子，哆哆嗦嗦寫不成字，李錡就把李紳囚於獄中，李錡被殺後，李紳才被釋放。李紳〈憶過潤州〉詩云：「昔年從宦干戈地，黃綬青春一魯儒。弓犯控弦招武旅，劍當抽匣問狂夫。帛書投筆封魚腹，玄髮衝冠捋虎鬚。談笑謝金何所愧，不爲偷買用兵符。」就是對當年情事的回顧。

還有一個叫孔戡的人。盧從史對抗朝廷時，孔戡做爲幕府從事，「以直言不從引去」。後來他還受到盧從史的陷害，多虧有朝士爲之申冤。白居易對孔戡的行爲非常激賞，作詩云：「戡佐山東軍，非義不可干。拂衣向西來，其道直如弦。從事得如此，人人以爲難。」（〈哭孔戡〉）還希望能將他的事蹟書諸國史，以免缺漏，「從史萌逆節，隱心潛負恩。其佐曰孔戡，捨去不爲賓。凡此士與女，其道天下聞。常恐國史上，但記鳳與麟。」（〈贈樊著作〉）

這些士人處於方鎮與朝廷爭奪勢力的特殊歷史時期，能以國家的統一、天下的安定爲重，而不以個人的安危榮辱爲念，勇敢地與分裂動亂者劃清界限，表現出了高度的愛國熱忱和社會責任感，確實應該書諸國史，以資旌表、彰勵。

安史亂後，藩鎮林立，其中不乏各自爲政者。唐中後期的投幕士人，多數人只爲圖謀遷轉或養親持家，所以此一時期的許多投幕者，存在著不得已而爲之的心態。杜甫在幕府值班的時候，曾感嘆「已忍伶俜十年事，強移棲息一枝安」（〈宿府〉）。崔群入宣州幕，韓愈以爲「足下賢者，宜在上位，托於幕府，則不爲得其所」（〈與崔群書〉），劉禹錫也感嘆說：「縶維外府，人咸惜之。」（〈舉崔監察群自代狀〉）杜牧從幕多年，抱怨「十年爲幕府吏，每促束於簿書宴遊間」（〈上刑部崔尚書啓〉）。在幕府中輾轉一生的李商隱死後，崔鈺作〈哭李商隱〉：「虛負凌雲萬丈才，一生襟抱未曾開。」從以上幾人的自我感覺或他人評論中，可見唐中後期投幕者多有不甘於心、隱忍爲之的感覺。

邊塞豪歌

唐時文人從軍入幕、赴邊出塞蔚爲風氣，這樣也擴大了他們的視野，增長了他們的見聞，豐富了他們的閱歷，開拓了他們的心胸，從而使邊塞詩歌得以長足發展。

唐代邊塞詩、從軍詩在不同時期也有不同的內容和情感表現。初盛唐時期，唐王朝在戰略上處於攻勢地位，邊塞從軍詩大都寫得意氣風發、豪邁昂揚。如果說盧照鄰〈戰城南〉「須應駐白日，爲待戰方酣」還只是抒寫無所畏懼的勇敢，那麼，王昌齡的兩首〈從軍行〉則寫得更加雄壯自豪：

大將軍出戰，白日暗榆關。

三面黃金甲，單于破膽還。

大漠風塵日色昏，紅旗半捲出轅門。
前軍夜戰洮河北，已報生擒吐谷渾。

前詩寫唐將的勇武使得單于聞風喪膽；後詩極力刻畫戰士們將上戰場時聽到前軍捷報的情景，透露了他們更加振奮的心情。好像對敵作戰，取勝相當輕鬆。他的〈出塞二首〉其二更是充滿征戰沙場的英雄的亢奮：

驪馬新跨白玉鞍，戰罷沙場月色寒。
城頭鐵鼓聲猶震，匣裡金刀血未乾。

至於親自馳騁於疆場的將軍，做起詩來更是勇武十足。嚴武〈軍城早秋〉云：

昨夜秋風入漢關，朔雲邊月滿西山。
更催飛將追驕虜，莫遣沙場匹馬還。

從中不難看到，做爲鎮守一方的主將，嚴武所具有的才略和武功，和那種誰與爭雄的氣概。

中晚唐時期，隨著唐王朝國防力量的下降和版圖的縮小，詩人們的注意力漸漸內斂，從軍邊塞一類詩作的創作熱情也就逐漸減退。大曆時期，李益等人的邊塞詩歌還是盛唐的餘響。如李益〈塞下曲〉：

伏波惟願裹屍還，定遠何需生入關。
莫遣隻輪歸海窟，仍留一箭定天山。

詩中用東漢伏波將軍馬援、定遠侯班超和本朝名將薛仁貴做爲激勵自己的楷模，眞實地反映了詩人渴望建功立業的豪情。但是他的〈過五原胡兒飲馬泉〉則有所不同：

綠楊著水草如煙，舊是胡兒飲馬泉。
幾處吹笳明月夜，何人倚劍白雲天。
從來凍合關山路，今日分流漢使前。
莫遣行人照容鬢，恐驚憔悴入新年。

寫了李益在春天經過收復了的五原時的複雜心情。詩中雖然有慶幸收復的欣慰之情，但用月夜笳聲顯示悲涼氣氛，又蘊含著一種憂傷的情調，微妙地表現出五原一帶形勢依舊緊張，感慨邊防實則尚未鞏固。最後詩人巧妙地採用不要讓行人臨水鑑鏡的諷勸方式，委婉地表達了自己對朝廷的期

望和忠告。明胡震亨《唐音癸籤》說：「李君虞益生長西涼，負才尚氣，流落戎氈，坎坷世故，所作從軍詩，悲壯宛轉，樂人譜入聲歌，至今誦之，令人淒斷。」從此詩和胡評中，我們都可以看出，李益從軍詩中的感傷情調已經很濃重了。再看李賀的〈雁門太守行〉：

黑雲壓城城欲摧，甲光向日金鱗開。
角聲滿天秋色裡，塞上胭脂凝夜紫。
半捲紅旗臨易水，霜重鼓寒聲不起。
報君黃金臺上意，提攜玉龍為君死。

「黑雲壓城城欲摧」比喻兵臨城下的緊張氣氛和危急形勢，「塞上胭脂凝夜紫」暗示戰場的悲壯氣氛和戰鬥的殘酷。「提攜玉龍爲君死」，義勇固然義勇，卻也顯得悲壯異常，再也找不到初盛唐邊塞詩人那種輕揚自足的心態了。再如晚唐陳陶的〈隴西行〉：

誓掃匈奴不顧身，五千貂錦喪胡塵。
可憐無定河邊骨，猶是深閨夢裡人。

詩中雖然也有「誓掃匈奴不顧身」的慷慨，但留給人們更多的還是春閨夢骨的沉痛。

中晚唐從軍詩中，懷才不遇的慨嘆也多於雄心壯志的表露。李賀〈南園十三首〉其五、六云：

男兒何不帶吳鉤，收取關山五十州。
請君暫上凌煙閣，若個書生萬戶侯。
尋章摘句老雕蟲，曉月當簾掛玉弓。
不見年年遼海上，文章何處哭秋風？

乍看起來，這位「書生」不再想當書生，而是要投筆從戎，謀求軍功封侯了。但這裡面，充滿著詩人對做「書生」沒有出路的激憤之情。懷才不遇的詩人沒有用武之地，只好在衰颯的秋風中哀哭泣，怨憤激越的心境表現得很強烈。仔細分析，這與「初唐四傑」中的楊炯在〈從軍行〉中高唱「寧爲百夫長，勝做一書生」，以表達對從軍邊塞、參加戰鬥的讀書士子的欽羨，是有著明顯區別的。

相對而言，邊塞詩創作的黃金時代在盛唐時期。這個時期的邊塞詩內容豐富、藝術純熟，湧現了不少名家名篇。

盛唐邊塞詩人中有許多人都曾入幕從軍，有較多的邊塞軍旅生活體驗。他們的詩歌因爲有了親身見聞和感受做基礎，比沒有到過邊庭的士子的邊塞揣想之作，就要眞切得多、自然得多。如岑參詩寫鞍馬征行的辛苦：馬行於河西沙石之上，是「十日過沙磧，終朝風不休。馬走碎石中，四蹄皆血流」（〈初過隴山途中呈宇文判官〉）；馬行於酷熱的吐魯番盆地，則是「馬汗踏成泥，朝馳幾萬蹄。雪中行地角，火處宿天倪」（〈宿鐵關西館〉）；馬行於西域的堅冰之上，是「曉笛別鄉淚，秋冰鳴馬蹄」（〈早發焉耆，懷終南別業〉）；在更遠的西部荒寒之地，則是「劍河風急雪片闊，沙口石凍馬蹄脫」（〈輪臺歌奉送封大夫出師西征〉〉。

唐代士人的詩歌還多角度多側面地展現了絕域風光、邊陲風情。他們筆下的山川塞堡、風雲河海多具有壯美的特色。如寫營壘：「朝登百丈峰，遙望燕支道。漢壘青冥間，胡天白如掃。」（高適〈登百丈峰二首〉）寫烽火：「玉門山障幾千重，山南山北總是烽。人依遠戍須看火，馬踏深山不見蹤。」（王昌齡〈從軍行〉）寫風：「輪臺九月風夜吼，一川碎石大如斗，隨風滿地石亂走。」（岑參〈走馬川行奉送出師西征〉）寫雲：「瀚海闌干百丈冰，愁雲慘澹萬里凝。」（岑參〈白雪歌送武判官歸京〉）寫雨：「雨拂氈牆溼，風搖毳幕膻。」（岑參〈首秋輪臺〉）寫雪：「忽如一夜春風來，千樹萬樹梨花開。」（岑參〈白雪歌送武判官歸京〉）寫火山：「火山今始見，突兀蒲昌東。赤焰燒虜雲，炎氛蒸塞空。不知陰陽炭，何獨燃此中。」（岑參〈經火山〉）寫熱海：「側聞陰山胡兒語，西頭熱海水如煮。海上眾鳥不敢飛，中有鯉魚長且肥。岸旁青草常不歇，空中白雪遙旋滅。蒸沙爍石燃虜雲，沸浪炎波煎漢月。」（岑參〈熱海行送崔侍御還京〉）寫寒冷：「九月天山風似刀，城南獵馬縮寒毛。」（岑參〈趙將軍歌〉）「馬毛帶雪汗氣蒸，五花連錢旋作冰，幕中草檄硯水凝。」（岑參〈走馬川行奉送出師西征〉）寫炎熱：「火雲滿天凝未開，飛鳥千里不敢來。」（岑參〈火山雲歌送別〉）大則眺望山河：「立馬眺洪河，驚風吹白蒿。雲屯寒色苦，雪合群山高。遠戍際天末，邊烽連賊壕。」（高適〈自武威赴臨洮謁大夫不及因書即寄河西隴右幕下諸公〉）小則觀察花草：「其間有花人不識，綠莖碧葉好顏色。葉六瓣，花九房。夜掩朝開多異香，何不生彼中國兮生西方。」（岑參〈優缽羅花歌〉）無不是奇情異景、生動傳神、曲盡情致、維妙維肖。

更難得的是，他們還記錄了迥異於內地的邊疆風情和文化習俗。將軍幕府中奢華的生活陳設是：「暖屋繡簾紅地爐，織成壁衣花氍毹。燈前侍婢瀉玉壺，金鐺亂點野駝酥。」（岑參〈玉門關蓋將軍歌〉）

這裡歌舞宴會的情景是：「琵琶長笛齊相和，羌兒胡雛齊唱歌。渾炙犁牛烹野駝，交河美酒金叵羅。」（岑參〈酒泉太守席上醉後作〉）、「曼臉嬌娥纖復濃，輕羅金縷花蔥蘢。回裾轉袖若飛雪，左延右延生旋風。」（岑參〈田使君美人舞如蓮花北延歌〉）由中原來到塞外，邊地的新鮮事物總是吸引著詩人的眼睛。唐代邊地軍隊中，常有慣於征戰的少數民族將士，西域駐軍中蕃漢雜處的情形更爲普遍。邊塞詩人也描述了各族人之間互相來往、歡聚宴飲、騎射角逐的情景：「軍中置酒夜撾鼓，錦筵紅燭月未午。花門將軍善胡歌，葉河蕃王能漢語」（岑參〈與獨孤漸道別長句兼呈嚴八侍御〉）、「將軍縱博場場勝，賭得單于貂鼠袍」（岑參〈趙將軍歌〉）。

懷土思親之情，是盛唐邊塞詩的重要內容之一。拋妻別子，萬里戍邊，人非草木，孰能無情？戍邊將士的思親念遠之情自然地反映在邊塞詩中：「烽火城西百尺樓，黃昏獨坐海風秋。更吹羌笛關山月，無那金閨萬里愁。」（王昌齡〈從軍行〉）、「鐵衣遠戍辛勤久，玉箸應啼別離後。少婦城南欲斷腸，征人薊北空回首。」（高適〈燕歌行〉）而岑參的〈逢入京使〉：「故園東望路漫漫，雙袖龍鍾淚不乾。馬上相逢無紙筆，憑君傳語報平安。」則表達了遠赴邊塞之人對家鄉和親友的思念，情眞意切而又慷慨豪邁，絕不是尋常溫柔纏綣的兒女之情。

從軍出塞的士人，也觀察到了將軍和士兵苦樂懸殊的生活和賞罰不當的實際情況。高適〈燕歌行〉寫一邊是「戰士軍前半死生」、「相看白刃血紛紛」，一邊是將軍「身當恩遇常輕敵」、「美人帳下猶歌舞」，戰士的殺敵報國和將軍的輕敵縱欲形成了鮮明的對比。常建〈塞下〉云：「鐵馬胡裘出漢營，分麾百道救龍城。左賢未遁旌竿折，過在將軍不在兵。」指出正是將軍的指揮失當，才造成了戰事的失敗，而與士卒無干。但是，「死是征人死，功是將軍功！」（劉灣〈出塞曲〉）那些義勇健兒往往是上層統治集團刻薄寡恩政策的犧牲品：「龍鬥雌雄勢已分，山崩鬼哭恨將軍。黃河直北千餘里，冤氣蒼茫成黑雲。」（常建〈塞下曲四首〉其三）「功勛多被黜，兵馬亦尋分。更遣黃龍戍，唯當哭塞雲。」（王昌齡〈塞下曲〉其四）、「五道分兵去，孤軍百戰場。功多翻下獄，士卒但心傷。」（王昌齡《塞下曲》）詩中所反映的情況正是當時軍政腐敗、廣大士卒欲哭無淚欲訴無由的現實情形的生動寫照。

「昔日長城戰，咸言意氣高。黃塵足今古，白骨亂蓬蒿。」（王昌齡〈塞下曲〉其二）戰爭畢竟是殘酷的，無論是異族殘暴的殺伐侵略，還是唐王朝窮兵黷武的開邊戰爭，都使雙方百姓飽受荼毒。唐代邊塞詩人對於當時頻繁的戰爭，進行了冷靜而深沉的思考。戰爭讓中原百姓妻離子散：「翩翩雲中使，來問太原卒。百戰苦不歸，刀頭怨明月。塞雲隨陣落，寒日傍城沒。城下有寡妻，哀哀哭枯骨。」（常建〈塞上曲〉）戰爭也讓交戰的另一方深遭其難，「戎夷非草木，侵逐使狼狽。雖有屠城功，亦有降虜輩」（王昌齡〈宿灞上寄侍御弟〉）。李頎〈古從軍行〉既寫了漢族士兵「聞道玉門猶被遮，應將性命逐輕車」的奔勞之苦，也寫了「胡雁哀鳴夜夜飛，胡兒眼淚雙雙落」的胡人之悲，對胡漢雙方士兵怨恨戰爭的心情進行了真切的描繪。所以，當統治者好大喜功、開邊無厭時，詩人們就站出來堅決反對：「近傳天子尊武臣，強兵直欲靜胡塵。安邊自合有長策，何必流離中國人！」（張謂〈代北州老翁答〉）「君已富土境，開邊一何多！」（杜甫〈前出塞九首〉其一）他們在詩中表達了對和平美好生活的嚮往和期盼：「玉帛朝回望帝鄉，烏孫歸去不稱王。天涯靜處無征戰，兵氣銷爲日月光。」（常建〈塞下曲四首〉其一）、「轉戰渡黃河，休兵樂事多。蕭條清萬里，瀚海寂無波。」（李白〈塞上曲〉）、「安得壯士挽天河，淨洗甲兵長不用。」（杜甫〈洗兵馬〉）他們願意讓民族之間友好團結的精誠，消盡戰爭的陰霾。

坐觀垂釣者，徒有羨魚情

坐觀垂釣者，徒有羨魚情——唐代士人的求仕與隱逸

坐觀垂釣者，徒有羨魚情

坐觀垂釣者，徒有羡魚情

八月湖水平，涵虛混太清。氣蒸雲夢澤，波撼岳陽城。
欲濟無舟楫，端居恥聖明。坐觀垂釣者，徒有羨魚情。
——孟浩然〈望洞庭湖贈張丞相〉

孟浩然的這首詩，以「欲濟無舟楫」，喻指自己嚮往入仕從政而無人接引賞識。「端居恥聖明」，道出躬逢盛世卻隱居無為、實在感到羞恥愧赧的心情。面對人才濟濟、奮勇有為的時代，他再也不甘心臨淵羨魚了，決計要出來施展才華，做一番事業。

求仕：聖代無隱者

武后時興起的重視文詞的進士科，至玄宗開元年間逐步演變爲「以詩賦取士」，這就爲各地有才華的寒俊文士打開了入仕的希望之門。加之先後爲相的張說和張九齡喜歡延才納士，四方文士無不奮發進取、躍躍欲試。王維〈送綦毋潛落第還鄉〉說：「聖代無隱者，英靈盡來歸。遂令東山客，不得顧采薇。」反映的正是當時盛世氛圍中文人積極入世的精神面貌。

唐人並不認爲干謁顯貴以求揚名的作法是可恥的。展示才學給人看是自薦，自然算不得是丟臉的事。放在囊中的錐子，誰能看得見呢？更何況身居要津的朝廷大員本來就有爲國薦賢的職責。這樣，呈獻所長之作，借助名貴顯要以爲「媒妁」而求得被賞識，在唐代社會蔚成風氣。即使許多著名人物，也不能免俗。

李白曾經在〈上安州裴長史書〉中這樣寫道：「願君侯惠以大遇，洞開心顏，……何王公大人之門，不可以彈長劍乎？」李白也曾拜見荊州大都督府長史韓朝宗，也曾把自己的詩拿給賀知章看，目的無非是希望得到他們的提攜而揚名。

杜甫爲了入仕，也曾經「朝扣富兒門，暮隨肥馬塵」，屢屢給權要獻詩。甚至稍有文才的楊國忠、鮮于仲通乃至武將哥舒翰，杜甫都向他們恭敬地遞上自己的作品，目的無非是想讓他們「每於百僚上，猥誦佳句新」（〈奉贈韋左丞丈二十二韻〉），替自己廣爲延譽，好爲將來入仕做準備。韓愈曾三次舉進士都沒有被錄取，不得已只好「投文公卿間，故相鄭餘慶爲之延譽，由此知名于時」，終於在第四次應舉時及第。

白居易在貞元十六年（八〇〇）赴舉時，有〈與陳給事書〉，其中寫道：「今禮部高侍郎爲主司，則至公矣。而居易之文章，可進也，可退也，竊不自知之。欲以進退之疑取決於給事。」白居易對能否被錄取也沒有十分的把握，只好把文章呈給與考官熟悉的陳給事，託他揣摩一下自己的文章，看看是否合乎考官的口味。

可見，縱使是才華卓犖者，要想在考試中獲得重視，也須經人推薦。所以，李商隱盼望「更誰開捷徑，速擬上青雲」（〈商於新開路〉）；徐夤慨嘆「濟川無楫擬何爲，三傑還從漢祖推」（〈溫陵殘臘書懷寄崔尚書〉）。

然而，請託干謁有其不可避免的弊端，那就是人情因素和不同的人對同一作品往往有不同的評判標準。

有時，人情因素是很起作用的。中唐詩人章孝標，連考了五年進士，都落榜了。元和十三年（八一八），他再次名落孫山時，打聽到下一年主持進士考試的官員，將是工部侍郎庾承宣。所以，在當時許多下第的學生紛紛作詩埋怨主考官、發洩不滿的時候，只有章孝標作了一首〈歸燕詩〉來討好庾承宣。詩云：「舊壘危巢泥已落，今年故向社前歸。連雲大廈無棲處，更傍誰家門戶飛？」意思是我就像一隻想要回家的燕子，可是原來的巢窠已經破舊不堪了，高樓大廈片片連雲，誰家才是我可以棲息的地方呢？換句話說，就是我能找誰做爲自己的靠山呢？他的獻詩，十分奏效。「承宣得時，輾轉吟諷，誠恨遺才，仍候秋期，必當薦引。庚果重典禮曹，孝標來年擢第。」（《太平廣記》卷一八一〈貢舉四〉）元和十四年（八一九），章孝標進士及第，除祕書省正字，興奮地作詩說：「六年衣破帝城塵，一日天池水脫鱗！」他前一年落第時所作的那首〈歸燕詩〉也就因此非常有名，以至章氏祠堂中，常有「詩成歸燕，佩賜銀魚」的通用聯。

有討好考官得以高中的，也有得罪考官而屢試不第的。賈島屢試不第，心下不服，寫〈病蟬〉一詩云：

病蟬飛不得，向我掌中行。折翼猶能薄，酸吟尚極清。
露華凝在腹，塵點誤侵睛。黃雀並鳶鳥，俱懷害爾情。

這首詩以病蟬自喻，把那些公卿貴人比作加害於己的黃雀、鳶鳥，因而觸怒了權貴。五代何光遠《鑒誡錄》謂：「賈又吟〈病蟬〉之句以刺公卿，公卿惡之，與禮闈議之，奏島與平曾瘋狂，撓擾貢院，是時逐出關外，號爲舉場十惡。」《鑒誡錄》是把賈島當成了反面教材來敘述的，還說：「島初赴名場日，常輕於先輩，以八百舉子所業，悉不如己。自是往往獨語，旁若無人。」其實我們可以從這裡面窺探出一些資訊：賈島之所以屢試不第，主要是因爲他自矜才華，不肯投贈干謁。飽嘗了下第滋味的賈島，只好痛苦地吟詠：

下第只空囊，如何住帝鄉！杏園啼百舌，誰醉在花旁？
淚落故山遠，病來春草長。知音逢豈易，孤棹負三湘。（〈下第〉）

賈島性格比較孤僻，不肯屈己下人。與此相反，有些人則專以干謁爲務，甚至有些恬不知恥。《開元天寶遺事》載：「進士楊光遠，性多矯飾，不識忌諱，遊謁王公之門，干索權豪之族，未嘗自足。稍有不從，便多誹謗，常遭有勢撻辱，略無改悔。時人多鄙之，皆曰：『楊光遠慚顏厚如十重鐵甲也。』」挨了打罵都不肯停止遊謁，給人的感覺確實是斯文掃地、厚顏無恥，將來也未必有什麼大的作爲。所以就有人作詩嘲罵他：「逐臭蒼蠅豈有爲，清蟬吟露最高奇。多藏苟得何名富，飽食嗟來未勝飢。」（徐夤〈逐臭蒼蠅〉）

光靠遊謁以求引薦而不顧惜人格的人，的確該罵。若欲出人頭地，還須仰仗自己的眞本事。有眞本事的人，若再經人引導提攜，自然可以水到渠成、如願以償。據《唐才子傳》載，王維很年輕的時候，在詩歌、繪畫和音樂方面就很有造詣了，爲此深得岐王李範的喜愛。岐王想在科舉上助王維一臂之力，就囑咐王維帶上琵琶，準備好曲子和詩歌，扮作伶人模樣，去參加玉眞公主的宴會。在宴會上，岐王讓王維獨奏新曲〈鬱輪袍〉，聲調悠然。公主聽了，非常高興。岐王乘機告訴公主，此人不但音樂出眾，詩文更是天下聞名。公主更感到驚異，問王維是否帶著寫好的詩，王維就把自己的詩卷奉上，公主看了以後十分驚喜：原來一直以爲其中的一些詩是古人所作，想不到寫詩的人就在眼前！於是把王維請到上座。不久，玉眞公主就向主考官推薦王維。二十歲的王維在那年的科舉考試中得了第一名。

還有的因無人引薦，乾脆自我推銷。陳子昂就曾以百萬高價買下胡琴，慨然摔之於眾人面前，以此吸引公眾注意，並藉機展示自己的作品和才華，從而達到了揚名市朝的目的。陳子昂可謂大智大勇之人。

但是，有如此智慧和膽略的人畢竟不多。大多數舉子或位卑者，還得走干謁投獻之路。這時，如果遇上知音，當然是投贈者的幸運了。中唐詩人項斯，聽說國子祭酒楊敬之「性愛士類」，就帶著自己的詩作前去拜謁。楊敬之看了他的作品，很是欣賞，作〈贈項斯〉詩：「幾度見君詩總好，及觀標格過於詩。平生不解藏人善，到處逢人說項斯。」後世就稱替人揚譽或說情叫做「說項」，一個富有詩意的典故就這樣產生了。

可是，不見得每個人都能和楊敬之那樣「平生不解藏人善」。且不說故意藏人之善的人，就是遇到不願意藏人之善的人，張三看了是「善」，李四看了則不一定是「善」。對同一個人甚至同一作品，每個評價者都有自己的標準和看法。

牛僧孺到京城參加進士考試時，拿了自己的詩文去謁見劉禹錫。劉禹錫是唐德宗貞元九年（七九三）進士，此時官為監察御史，詩文名氣已經很大了。當牛僧孺小心翼翼地把自己以為得意的作品呈獻給劉禹錫後，劉禹錫很是不以為然，當著客人的面，拿起筆來，把牛僧孺的詩作塗改圈點。牛僧孺大失所望，滿懷熱情頓時化作寒冰，只好默默離開。

受到冷落的牛僧孺，決定再帶著作品到當時「亦一代之龍門」的韓愈那裡去碰碰運氣。據《唐摭言》載，他去拜訪韓愈，正遇到韓愈和另一文章大家皇甫湜在一起，他就從容地把文章拿給兩個人看。兩人看了，大為稱賞，鼓勵他說：「吾子之文，不止一第，當垂名耳。」意思是你的文章，本該名振當時，通過考試不過是小菜一碟。韓愈和皇甫湜決定幫一下牛僧孺，就讓牛僧孺租了間房子住下來，然後故意找了一個牛僧孺出門不在家的時候去拜訪他，並在大門上寫下「韓愈、皇甫湜同訪幾官先輩，不遇」幾個大字後離開。第二天，牛僧孺門前「觀者如堵」，爭相拜謁牛僧孺，牛僧孺從此名聲大振。（《唐摭言》卷六〈公薦〉）

後來牛僧孺又受到宰相韋執誼的青睞，在永貞元年（八〇五）進士及第。此後牛僧孺官愈做愈大，進入官場十幾年就位至宰相，而劉禹錫則仕途坎坷，屢遭外放。

大和八年（八三四），劉禹錫赴任汝州刺史，遇到了牛僧孺。牛僧孺這時已經是淮南節度使，官職遠在劉禹錫之上了。牛僧孺爲劉禹錫擺酒接風，席間贈詩云：「莫嫌恃酒輕言語，會把文章謁後塵。」劉禹錫看了牛僧孺的詩以後，才猛然追憶起三十多年前自己慢待牛僧孺的事情，作詩道歉說：「追思往事咨嗟久，幸喜清光語笑頻。」兩個人終於言歸於好。

比起牛僧孺，張祜就沒那麼幸運了。張祜才華橫溢，他做的〈何滿子〉深得舊相令狐楚的賞識，就把他推薦給唐穆宗，穆宗找元稹商量，元稹卻貶抑了張祜。後來張祜聽說盛享詩名的白居易出任杭州刺史，便帶著自己的詩卷來拜謁他。他滿以爲白居易一定會賞識自己的詩才。誰知，白居易看了，卻很不高興。原來他的詩中有幾首對元稹有些微詞，而元稹和白居易是知己。於是，白居易覺得張祜太妄自尊大。在這一年鄉試結束時，儘管張祜自我感覺很好，但白居易卻沒有看上他的詩，而是擢拔了徐凝，把徐凝點爲解元。張祜的希望落空了，他離開杭州，浪跡江湖，落拓終身，至死也無職無銜。後來，杜牧爲張祜打抱不平，作詩道：「誰人得似張公子，千首詩輕萬戶侯！」（〈登九峰樓寄張祜〉）

牛僧孺同樣的文章，劉禹錫沒看上，而韓愈卻大加褒獎；張祜的詩作，令狐楚、杜牧大力揄揚，而元稹、白居易卻極力貶抑。可見評價者的口味，會直接影響評價的結果。

為官：高第能卑宦

南唐尉遲偓《中朝故事》說：「京國士子進士成名後，便列清途，屈指以期大用。」鳳毛麟角的及第者，當然是興高采烈，癡想著「厚祿兒孫飽，前驅道路榮」（白居易〈和元少尹新授官〉），翩翩歸鄉去了。但是，「白衣」轉變爲「公卿」或「一品」的，在士人群中畢竟寥若辰星，更多的則是鬱鬱而歸的落第者。

試而不第者多，第而不敘者也有。進士經禮部試後，還需要通過吏部銓選方可授官。《蔡寬夫詩話》說：「唐舉子既放榜，止云及第，皆守選而後釋褐，選未滿而再試判，爲拔萃於吏部，或就制舉而中，方謂之登科。」（《苕溪漁隱叢話》卷二十一引）這就是說，通過科舉考試只是有了出身，即具備了做官的資格，下一步還要經過吏部選試合格，才能被授予官職。吏部選試要看身（體貌豐偉）、言（口齒清楚）、書（書法工整）、判（文理通達）四個方面。民間傳說有個叫鍾馗的人，據說他赴長安應試，科舉及第，但由於相貌奇醜，被黜落選，於是自撞殿柱而死，後來被封爲「驅魔大神」。如果排除其中的神話成分，吏部選試須看體貌這一點，還是可信的。

選試也分爲博學宏詞、拔萃等名目。例如柳宗元中進士後，以「博學宏詞」授官「集賢殿正字」；白居易中進士後，以「拔萃」得任「祕書省校書郎」。選試後，六品以下官員由吏部選用，五品以上官員則經宰相商議及皇帝批准後任命。

選試未能通過的進士，可求人保舉，再不成，就到藩鎮節度使處去做幕僚。例如，韓愈在考中進士後，三次參加吏部選試，都未能通過，就去請求宰相賈躭等人保舉，又不成，只好離開長安，到宣武軍節度使董晉的麾下去做幕僚。後來由董晉薦舉，才被授予祕書省校書郎。〈進學解〉中，韓愈說自己「公不見信於人，私不見助於友」，〈送董邵南序〉中，韓愈對董邵南屢試不第、轉遊河北的同情，恐怕都與他本人的入仕經歷有關。

銓選通過的新及第者，一般也要從低微的官職開始做起。《冷廬雜識》「唐縣尉」條載：「唐舉進士第者，往往授縣尉。」如高適任過封丘尉，柳宗元任過藍田尉，白居易任過盩厔尉，元稹任過河南尉等。縣尉是一個怎樣的官職呢？《唐六典》卷三十〈三府督護州縣官吏〉載：「縣尉親理庶務，分判眾曹，割斷追催，收率課調。」也就是說，縣尉的主要工作任務是分派差役、催討賦稅。老百姓繳納不上賦稅的，就要用刑具鞭打。

這樣卑微苛暴的官職，士人大多不願意去做。鞭撻黎庶，對於懷有儒家學養的士人來說，更無異於良心上的折磨。高適做封丘縣尉，感到「拜迎官長心欲碎，鞭撻黎庶令人悲」（〈封丘縣〉），後來從軍幕府，杜甫為此賀喜他說：「脫身簿尉中，始與捶楚辭。」（〈送高三十五書記〉）杜牧〈寄小侄阿宜〉詩云：「參軍與簿尉，塵土驚羌勷。一語不中治，鞭捶身滿瘡。」韓愈也說：「判司卑官不堪說，未免捶楚塵埃間。」（〈八月十五夜贈張功曹〉）白居易做盩厔縣尉時，作〈論和糴狀〉說：「臣近為畿尉，曾領和糴之司，親自鞭撻，所不忍睹。臣頃者常欲疏此人病，聞於天聰，疏遠賤微，無由上達。」白居易詩「一為趨走吏，塵土不開顏」（〈盩厔縣北樓望山〉），表現的就是這種心情。杜甫不願意做河西尉，

被改任右衛率府胄曹參軍後，高興得不得了，作詩說：「不做河西尉，淒涼爲折腰。老夫怕趨走，率府且逍遙。」（〈官定後戲贈〉）

杜甫的高興是有道理的。像縣尉這樣的微賤之職，隨時都可能罹尤獲罪。北宋陳正敏《遁齋閒覽》說：「唐之參軍簿尉，有過即受笞杖之刑，今之吏胥也。」所以薛逢〈送沈單作尉江都〉說：「少年作尉須矜慎，莫向樓前墜馬鞭。」孟郊五十歲進士及第，被派去做溧陽尉。心情很不好，經常到縣裡的僻靜處去投金瀨，在水邊徘徊賦詩，也因此耽誤了一些公務。縣令就向上級報告，請上級派假尉代理，分掉孟郊一半官俸。

爲官做尉，品級雖低，可總算避免了「老死林藪，不識闕庭」（〈謝封丘縣尉表〉）的隱憂，所以有的人也故作達觀。錢起自我安慰說：「官小志已足，時清免負薪。卑棲且得地，榮耀不關身。」（〈縣中池竹言懷〉）《唐才子傳》卷九「許棠」條載：「棠……調涇縣尉，之官，鄭谷送詩曰：『白頭新做尉，縣在故山中。高第能卑宦，前賢尚此風。』」這是寬慰去做縣尉的朋友。杜荀鶴也勸打算歸隱的縣尉朋友：「登科做尉官雖小，避世安親祿已榮。」（〈送福昌周繇少府歸寧兼謀隱〉）

更多有才學抱負的士人，則發出了「職與才相背」（白居易〈歲暮言懷〉）的不平之鳴。高適憤言：「我本漁樵孟諸野，一生自是悠悠者。乍可狂歌草澤中，寧堪做吏風塵下。」（〈封丘縣〉）他痛感「心在青雲世莫知」（〈同顏六少府旅宦秋中之作〉），毅然從軍出塞，終於因功封爲渤海縣侯，成爲「詩人之達者」。有的人衝出去了，也有的人終生沉淪下僚，「虛負凌雲萬丈才，一生襟抱未曾開」（崔玨〈哭李商隱〉）。李商隱因「活獄」得罪上司，嘆息自己任弘農縣尉官卑職微，「卻羨卞和刖雙足，一生無復沒階趨」（〈任弘農尉獻州刺史乞假歸京〉）。他說即使像卞和一樣被刖去雙足，也比爲趨奉上司而忍氣吞聲痛快。可是有時詩人爲生計所迫，只能依舊「沒階趨」。李商隱的心情是沉痛而壓抑的。他的〈風雨〉詩自傷淪落飄泊、無所建樹：

淒涼〈寶劍篇〉，羈泊欲窮年。黃葉仍風雨，青樓自管弦。
新知遭薄俗，舊好隔良緣。心斷新豐酒，銷愁斗幾千。

詩裡用了兩個本朝故事。一個是〈寶劍篇〉。初唐將領郭震向武則天呈〈寶劍篇〉說：「何言中路遭棄捐，零落飄淪古岳邊。雖復沉埋無所用，猶能夜夜氣沖天。」武則天大爲讚賞。一個是新豐酒。唐初馬周失意時，「西遊長安，宿於新豐逆旅，主人唯供諸商販，而不顧待周。遂命酒一斗八升，悠然獨酌」（《舊唐書．馬周傳》）。後來馬周得人薦舉，終成太宗的親信大臣。唐太宗曾經說：「我於馬周，暫不見則便思之。」馬周的際遇引來許多懷才不遇士人的欽羨。李賀就曾在〈致酒行〉中說：「吾聞馬周昔做新豐客，天荒地老無人識。空將箋上兩行書，直犯龍顏請恩澤。」這樣看來，李賀還幻想著有朝一日，自己能像馬周、郭震一樣得到皇帝的賞識提拔，身居高位，一展才華。

隱逸：早覓為龍去

寄希望於風雲際會的想法，畢竟與現實的差距很大。李群玉〈放魚〉云：「早覓爲龍去，江湖莫漫遊。須知香餌下，觸口是銛鉤。」「爲龍去」指歸隱，「江湖」指官場。詩人借魚寄意，指出功名利祿是誘餌，誘餌背後是殺機，唯有早日歸隱，才能獲得徹底的自由。

於是，有些士人選擇了隱逸。他們發願要效法上古的許由、巢父，東晉的陶淵明，或高蹈遺世——遠離塵網；或嘯傲山林、吟賞煙霞。例如，《唐才子傳》載，唐末詩人任蕃，家住江東，曾步行數千里赴長安應試，結果卻名落孫山。他落榜後對主考官說：「僕本寒鄉之人，不遠萬里，手遮赤日，步來長安，取一第榮父母不得。侍郎豈不聞江東一任蕃，家貧吟苦，忍令其去如來日也？敢從此辭，彈琴自娛，學道自樂耳。」任蕃後來當了隱士，在臺州隱居達十年之久，所謂「豈堪滄海畔，爲客十年來」（〈臺州早春〉）。

大自然的無私和生機，喚醒了隱逸士人曾經爲功名利祿所蒙蔽的心靈。李白陶醉於綠水青山之間：「問余何意棲碧山，笑而不答心自閑。桃花流水杳然去，別有天地非人間。」（〈山中問答〉）杜甫再遊修覺寺，體會到「江山如有待，花柳更無私」的暢生境界，使得「客愁全爲減」（〈後遊〉）。孟郊遊終南山，爲其壯美的景色所打動，感慨道：「到此悔讀書，朝朝近浮名。」經歷了太多的人事紛爭，飽受羈絆和壓抑的士人，還把目光投向自由自在、無拘無束的白雲。宋之問〈綠竹引〉云：「妙年秉願逃俗紛，歸臥嵩丘弄白雲。含情傲睨慰心目，何可一日無此君。」王維〈送別〉云：「君言不得意，歸臥南山陲。但去莫復問，白雲無盡時。」一前一後住在輞川別墅的這兩位詩人，在心靈上也有如許相通之處。

田園生活的淳樸和諧，鄉里村間的寧靜安詳，與宦海浮沉、官場傾軋形成了鮮明對比，這也深深地吸引著士人的心靈。王維〈渭川田家〉云：「斜陽照墟落，窮巷牛羊歸。野老念牧童，倚杖候荊扉。雉雊麥苗秀，蠶眠桑葉稀。田夫荷鋤至，相見語依依。即此羨閒逸，悵然吟式微。」〈式微〉是《詩經・邶風》中的一篇，詩中反覆詠嘆：「式微，式微，胡不歸！」王維看到和諧而親切的村落田園，不禁爲自己羈留官場、不能早日歸隱而悵然若失。杜甫〈爲農〉云：「錦里煙塵外，江村八九家。圓荷浮小葉，細麥落輕花。」〈寒食〉云：「田父要皆去，鄰家鬧不違。地偏相識盡，雞犬亦忘歸。」住在成都西郊江村的杜甫，沉浸在一派靜謐安詳的氛圍裡，聯想起以前在朝廷上「牽裾恨不死」（〈建都十二韻〉）的驚險場面，不知會有幾多感慨！

在出處仕隱之間，許多士人內心都充滿著矛盾和鬥爭。李頎在〈不調歸東川別業〉詩中表示：「寸祿言可取，託身將見遺。慚無匹夫志，悔與名山辭。紱冕謝知己，林園多後時。……且復樂生事，前賢爲我師。」李頎對耽於微祿而違背心性的官宦生活感到了疑惑，頗爲不能退守田園而遺憾。羅隱〈曲江春感〉說：「聖代也知無棄物，侯門未必用非才。一船明月一竿竹，家住五湖歸去來。」一方面對朝廷用才存在希望，一方面又表示以歸隱爲最後歸宿。杜甫〈自京赴奉先縣詠懷五百字〉說：「非無江海志，瀟灑送日月；生逢堯舜君，不忍便永訣。當今廊廟具，構廈豈云缺？葵藿傾太陽，物性固莫奪。……終愧巢與由，未能易其節。」杜甫在行藏取捨之間猶豫再三，一番沉鬱頓挫之後，仍然是「未能易其節」，選擇了繼續入仕的道路。這是因爲，士人的社會擔當品格和守道傳統，讓他們難以眞正忘懷天下。韓愈〈復上宰相書〉坦言心跡說：

> 古之士，三月不仕則相弔，故出疆必載質。然所以重於自進者，以其於周不可，則去之魯；於魯不可，則去之齊；於齊不可，則去之宋、之鄭、之秦、之楚也。今天下一君，四海一國，舍乎此則夷狄矣，去父母之邦矣。故士之行道者，不得於朝，則山林而已矣。山林者，士之所獨善自養而不

憂天下者之所能安也。如有憂天下之心，則不能矣，故愈每自進而不知愧焉。

韓愈明確表示，自己不願意做「獨善自養」的隱者，而要做「有憂天下之心」的志士仁人。

平衡：功成身退與用行舍藏

如何在發揮社會價值和實現個人的精神自由之間找到平衡點呢？一些唐代士人選擇了這樣一種方式：以道家的超越情懷，建立濟世的功名事業，然後功成身退。《老子》曰：「功成，名遂，身退，天之道。」唐代士人找到了幾個實踐這種道家型人生理想的典範。

一個典範是范蠡。《史記．貨殖列傳》載：「范蠡既雪會稽之恥，……乃乘扁舟，浮於江湖，變名易姓。」《正義》注引《國語》云：「勾踐滅吳，返至五湖，范蠡辭於王曰：『君王勉之，臣不復入國矣。』遂乘輕舟，以浮於五湖，莫知其所終極。」范蠡知道勾踐的爲人，可與共苦，難與同樂。於是鳥盡弓藏，急流勇退。范蠡的政治智慧引來了許多士人的嚮往。溫庭筠〈利州南渡〉云：「誰解乘舟尋范蠡，五湖煙水獨忘機。」許渾〈早發壽安次永壽渡〉云：「會待功名就，扁舟寄此身。」李商隱〈安定城樓〉云：「永憶江湖歸白髮，欲回天地入扁舟。」表示自己的志向是做一番扭轉乾坤的大事業，然後像范蠡那樣，功成辭官，乘扁舟、泛五湖，實現歸隱之志。李白也宣稱「人生在世不稱意，明朝散髮弄扁舟」（〈宣州謝朓樓餞別校書叔雲〉）。

還有西晉的張翰。張翰字季鷹，吳郡人。其時八王混戰，天下大亂，張翰預感到宦途險惡，「因見秋風起，乃思吳中菰菜、蓴羹、鱸魚膾，曰：『人生貴得適志，何能羈宦數千里，以要名爵乎！』遂命駕而歸。」（《晉書・文苑傳》）《世說新語・任誕篇》載張翰語曰：「使我有身後名，不如即時一杯酒。」杜甫〈嚴中丞枉駕見過〉有「扁舟不獨如張翰，皀帽還應似管寧」之句，張志和〈漁父〉有「菰飯蓴羹亦共餐。楓葉落，荻花乾，醉宿漁舟不覺寒」之句，都表示要和張翰一樣見機知隱。李白〈行路難〉其三云：

> 有耳莫洗潁川水，有口莫食首陽蕨。含光混世貴無名，何用孤高比雲月。吾觀自古賢達人，功成不退皆殞身。子胥既棄吳江上，屈原終投湘水濱。陸機雄才豈自保，李斯稅駕苦不早。華亭鶴唳詎可聞，上蔡蒼鷹何足道。君不見吳中張翰稱達生，秋風忽憶江東行。且樂生前一杯酒，何須身後千載名。

李白舉了伍子胥、屈原、陸機、李斯幾個人物做反面教材，指出他們「功成不退皆殞身」，而肯定了張翰的「達生」，更明確地表示了自己的人生理想。

還有一些唐代士人樂於選擇儒家用行舍藏的政治態度與人生態度。「用之則行，舍之則藏」，語出《論語・述而》。孔子另外還多次說：「天下有道則見，無道則隱。」（《論語・泰伯》）、「邦有道則仕，邦無道則可卷而懷之。」（《論語・衛靈公》）「邦有道穀。邦無道穀，恥也。」（《論語・憲問》）孟子也說：「窮則獨善其身，達則兼濟天下。」（《孟子・盡心上》）所有這些說法，其實都是「用之則行，舍之則藏」的意思。用行舍藏，是儒者出處仕隱的原則和標準，也顯示了儒學通達權變的思想方法和精神氣度。

東晉的謝安精於用行舍藏之道，因此幾成唐代士人的行爲楷模。《晉書・謝安傳》載：「安雖受朝寄，然東山之志始末不渝，每形於言色。」《世說新語・排調》也說，謝安起初有東山之志，也就是有優游山林的意願，後來朝廷下達了嚴厲的命令，謝安「勢不獲已」，才勉強出來做官。後來，在淝水之戰中，他指揮若定，大獲全勝，名聲大振。

謝安的事蹟，讓唐代士人追慕不已。他們欣賞謝安的隱逸情懷，在唐人詩歌中，「東山」往往成爲隱逸的代名詞。如陳子昂〈登薊阮樓送賈兵曹入都〉：「東山宿昔意，北征非我心。」李頎〈贈蘇明府〉：「常辭小縣宰，一往東山東。」韋應物〈答馮魯秀才〉：「徒令慚所問，想望東山岑。」李德裕〈奉和太原張尚書山亭書懷〉：「東山有歸志，方接赤松遊。」他們更推崇謝安爲蒼生東山再起的行爲。如孫元晏〈蒲葵扇〉：「拋舍東山歲月遙，幾施經略挫雄豪。」溫庭筠〈題裴晉公林亭〉：「東山終爲蒼生起，南浦虛言白首歸。」韓偓〈有矚〉：「安石本懷經濟意，何妨一起爲蒼生。」

李白最鍾情於謝安，他熱情禮讚謝安的抱負：「謝公終一起，相與濟蒼生」（〈送裴十八圖南歸嵩山〉）、「東山高臥時起來，欲濟蒼生未應晚」（〈梁園吟〉）。在入永王璘幕府後，他以建功立業的謝安自比：「但用東山謝安石，爲君談笑靜胡沙。」（〈永王東巡歌〉其二）而「北闕青雲不可期，東山白首還歸去」（〈憶舊遊贈譙郡元參軍〉）、「不向東山久，薔薇幾度花？白雲還自散，明月落誰家」（〈憶東山二首〉其一），則分明表示，自己要像謝安那樣，常存山林之心。

雖然李白想以范蠡、謝安爲人生楷模，「申管晏之談，謀帝王之術。奮其智能，願爲輔弼。使寰區大定，海縣清一。事君之道成，榮親之義畢。然後與陶朱、留侯，浮五湖，戲滄海」（〈代壽山答孟少府移文書〉），但歷史並沒有給李白提供這樣的機會。行跡與范蠡、謝安略相彷彿的，唐代倒有一個，那就是李泌。李泌少年時曾寫了一首〈長歌行〉：

天覆吾，地載吾，天地生吾有意無？
不然絕粒升天衢，不然鳴珂遊帝都，
焉能不貴復不去，空作昂藏一丈夫。
一丈夫兮一丈夫，平生志氣是良圖。
請君看取百年事，業就扁舟泛五湖。

據說此詩是李泌十七歲時寫的。李泌在青少年時就為自己設計好了一生，那就是要麼隱逸遊仙，要麼建功立業，最好是像范蠡一樣，「業就扁舟泛五湖」。而事實上，李泌的一生也確實是這樣實踐的，他實現了帝王之師與山林之隱的完美結合。據〈鄴侯外傳〉說，此詩寫成後，流傳很廣，因為詩歌中表露的志向十分明顯，所以張九齡告誡他說：「宜自韜晦，斯盡善矣。藏器於身，古人所重。」李泌牢記於心。李泌後來的處世態度十分機智，該仕則仕，該隱則隱，圓通自如。

天寶年間，玄宗曾讓李泌待詔翰林，然而卻遭到楊國忠的嫉恨，說李泌曾寫〈感遇詩〉諷刺朝政，玄宗免了他的官，他乾脆脫離了官府，「乃潛遁名山，以習隱自適」（《舊唐書・李泌傳》）。李泌在肅宗朝大展身手。肅宗靈武即位，向他請教如何平定安祿山叛亂，他鎮定從容，為平叛出謀畫策，大得肅宗信服。但他不肯為官，只以布衣身分效力。肅宗只好由他，稱他先生。李泌為肅宗制定了平叛的方略：「今詔李光弼守太原，出井陘，郭子儀取馮翊，入河東，則史思明、張忠志不敢離范陽、常山，安守忠、田乾真不敢離長安，是以三地禁其四將也。隨祿山者，獨阿史那承慶耳。使子儀毋取華，令賊得通關中，則北守范陽，西救長安，奔命數千里，其精卒勁騎，不逾年而弊。我常以逸待勞，來避其鋒，去剪其疲，以所征之兵會扶風，與太原、朔方軍互擊之。徐命建寧王為范陽節度大使，北並塞與光弼相犄角，以取范陽。賊失巢窟，當死河南諸將手。」（《新唐書．李泌傳》）李泌此論，真堪與諸葛亮的「隆中對」相伯仲，可惜肅宗急功近利，堅持先收復長安，結果把叛軍趕回河北，從而形成了割據局面，遺患無窮。收復京師後，平叛大局已定，為了躲避可能發生的災禍，李泌便主動要求進衡山修道，「有詔給三品祿，賜隱士服，為治室廬」（《新唐書．李泌傳》）。

代宗即位，把李泌從衡山召進京師，任命他為翰林學士，並勉強他娶妻吃肉。但當時的權相元載又妒忌他，把他排擠出朝廷。

德宗即位，李泌正式出任宰相，封鄴侯。德宗立李誦（即順宗）為太子，太子妃的母親郜國公主犯蠱媚罪被幽禁，德宗便有意廢除對蠱媚事毫不知情的太子。對此，李泌相當堅決地反對，以至於德宗說：「卿違朕意，不顧家族邪？」竟拿滅族來威脅李泌，而李泌一番至情至理的分析，終於打動了德宗。德宗感動地說：「自今軍國及朕家事，皆當謀於卿矣。」但李泌的頭腦是非常清醒的，自此以後，他很少再言政事。晉人王康琚〈反招隱詩〉說：「小隱隱陵藪，大隱隱朝市。」此後直到去世，李泌就屬於隱於朝市的一類。

李泌做到了儒家所提倡的「用之則行，舍之則藏」。「行」則建功立業，「藏」則修心養性，出處都很充實、平靜。時人說「其功乃大於魯連、范蠡」，評價甚高。

中隱：致身吉且安

功成身退之道，用行舍藏之路，都須謀身要津以後，才有實現的可能，所以對於一般士人來說，就顯得有些不夠切實可行。於是，唐代一些士人想到了第三條路——中隱。白居易專門寫了一首〈中隱〉詩：

大隱住朝市，小隱入丘樊。丘樊太冷落，朝市太囂喧。
不如作中隱，隱在留司官。似出復似處，非忙亦非閑。
不勞心與力，又免飢與寒。終歲無公事，隨月有俸錢。
君若好登臨，城南有秋山。君若愛遊蕩，城東有春園。
君若欲一醉，時出赴賓宴。洛中多君子，可以恣歡言。
君若欲高臥，但自深掩關。亦無車馬客，造次到門前。
人生處一世，其道難兩全：賤即苦凍餒，貴則多憂患。
唯此中隱士，致身吉且安。窮通與豐約，正在四者間。

白居易以做閒散官、地方官爲中隱。中隱就其本質來說也是一種吏隱，中隱隱於吏。走這樣一條道路，既避免了權大招災，又不至於過分貧苦寂寞。只要不張揚顯露，自可全身免禍，樂得悠閒自在。

唐代士人知道，露才揚己，過於張揚個性，是要吃苦頭的。初唐四傑少年英發，不避鋒芒。如王勃〈滕王閣序〉云：「窮且益堅，不墜青雲之志……無路請纓，等終軍之弱冠；有懷投筆，愛宗愨之長風。」馳才騁氣，不自顧藉，乃至招來怨毀。據《新唐書》記載，有人向裴行儉推薦四傑，可裴行儉認爲：「士之致遠，先器識後文藝。如勃等雖有才而浮躁炫露，豈享爵祿者哉？炯頗沉默，可至令長，餘皆不得其死。」四傑最終皆沉淪於卑位。

在朝爲官，禍福難知，唐代士人每每思考全身之策。白居易也一直在思考這個問題。白居易起先也想退隱山林，做個「歸去臥雲人」（〈寄隱者〉），但誰知卻又升爲翰林學士，於是他過起了吏隱生活。他在〈松齋自題〉中寫道：「夜直入君門，晚歸臥吾廬……持此將過日，自然多晏如。」值勤公務的時候居於廟堂，歸家高臥則以書琴自娛，在「窮通與豐約」之間周旋自如，這就是他的「中隱」。

其實這種出處方式，並不是白居易首先發明的。《莊子．逍遙遊》晉代郭象注曰：「夫聖人雖在廟堂之上，然其心無異於山林之中，世豈識之哉？」郭象在發揮「名教即自然」思想的時候，無意間給唐代士人指出了一條折中於仕隱之間的生活道路，即亦仕亦隱。

宋之問〈奉和幸韋嗣立山莊侍宴應制〉說：「入朝榮劍履，退食樂琴書。」王維〈暮春太師左右丞相諸公於韋氏逍遙谷宴集序〉說：「跡崆峒而身拖朱紱，朝承明而暮宿青靄，故可尚也。」王昌齡被貶龍標後，作詩說：「莫道弦歌愁遠謫，青山明月不曾空。」進而不耽於榮，退而不愁於謫，既仕且隱，這不正是「中隱」之道嗎？

李頎有一個朋友叫陳章甫，他曾應制科及第，但因沒有登記戶籍，吏部不予錄用。經他上書力爭，吏部辯駁不了，特爲請示執政，破例錄用。可是，陳章甫的仕途並不通達，因此無意官事，仍然經常住在郊外寺院。李頎送別陳章甫時寫道：「陳侯立身何坦蕩，虬鬚虎眉仍大顙。腹中貯書一萬卷，不肯低頭在草莽。東門酤酒飲我曹，心輕萬事如鴻毛。醉臥不知白日暮，有時空望孤雲高。」這個陳章甫，無官時據理力爭要做官，「不肯低頭在草莽」；爲官時與同僚暢飲，輕視世事，醉臥避官，寄託孤雲，形跡脫略，胸襟清高，是個典型的「中隱」者。

韋應物表達過歸隱山林的願望：「日夕思自退，出門望故山」（〈高陵書情寄三原盧少府〉），但他又不願意輕易捨棄官爵俸祿，說自己「不能林下去，只戀府廷恩」（〈示從子河南尉班〉）。李肇《國史補》說韋應物立性高潔，「鮮食寡欲，所居焚香掃地而坐」。韋應物〈贈琮公〉一詩說，他案牘盈前，卻能和山僧一樣，「出處似殊致，喧靜兩皆禪」。與僧道論道參禪，或與詩人唱酬應和，成爲他平衡自我心理的一種方法。他也該算作中隱的一個典型人物了。

中隱在一定程度上滿足了入世者的避世企望，在「顯達」與「窮通」之間起了緩衝的作用。仕時不忘歸隱，隱亦伺機而出仕，是唐代士人對於隱逸的基本態度。

真隱與假隱

唐代以前，人們眼中眞正的隱士及其行爲規範是：「古之所謂隱逸者，……蓋以恬淡爲心，不皦不昧，安時處順，與物無私者也。」（《北史．隱逸傳》）他們放棄自身的社會價值，清高孤僻，是出世品格。而唐人異於前代的一個特點是不再注重外在的山林行跡，而是注重追求心性自由，故而往往採取仕隱兩兼的形式。所以，唐史評價唐代隱士說：「身在江湖之上，心遊魏闕之下，撫蘿以射利，假岩壑以釣名，退無肥遁之貞，進乏濟時之具，《山移》見誚，海鳥興譏，無足多也。」（《舊唐書・隱逸傳》）這樣講，雖然對於心存隱逸的一般士人言或有甚，但對於「隨駕隱士」們卻是非常貼切的。《新唐書・盧藏用傳》說：

> （盧藏用）與兄徵明偕隱終南、少室二山，……始隱山中時，有意當世，人目為「隨駕隱士」。晚乃詢權利，務為驕縱，素節盡矣。司馬承禎嘗召至闕下，將還山，藏用指終南曰：「此中大有嘉處。」承禎徐曰：「以僕視之，仕宦之捷徑耳。」藏用慚。

這就是成語「終南捷徑」的來歷。盧藏用是個很有進取心的人，爲了博得名聲、獲取要職，他故意隱居起來。他把自己隱居的地點選擇在終南山和少室山，是有用意的。因爲終南山接近都城長安，少室山接近東都洛陽，便於名入帝耳。所以，當時的人戲稱他爲「隨駕隱士」。後來，盧藏用通過這條「終南捷徑」，也眞的進入了朝廷，累居高位。

這其實是一種以退爲進的求仕手段。但《新唐書・隱逸傳》批評說：「放利之徒，假隱自名，以詭祿仕，肩相摩於道，至號終南、嵩少爲仕途捷徑，高尚之節喪焉。」

終南、嵩少何以能夠成爲仕途捷徑呢？《論語・堯曰》：「舉逸人，天下之人歸心焉。」所以，歷代帝王爲了表現自己清明大治，野無遺賢，大多拿出尊隱的姿態，招隱納賢，以示虛心。有時甚至還弄出「充隱」的笑話。據《晉書・桓玄傳》記載，東晉末年的權臣桓玄，曾一度篡晉，當過幾天皇帝。他認為以前的朝代總有幾位著名的隱士，而自己在位時卻沒有，這實在有損聖德，於是就把著名的隱士、學者皇甫謐的孫子捧了出來，先大張旗鼓地送給他官職和錢財，然後又暗中命令他不得接受這些官職和錢財，於是，一位高潔的「隱士」就這樣被製造出來了。因為這個隱士是假的，所以被時人稱為「充隱」。

唐代的統治者也把禮遇隱士確立為國策，頻繁求訪棲隱者。《舊唐書・隱逸傳序》稱：「高宗天后，訪道山林，飛書岩穴，屢造幽人之宅，堅回隱士之車。」《唐大詔令集》中就有許多徵召隱者的詔令。唐代統治者熱中於徵隱，還特開制舉之科。諸如「銷聲幽藪科」、「草澤遺才科」、「藏器晦跡科」、「哲人奇士隱淪屠釣科」、「高才草澤沉淪自舉科」、「高蹈不仕科」、「樂道安貧科」、「高蹈丘園科」等，名目繁多，均為徵隱而設。

統治者對隱逸的推崇獎掖極大地激勵了士人對隱逸的興趣，由隱入仕成為士人階層普遍追求的人生理想。士人們大多願意隱居山林，養名待時，以隱求顯，即所謂「置身青山，俯飲白水，飽於道義，然後謁王公大人以希大遇」（王昌齡〈上李侍郎書〉）。所以皮日休在〈鹿門隱書〉中感嘆說：「古之隱也，志在其中；今之隱也，爵在其中。」

然而，真正能夠受到統治者青睞和眷顧的隱逸者，畢竟是少而又少。所以，大多數士人還是奔競於仕進之途，主動歸隱的並不多。唐代士人習慣的作法是：未仕之時隱，求仕不第隱，仕而位卑或遷謫失意隱。而在仕者又常好交遊隱士，或稱道隱逸而標榜自己，或以此來調節心性、排解仕宦失意的苦悶。詩僧靈澈就曾一針見血地指出：「相逢盡道休官好，林下何曾見一人。」（〈東林寺酬韋丹刺史〉）

未仕之時隱，求仕不成亦隱，孟浩然的經歷就很有代表性。孟浩然詩名早著，用世之心甚切，從他給張九齡所寫的詩中已可見其一斑。孟浩然大概是因爲隱逸很久而未能有遇，不免心生怨懟，就寫了一首詩〈歲暮歸南山〉：

北闕休上書，南山歸敝廬。不才明主棄，多病故人疏。
白髮催年老，青陽逼歲除。永懷愁不寐，松月夜窗虛。

宋陳巖肖《庚溪詩話》說，王維私邀孟浩然到了宮內，沒想到唐玄宗忽然駕到，王維慌忙讓孟浩然躲起來，可還是讓唐玄宗發現了。唐玄宗聽說是孟浩然，就說：「朕聞其人而未見也，何懼而匿？」就令孟浩然出來，把近來的詩作朗誦一篇。孟浩然就朗誦了這篇〈歲暮歸南山〉，結果惹得玄宗大怒，說：「卿不求仕，朕何嘗棄卿，奈何誣我？」就趕走了孟浩然，不再錄用。

這個記載的可信度大概不會很高。但孟浩然確實是「紅顏棄軒冕，白首臥松雲」（李白〈贈孟浩然〉），布衣終生。他在離開長安、落寞地返回故鄉襄陽時，有〈留別王維〉一首：

寂寂竟何待，朝朝空自歸。欲尋芳草去，惜與故人違。
當路誰相假，知音世所稀。只應守寂寞，還掩故園扉。

他是帶著才華不售的無限惆悵和知音難覓的感傷，抑鬱地關上園門，繼續他的隱逸生涯的。

座中泣下誰最多？江州司馬青衫溼——從服飾看唐代官員的等級

座中泣下誰最多？江州司馬青衫溼。

——白居易〈琵琶行〉

座中泣下誰最多？江州司馬青衫溼

白居易〈琵琶行〉裡的「司馬青衫」，可不是《詩經．鄭風．子衿》中「青青子衿，悠悠我心」裡的青衿，「青青子衿」是周代學子的服裝，「司馬青衫」是官服。元和十年（八一五）六月，宰相武元衡遭藩鎮刺客暗殺，時任左贊善大夫的白居易當即上疏唐憲宗，力陳須速將兇手緝拿歸案。但白居易此舉被視為僭越行為，因而被貶為江州司馬。〈琵琶行〉中的「青衫」，帶有白居易謫官遠放的淒傷。

為什麼這樣講呢？原來，唐朝的官服，代表著一個人的官階和地位。按《舊唐書．輿服志》與《新唐書．車服志》所載，唐肅宗上元元年（七六〇）八月，「又制文武三品已上服紫，四品服深緋，五品服淺緋，六品服深綠，七品服淺綠，八品服深青，九品服淺青」。

江州司馬是何品級？著何服色？元和十三年（八一八），白居易撰《江州司馬廳記》說：「案《唐典》，上州司馬秩五品，歲廩數百石，月俸六七萬。」《新唐書．地理志》載：「江州潯陽郡，上。」按唐官制，上州司馬，是從五品下。如果比照品級，似應該服淺緋。但為什麼白居易此時穿「青衫」呢？這還得從唐代官員的服飾與等級說起。

唐代的散官制度

陸贄〈又論進瓜果人擬官狀〉說：

謹按命秩之載於甲令者，有職事官焉，有散官焉，有勛官焉，有爵號焉。雖以類而分，其流有四，然其掌務而授俸者，唯繫於職事之一官，以序才能，以位賢德，此所謂施實利而寓之虛名者也。其勛、

散、爵號三者所繫，大抵止於服色資蔭而已，以馭崇貴，以甄功勞，此所謂假虛名以佐其實利者也。（《全唐文》卷四六九）

唐代的職官制度包括職事官、散官、勛官和爵號。其中，職事官表示實職，散官表示級別，勛官表示功勞，爵號表示貴族地位。

職事官是指中央機構的三省、六部、九寺、五監、十二衛以及州縣各官。這些官員都有明確的職責許可權。散官是表示級別的稱號，沒有實際的職權。《舊唐書·職官志一》載：「凡九品已上職事，皆帶散位，謂之本品。」品內分上、下階，故又稱爲品階。文散官自開府儀同三司至將仕郎，共二十九階，武散官自驃騎大將軍至陪戎副尉，共四十五階。散官與職事官的品級不一定一致，職事官量才任使，散官則按資而敘。勛官是表示功勛的稱號，也是有品級而無職掌。自上柱國至武騎尉，共十二階。爵號表示貴族地位的稱號，也是有品級而無職掌。包括王、郡王、國公、開國郡公、開國縣公、開國縣侯、開國縣伯、開國縣子、開國縣男，共九等。

宋王楙《野客叢書》卷二十七：「唐制服色不視職事官，而視階官之品。」明胡震亨《唐音癸籤》卷十八宋人蔡寬夫語云：「唐百官服色視階官之品，宋視職事官，此爲異。」清錢大昕《十駕齋養新錄》卷十〈唐人服色視散官〉曰：「唐時臣僚章服不論職事官之崇卑，唯論散官之品秩。雖宰相之尊，而散官未及三品，猶以賜紫系銜。而散官未到金紫銀青，則非賜不得衣紫。唐人之重散官如此。」可見，唐人之官服服色，是以散官品階的高低做爲標準的。

那麼，白居易又該穿什麼顏色的衣服呢？白居易所官之江州司馬是一職事官名（《舊唐書·職官一〉》，並不決定官員服色。考《白氏長慶集》卷二十三〈祭匡山文〉：「維元和十二年，歲次丁酉，二月二十五日乙酉，將仕郎、守江州司馬白居易。」是元和十二年白居易之散官爲將仕郎。

因爲散官係按資歷升級，職事官則由君主任命，因此往往職事官的品級較高，散官的品級較低而不相適應。散官班位也較低。唐太宗時規定，散官官階高而所任之職事官官階低者稱爲「行」某某官；散官品級較低而所任職事官官階高者，稱爲「守」某某官。元和十一年秋白居易任江州司馬秩五品，但散官是將仕郎，所以他自稱「將仕郎、守江州司馬白居易」。

將仕郎是怎樣級別的一個散官呢？據《舊唐書》卷四十二〈職官一〉：「從第九品下階將仕郎（文散官）。」那麼，將仕郎應該是最低級的文散官。「九品服淺青」，所以白居易當時穿青衫。

其實，白居易自進士及第釋褐爲官，到其被貶爲江州司馬，一直穿著青衫。白居易於貞元十六年（八〇〇年）二十九歲進士及第，三十一歲時拔書判拔萃科，三十二歲被授校書郎（從九品上），三十五歲時授盩厔縣尉（正九品下），三十六歲授翰林學士。元和三年（八〇八），白居易又以道侔伊呂科授左拾遺（從八品上）。白居易不無自豪地說：「十年之間，三登科第，名落眾耳，跡升清貫，出交賢俊，入侍冕旒。」（〈與元九書〉）他的話不錯。翰林學士無品秩官屬，是差遣官，但在唐代中後期，卻是中樞決策中舉足輕重的職官，與中書舍人對掌內外制命，甚至被時人目爲「內相」。學士人選，不重資歷，卻特別重文才。所以白居易稱自己「始得名於文章」（〈與元九書〉）。左拾遺品秩雖然不高，但正如白居易所說：「朝廷得失無不察，天下利病無不言，此國朝置拾遺之本意也。」（《舊唐書．白居易傳》）但即便如此，白居易的散官仍爲將仕郎。他此時的官號全稱是將仕郎、左拾遺、翰林學士，按制還穿青衫。

白居易左拾遺任職期滿後，自請爲京兆府戶曹參軍（正七品下階），雖然品秩比左拾遺稍低，但俸祿較多，白居易如願以償，高興得「蹈舞屏營，不知所據」〈謝官狀〉。這時，白居易仍充翰林學士。元和六年，白居易丁母憂去職。三年居喪期滿，被任命爲左贊善大夫。左贊善大夫非三省六部之行政官職，而是屬於東宮官，負責掌傳令、諷過失、贊禮儀，以經教授諸郡王，品秩爲正五品上。若按職事官定服色，他該穿淺緋的五品服，可他還只能穿青衫，因爲他的散官還是將仕郎。

唐朝官員服色一般即由品階來規定。品階依據資歷，如果朝廷濫賞散官，唐朝官員是不滿的。由於宦官接近皇帝，容易受恩寵，往往有很多宦官獲得了較高的官階品秩，白居易作〈輕肥〉諷刺宦官「朱紱皆大夫，紫綬悉將軍」，說他們靠邀寵獲得了大夫、將軍這些較高的文武散官品位，可以服紅衣紫。

唐朝官員的服色

唐朝官員的衣服包括公服（又叫從省服）和朝服（又叫具服）。《新唐書・車服志》對此有提綱挈領的敘述：

具服者，五品以上陪祭、朝饗、拜表、大事之服也，亦曰朝服。冠幘，簪導，絳紗單衣，白紗中單，黑領、袖，黑褾、襈、裾，白裙、襦，革帶金鉤褵，假帶，曲領方心，絳紗蔽膝，白襪，烏皮舄，劍，紛，鞶囊，雙佩，雙綬。六品以下去劍、佩、綬，七品以上以白筆代簪，八品、九品去白筆，白紗中單，以履代舄。

從省服者，五品以上公事、朔望朝謁、見東宮之服也，亦曰公服。冠幘纓，簪導，絳紗單衣，白裙、襦，革帶鉤褵，假帶，方心，襪，履，紛，鞶囊，雙佩，烏皮履。六品以下去紛、鞶囊、雙佩。三品以上有公爵者，嫡子之婚，假絺冕。五品以上子孫，九品以上子，爵弁。庶人婚，假絳公服。

唐朝官員的朝服是大事之服，並不常用，常用的是公服。我們說的就是公服，只在最後略說朝服。

區分官員品秩的最重要的標誌是服色。白居易就曾說：「吾觀九品至一品，其間氣味都相似。紫綬朱紱青布衫，顏色不同而已矣。」（〈王夫子〉）

唐朝官員的服色是逐漸確定並嚴格起來的。

唐初官員的服色還只是黃、紫兩色，「尋常服飾，未為差等」（《唐會要．章服品第》）。後來，因為唐高祖聽朝時常服赤黃（即赭黃），「遂禁士庶不得以赤黃為衣服雜飾」，於是臣民不敢再服赤黃色，赤黃就成了帝王的專用服色。安祿山造反稱帝時穿的也是赤黃衫。但除了赤黃外，其他的黃色仍為普通官員百姓的常服服色，並不禁止。

官員服色的分別，是從唐太宗貞觀年間開始的。《舊唐書．輿服志》載：「貞觀四年又制，三品以上服紫，五品以下服緋，六品、七品服綠，八品、九品服以青。」太宗規定服色之初，服色制度還不很嚴格。《唐會要．章服品第》說，高宗咸亨五年（六七四）五月，「聞在外官人百姓，有不依令式，遂於袍衫之內，著朱、紫、青、綠等色短衫襖子，或於閭野，公然露服，貴賤莫辨」。官員有時也穿黃色衣服參朝視事。後來有一個柳延的縣尉，穿了黃色衣服在洛陽巡行，被不認識自己的下屬打了一通。高宗聽說後，認爲章服紊亂，就又下詔書加以申明。上元元年（六七四）八月，高宗進一步申明：「文武三品已上服紫，金玉帶。四品服深緋，五品服淺緋，并金帶。六品服深綠，七品服淺綠，并銀帶。八品服深青，九品服淺青，并鍮石帶。庶人並銅鐵帶。」《唐會要》云：「庶人服黃，銅鐵帶。」可見官服服色以紫色爲最尊，緋色（朱色）次之，綠色、青色又次之。緋、綠、青三色中，又分深淺，以做區別。還特意強調：「朝參行列，一切不得著黃也。」此令還增加了腰帶的規定。從此之後，官員服色規定即成標準，「衣服下上，各依品秩。上得通下，下不得僭上」（《唐會要・章服品第》）。「上得通下，下不得僭上」，是說品階高的官員可以服品階低的官員的服色，但品階低的官員不能服品階高的官員的服色，否則就是僭越。所以，有些官員爲了表示謙虛，平常家居時，有時也用下級服色。甚至有做官後還服白袍自標風雅的。

白色、黃色是普通百姓的服色。唐朝規定：庶人、部曲服絁、紬、絹、布，色通用黃白色。客女、奴婢通服青碧。未及第的舉子常服爲白袍。五代王定保《唐摭言・好放孤寒》載：「元和十一年，歲在丙申，李涼公下三十三人，皆取寒素。時有詩曰：『元和天子丙申年，三十三人同得仙。袍似爛銀文似錦，相將白日上青天。』」袍似爛銀，意思是袍色爲白。可見士人未做官時衣白。《唐摭言・海敘不遇》載：「宋濟老於辭場，舉止可笑……有客譏宋濟曰：『白袍何紛紛。』答曰：『爲朱袍紫袍紛紛耳！』」可見，一旦入仕，就能脫掉白袍，換以官服。可肅宗時的李泌，受到肅宗的格外信任，終日侍從左右，參謀密議。但他仍舊白袍一領。有一天，他和肅宗同遊宮觀，一著白衣，一著黃衣（赤黃），色彩對照鮮明，於是觀者互相指點，稱肅宗「衣黃聖人」，稱李泌「衣白山人」（《香祖筆記》卷九）。李泌著白衣，爲的是躲避讒毀。

高宗以後，朝廷對於服色只是適時加以調整。如睿宗文明元年（六八四），詔「八品以下，舊服青者，並改爲碧」。這是考慮到「深青亂紫，非卑品所服」的緣故。但景雲年間（七一〇—七一一）又重申上元令，從此服色大抵依上元之制，基本不再改變。

常服佩飾上的等級規定

腰帶，也稱環帶，在上元令中，也非常明確地規定了等級。睿宗景雲二年（七一一）四月敕：「內外官依上元元年敕，文官、武官咸帶七事（謂佩刀、刀子、磨石、契苾眞、噦厥、針筒、火石袋等也）。其腰帶，一品至五品并用金；六品、七品并用銀；八品、九品并鍮石。」（《通典》卷六十三）這說明，除服色外，唐代官員在腰帶以及常服的佩飾上也有相應的等級規定。「文官、武官咸帶七事」，即佩刀等，就是垂掛在這條腰帶上。腰帶用皮革製成，帶上有飾片，稱帶銙。唐制：三品以上得有十三塊金玉質帶銙，四品有十一塊金銙，五品有十塊金銙，六至七品有九塊銀銙，八至九品有八塊鍮石銙（《唐會要》卷三十一）。

掛在腰間的，還有魚袋，內裝魚符，是官員身分的證明。《新唐書・車服志》載：「隨身魚符者，以明貴賤，應召命，左二右一，左者進內，右者隨身。皇太子以玉契召，勘合乃赴。親王以金，庶官以銅，皆題其位、姓名。官有貳者加左右，皆盛以魚袋，三品以上飾以金，五品以上飾以銀。刻姓名者，去官納之，不刻者傳佩相付。」魚符左部由朝廷主管部門掌握，右部由臣子本人隨身佩帶。官員上朝出入宮門，以之爲憑證。

武則天稱帝時，一度將魚符改爲龜符，三品以上佩金龜袋。但龜符龜袋行於武周僅十多年。中宗復位後，都用魚符魚袋，並開始讓散官佩魚。據《舊唐書・輿服志》：「景龍三年八月，令特進佩魚。散職佩魚，自茲始也。」而且，「雖正員官得佩，亦去任及致仕即解去魚袋。」即在本人調職、致仕或亡歿時，照例都要收繳魚符。《大唐新語》卷三記載，玄宗即位不久，侍中李日知自請退休，一旦獲准，「及還飾袋，將出居別業」，就是馬上退還裝有魚符的金魚袋，搬出官舍。唐高宗於永徽五年曾發敕說：「豈可生平在官，用爲褒飾，才至亡沒，便即追收？尋其始終，情不可忍。自今已後，五品已上有薨亡者，其隨身魚袋，不須追收。」（《唐會要》卷三十一）李商隱〈爲有〉詩云：「無端嫁得金龜婿，辜負香衾事早朝。」掛金龜袋者必爲三品以上佩金龜袋的高官，免不了每天早起上朝，拋撇下少婦閨房獨宿。「金龜婿」在後來就成了一個典故，人們習慣於把做官的新郎稱作「金龜婿」。其實唐中宗復位之後，就把龜符改成了魚符，到李商隱作詩時，早就沒有金龜袋了。但由於龜被認爲是靈物，非常珍貴，當時也確有人把印鈕鑄爲龜形，故稱金龜。傳說「四明狂客」賀知章，在京師遇到李白，遂解腰間所佩金龜換酒。李白〈對酒憶賀監詩序〉說：「太子賓客賀公，於長安紫極宮一見余，呼余爲『謫仙人』，因解金龜，換酒爲樂。」詩云：「四明有狂客，風流賀季眞。長安一相見，呼我謫仙人。昔好杯中物，今爲松下塵。金龜換酒處，卻憶淚沾巾。」

睿宗朝開始把魚袋之制與常服服色相關聯。《唐會要・輿服・魚袋》載：「景雲二年四月二十四日敕文：魚袋，著紫者金裝，著緋者銀裝。」《朝野僉載》記載了一個小故事。有個叫朱前疑的小官，上書給武則天，說是「臣夢見陛下八百歲」，即授拾遺，又升郎中，奉命出使；回朝後又上書云：「聞嵩山唱萬歲聲。」特賜佩魚。因其官階未入五品，這個本該與緋服配套的銀魚袋，只好「於綠衫上帶之，朝野莫不怪笑」。如果記載有根據的話，那就說明，武后朝已經開始習慣於魚袋和服色的配套關聯了，同時也說明魚袋還有一些褒飾意義。

假紫假緋與賜紫賜緋

玄宗朝不但把佩魚的範圍擴大了，而且還許可假紫、假緋及終身佩魚。據《新唐書・車服志》：「開元初，駙馬都尉從五品者假紫、金魚袋，都督、刺史品卑者假緋、魚袋，五品以上檢校、試、判官皆佩魚。中書令張嘉貞奏，致仕者佩魚終身。自是，百官賞緋、紫，必兼魚袋，謂之章服。」章服制度從此確立。

上面提到的假紫、假緋，就是品卑不足以服緋服紫者，也可以連公服、魚袋在內，成套行頭一起出借，以此做為對官員的褒獎。如常袞〈謝賜緋表〉云：「內給事潘某奉敕旨，賜臣緋衣一副，並魚袋、玉帶、牙笏等……」就是成套出借的一例。

南宋洪邁《容齋隨筆》卷一載：「唐人重服章。」又《容齋三筆》卷五〈緋紫假服〉載：

> 唐宣宗重惜服章，牛叢自司勛員外郎為睦州刺史，上賜之紫，叢既謝，前言曰：「臣所服緋，刺史所借也。」上遽曰：「且賜緋。」然則唐制借服色得於君前服之。

這裡提到了「借服色」。如果官員出使外邦，或出任地方都督、刺史而品階低於三品、五品的，都可以「借紫」、「借緋」。牛叢爲司勳員外郎，是個從六品上的官。但他的散官已在五品以上，故著緋。出爲睦州刺史，爲正四品上，按服制也應著緋。唐宣宗爲了借助章服增加他的威望，特意要「假紫」給他。可見唐宣宗很看重章服的作用。牛叢辭謝以後，唐宣宗賜緋給他。那麼，牛叢已經著緋，唐宣宗何以還要賜緋給他呢？

原來，賜紫、賜緋以後，通常即可長期服用，直到告老退休。這就是「賜」與「借」的不同。如杜甫在嚴武幕府任節度參謀，嚴武向朝廷表薦杜甫爲工部檢校員外郎，並賜緋及魚袋。這使杜甫感到莫大的榮耀。他在自己的詩中多次提到此事。如〈客堂〉中說：「臺郎選才俊，自顧亦已極。前輩聲名人，埋沒何所得。居然綰章紱，受性本幽獨。」在〈春日江村五首〉中說：「赤管隨王命，銀章付老翁。豈知牙齒落，名玷薦賢中。」在〈秋日夔府詠懷奉寄鄭監李賓客一百韻〉中說：「霧雨銀章澀，馨香粉署妍。」在〈奉贈盧五丈參謀琚〉中說：「素髮乾垂領，銀章破在腰。」字裡行間透露出爲郎賜服的榮耀和自豪。

唐朝廷對於出鎮大員及佐幕從軍者，在官爵、服飾方面的政策一般都比較寬容。如大將高仙芝散官官爵是開府儀同三司，爲文散官第一等，從一品。又如，韓愈在任中書舍人時，官雖是正五品上，但其散官則爲正六品的朝議郎，還不能穿緋服。待到他爲裴度的行軍司馬、官拜太子右庶子兼御史中丞時，就得到了「賜金紫」的待遇。《舊唐書．韓愈傳》說：「元和十二年八月，宰相裴度爲淮西宣慰處置使，兼彰義軍節度使，請愈爲行軍司馬，仍賜金紫。」

不同於「賜」，「借紫」、「借緋」者在任職期滿後，必須交還，仍然恢復原來的官服。《唐會要》卷三十一〈內外官章服附〉：「(開元)八年二月二十日敕，都督、刺史品卑者，借緋及魚袋，永爲常式」、「離任則停之」。如，白居易於元和十四（八一九）年至十七年任忠州刺史就是借緋，詩云：「假著緋袍君莫笑，恩深始得向忠州。」（〈行次夏口，先寄李大夫〉）其時，他的散官仍爲將仕郎，故「假著緋袍」，任期滿後是要還給朝廷的。白居易〈初除尚書郎脫刺史緋〉詩云：「便留朱紱還鈴閣，卻著青袍侍玉除。無奈嬌癡三歲女，繞腰啼哭覓銀魚。」他還得脫下紅袍，穿上青衫。不管喜歡銀魚的小女兒如何哭鬧，魚袋也須上繳的，這是規矩。

但安史之亂爆發時，唐朝政府爲了酬賞軍功，「借紫」「借緋」者，數量很大，亦多不還。《資治通鑑》卷二一九肅宗至德二年（七五七）云：

> 是時府庫無蓄積，朝廷專以官爵賞功，諸將出征，皆給空名告身，自開府、特進、列卿、大將軍，下至中郎、郎將，聽臨事注名。其後又聽以信牒授人官爵，有至異姓王者。諸軍但以職任相統攝，不復計官爵高下。及清渠之敗，復以官爵收散卒。由是官爵輕而貨重，大將軍告身一通，才易一醉。凡應募入軍者，一切衣金紫，至有朝士僮僕衣金紫稱大官而執賤役者。名器之濫，至是而極焉。

因爲官爵太濫，爲了便於指揮，各軍只以職任相統屬，不再論官爵的高下。於是官爵輕而財貨貴，大將軍告身一通，才能換得一頓酒。所謂告身，就是委任官職的文憑，皆給以符，稱爲告身，又稱告詞，是誥的別名。明王世貞《委宛餘編》載：「唐時將相告身用金花五色綾紙。」《資治通鑑》卷二一七唐至德元年載：「唐時以後，官爵冗濫，有空白告身，隨時可塡人名。」因有以之換酒之事。所以，司馬光感嘆說：「名器之濫，至是而極焉。」

唐朝政府用官爵來鼓勵出征，收聚潰兵，只是戰時的需要。戰亂平息後，唐政府就不斷頒布禁車服逾侈詔敕。唐代宗大曆六年（七七一）四月，頒布〈禁斷織造淫巧詔〉說：「朕思以恭儉克己，淳樸化人，每尚玄素之服，庶齊金土之價。而風俗不一，逾侈相高，浸弊於時，其來已久。耗縑繒之本，資錦繡之奢，異彩奇文，資其誇競。今師旅未戢，黎元不康，豈使淫巧之功，更虧恆制！……兩都委御史臺，諸州府委本道節度、觀察使，切加覺察，如違犯，具狀聞奏。」（《全唐文》卷四十七）唐穆宗長慶四年（八二四）三月詔敕：「天下所貢奇綾異錦、雕文刻鏤，一事以上，有涉逾制者，悉皆禁斷。至於喪葬、嫁娶、車馬、衣服，事關制度，不合逾越，委中書門下明立科條，頒示天下。有不守者，御史臺及出使郎官、御史嚴加訪察，節級科處。」（《冊府元龜》卷六十五〈帝王部・發號令第四〉）唐文宗太和七年（八三三）八月下詔：「比年所頒制度，皆約國家令式，去其甚者，稍謂得中，而士大夫苟自便身，安於習俗，因循未革，以至於今。百官士族起今年十月服冬裘，以後其衣服、輿馬並宜准太和六年六月十七日敕處分。如故違制度，九品以上量加黜責，其布衣五年不得舉選，百姓、軍人各委州府長吏漸施教化。」（《冊府元龜》卷六十五〈帝王部・發號令第四〉）可見，唐政府在官員百姓服飾方面的限制和要求，愈來愈嚴厲。唐代宗只言不得奢侈，「如違犯，具狀聞奏」，還沒說到懲罰。因為戰亂方息，朝廷鬻爵賞功，木已成舟，不便言而無信。唐穆宗時，大亂已過五、六十年，原來的那些被賜告身者大都已死，空頭文票自然作廢，所以措辭嚴厲起來了，對有涉逾制者「節級科處」。唐文宗則更把「科處」的措施具體講了出來。

官服的質地與圖案

唐代各級官員的服裝，除了服色以外，官服的質地、花紋、圖案也有差別。按《通典》卷六十一記載，三品以上的官員可以服大料紬綾及羅，五品以上的官員可以服小料紬綾及羅，六品以下至九品的官員可以服絲布雜小綾、交梭及雙紃，流外官及庶人，則只能服紬絹絁布。

武后天授三年（六九二）正月，宮廷做出繡袍，用以賞賜新任職的都督、刺史。繡袍都刺繡作山形圖案。圖案四周有回文銘：「德政惟明，職令思平。清慎忠勤，榮進躬親。」（《唐會要》卷三十二）自此，每當有新任都督、刺史，朝廷都賜給這樣的繡袍。兩年多以後，武后又用繡袍賞賜三品以上的文武官員，圖案種類更加多樣，更加鮮麗華美。「諸王則飾以盤龍及鹿，宰相飾以鳳池，尙書飾以對雁，左、右衛將軍飾以對麒麟，左、右武衛飾以對虎，左、右鷹揚衛飾以對鷹，左、右千牛衛飾以對牛，左、右豹韜衛飾以對豹，左、右玉鈐衛飾以對鶻，左、右監門衛飾以對獅子，左、右金吾衛飾以對豸。文銘皆各爲八字回文，其辭曰：忠公正直，崇慶榮職。文昌翊政，勛彰慶陟。懿沖順彰，義思寵光。廉貞躬奉，謙感忠勇。」（《唐會要》卷三十二）

唐玄宗開元十一年（七二三）六月，下敕爲諸衛大將軍、中軍郎將制袍文：「千牛衛瑞牛文，左右衛瑞馬文，驍衛大蟲文，武衛鷹文，威衛豹文，領軍衛白澤文，金吾衛辟邪文，監門衛獅子文。」（《唐會要》卷三十二）這是對武將紋飾圖案的規定。

貞元七年（七九一）三月，唐德宗又規定：「節度使文以鶻銜綬帶，取其武毅，以靖封內；觀察使

在唐代，「彰施服色，分別貴賤」（《唐會要》卷三十一），服飾成爲社會身分的鮮明符號，所以唐人特別是步入仕途的唐代官員，對其相當看重。宋葛立方《韻語陽秋》卷十一云：「杜子美、白樂天皆詩豪，器識皆不凡，得一緋衫何足道，而詩句及之不一，何邪？……其必有以稱之哉。」他還特意舉了杜甫、白居易和韓愈的許多詩句做例子。這些詩人當中，尤以白居易最爲屬意於官俸品服。清代趙翼《甌北詩話》卷四〈白香山詩〉說，白居易詩「可抵〈輿服志〉」：

> 香山詩不惟記俸，兼記品服。初為校書郎，至江州司馬，皆衣青綠。有〈春去〉詩云「青衫不改去年身」，〈寄微之〉云「折腰俱老綠衫中」，及〈琵琶行〉所云「江州司馬青衫溼」，是也。行軍司馬則衣緋，有〈寄李景儉唐鄧行軍司馬〉云：「四十著緋軍司馬。」為刺史，始得著緋。有〈忠州初著緋答友人〉詩，有〈謝裴常侍贈緋袍魚袋〉詩。由忠州刺史除尚書郎，則又脫緋而衣青。有詩云：「便留朱紱還鈴閣，卻著青袍侍玉除。」時微之已著緋，故贈詩云：「笑我青袍故，饒君茜綬殷。」及除主客郎中知制誥、加朝散大夫，則又著緋，而微之已衣紫，故贈詩云：「我朱君紫綬，猶未得差肩。」除祕書監，始賜金紫。有〈拜賜金紫〉詩云：「紫袍新祕監，白首舊書生。」太子少傅品服亦同。故詩云：「勿謂身未貴，金章照紫袍。」此又可抵〈輿服志〉也。

確實，如果留心的話，不但可以從唐代詩文中窺察出唐代官員的等級和服飾的關係，還可以窺察出唐人在這方面的心態與表現。

兩岸猿聲啼不住，輕舟已過萬重山——唐代的流刑和官員的流放

兩岸猿聲啼不住　輕舟已過萬重山

朝辭白帝彩雲間，千里江陵一日還。
兩岸猿聲啼不住，輕舟已過萬重山。
——李白〈早發白帝城〉

唐肅宗乾元二年（七五九），李白因為參與永王幕府而受牽連，被判流放夜郎（今貴州正安西北），行至白帝城遇赦，乘舟從白帝城東還江陵時，做了此詩。此詩描摹自白帝至江陵一段長江水急流速、舟行若飛的情況。全詩一瀉直下，雄峻迅疾中又有豪情歡悅。詩人馬上就要回到江陵，美麗的沿途景色，愉快的心情，使全詩顯得分外和諧、美妙、輕鬆！

流放遇赦，何以讓李白如此欣喜？這要從唐代的流放刑罰說起。

唐代的流刑案

流放，又稱流刑，主要用意是通過將已定刑的人押解到荒僻或遠離故鄉的地方，以對案犯進行懲治，並以此維護社會和統治秩序。流放具有強制遷徙的性質。

流放做爲刑罰在我國起源很早。《尚書・舜典》中就有「流宥五刑」的記載，意思是以流放之法寬宥五刑。先秦以前的五刑是指墨（面上刺字）、劓（割鼻子）、刖（砍足）、宮（閹割）、大辟（砍頭）。這些刑罰都很嚴厲，一旦實施就難以補救。於是舜以流刑代替之，以示仁義。中國歷代封建王朝所規定的「五刑」內容不盡相同，但「流」、「死」必在其中，並且「流」都是僅次於「死」的重罰。《唐律》沿用隋律，規定刑罰有笞、杖、徒、流、死五種，稱「五刑」。五刑依次從輕到重，流刑居於死刑之下、徒刑之上。唐代關於流刑的實施與管理比較完善，而且，「自唐以下，歷代相沿，莫之改也」（清沈家本《歷代刑法考》第二七〇頁，中華書局，一九八〇年）。

按唐律，唐代的流刑分爲三等，依次爲流兩千里、兩千五百里、三千里，稱爲「三流」。這說明流刑按道里之差輕重有別。《唐律．名例三》「犯流應配」條又云：「諸犯流應配者，三流俱役一年，妻妾從之，父祖、子孫欲隨者聽之。」流配之人，至配所皆服勞役一年，而且妻妾必須同往，「犯流斷定，不得棄放妻妾」（《唐律疏議》卷三），甚至，「若妻妾在遠，預爲追喚，待至同發」（《大唐六典》卷六「刑部郎中員外郎」條注）。這就是說，流刑還有強制勞役和強制家屬從流的性質。

那麼，什麼樣的案件要受到流刑的懲處呢？

一類是與政治鬥爭有關的案件。《唐律疏議》卷十七〈賊盜律〉規定：「諸謀反及大逆者皆斬……伯、叔父、兄弟之子皆流三千里，不限籍之同異。即雖謀反，詞理不能動眾、威力不足率人者，亦皆斬。父子、母女、妻妾並流三千里。」謀反、謀大逆者，本人處斬，父母、子女、妻妾與伯、叔、侄等往往處以流刑。唐代中宗復辟、韋后擅權、安史之亂、王叔文集團政治革新、牛李黨爭和朝臣反對宦官的鬥爭等，都曾產生過大量的流人。這類流放多屬於「連坐式」的流放，被流放者並無犯罪事實，只因與重刑犯有某種關係而被流放。例如，武德七年，韋挺、杜淹、王珪因坐楊文幹構逆罪流於越巂。又如高宗朝司列大夫魏玄同、右臺侍郎薛元超兩人因與上官儀有「文章屬和」、「文章款密」，上官儀被誅殺後，魏、薛也被流至嶺外。賀蘭敏之是武則天姊姊的兒子，曾權盛一時，後來因罪被貶嶺外，原來依附於他的皇甫公義、劉禕之、徐齊聃等都被流放。這是牽連所致。

一類是貪污受賄的官員。唐律規定，諸監臨主司受財不枉法者，按受財多寡處以「三十匹加役流」、「五十匹流二千里」等不同程度的流刑。（《唐律疏議．職制律》）

一類是倫理性犯罪。「五流」之中有子孫犯過失流和不孝流。按《唐律疏議》，子孫犯過失流是指「耳目所不及、思慮所不到之類，而殺祖父母、父母者」；「不孝流者，謂聞父母喪，匿不舉哀，流；告祖父母、父母者絞，從者流；祝詛祖父母、父母者，流；厭魅求愛媚者，流。」此類流人不限於官員。

此外，惡性殺人案件，殺人者斬首，妻、子流放。「諸殺一家非死罪三人，及支解人者，皆斬；妻、子流二千里。」（《唐律疏議・賊盜一》）

由於唐代往往對重刑犯還按所犯罪的不同類型又分爲加役流、反逆緣坐流、子孫犯過失流、不孝流、會赦猶流五種，即「五流」。因此，唐代流刑在具體執行中有三流、五流的不同表述。

一般的流配地點

流配距離應該從何處開始計算呢？有的學者認爲應該以罪人的故鄉爲起始；有的學者認爲應該以罪人的鄉里爲起始，並到達相應里數的特定的州下的配所。目前，更多學者則傾向於應該從唐都城長安開始計算，即對事先集中到京師的流囚，在其判決確定後，每季一次，集中遣送配所。

流人所流配的地區主要在嶺南道、黔中道、劍南道、江南西道、江南東道等地的邊州，如崖州（今海南瓊山東南）、振州（今海南崖縣西北）、驩州（今越南榮市）、愛州（今越南清化）、欽州（今廣西欽州東北）、賀州（今廣西賀縣）、潮州（今廣東潮州）、連州（今廣東連縣）、桂州（今廣西桂林）、象州（今廣西象縣）、柳州（今廣西柳州）、廉州（今廣東浦北南）、雷州（今廣東海康）、循州（今廣東惠州東）、端州（今廣東肇慶）、瀧州（今廣東羅定南）、黔州（今四川彭水）、渝州（今重慶）、巂州（今四川西昌）、夜郎（今貴州正安西北）、臺州（今浙江臨海）、汀州（今福建長汀）等地。

有學者指出：「唐代爲中國歷史上貶流之人產生的高峰時期，而嶺南則係唐代發遣貶流者的主要地區。」（古永繼〈唐代嶺南地區的貶流之人〉，《學術研究》一九九八年第八期）嶺南道又稱嶺表、嶺外，是唐朝一個最主要的流放地。流人所在的嶺南諸州，遠遠超出了唐律「三流」所規定的流放里程。黔中道是僅次於嶺南道的又一個重要流放地。劍南道是第三大流放地。此外，江南東道、江南西道等地，也有流人分布。

唐王朝始終堅持流放罪人於邊惡之州、荒蠻之地。而嶺南等南方邊州正好符合唐代流放罪人的政策要求。貞觀十四年（六四〇）太宗制：「流罪三等，不限以里數，量配邊惡之州。」（《舊唐書．刑法志》）唐高宗把蕭齡之流放到嶺南，詔文說：「宜免腰領之誅，投身瘴癘之地，可除名配流嶺南遠處。」（〈流蕭齡之嶺南詔〉）唐懿宗把楊收流放到嶺南，制書中也有「俾投荒裔」一類的話（〈楊收長流驩州制〉）。唐朝詩人這樣描述嶺南：「一去一萬里，千之千不還。崖州何處在，生度鬼門關。」（楊炎〈流崖州至鬼門關作〉）「海霧多爲瘴，山雷乍作鄰。遙憐北戶月，與子獨相親。」（郎士元〈送林宗配雷州〉）「瘴江西去火爲山，炎徼南窮鬼作關。從此更投人境外，生涯應在有無間。」（張均〈流合浦嶺外作〉）他們把嶺南想像爲瘴癘遍野、山魈出沒的鬼門關，習俗迥異、孤獨寂寞的蠻夷之鄉，甚至是凶多吉少、去易歸難的葬身之地。荒蠻之地，尤其是南方，最可怕的是瘴氣。瘴氣又稱瘴毒、瘴癘，南宋范成大《桂海虞衡志》釋云：「瘴者，山嵐水毒與草莽沴氣鬱勃蒸熏之所爲也。」它實際上是因感受南方山林間溼熱瘴毒之氣所致的一種瘟病。唐人大多談瘴色變，因此都不願意去嶺南爲官。如唐太宗派遣盧祖尚出任交州都督，盧祖尚先答應下來了，但馬上又後悔說：「嶺南瘴癘，皆日飲酒，臣不便酒，去無還理。」（《舊唐書．盧祖尚傳》）做官都無人願去的地方，可見其自然環境之險惡。這樣，唐政府爲了達到懲戒目的而把罪人流放於嶺南，也就成爲很自然的事了。至於安排在北方邊城的流人，大抵是爲了讓他們實邊和戍邊。如唐太宗貞觀十四年平高昌，以其地置西州，十六年，即有「徙死罪以實西州，流者戍之，以罪輕重爲更限」之令（《新唐書・刑法志》）。又如，唐玄宗朝大將封常清的外祖父「犯罪流安西效力，守胡城南門」（《舊唐書・封常清傳》）。

流配的具體過程

唐律規定：「季別一遣。若符在季末，三十日內至者，聽與後季人同遣。」（《唐律疏議・斷獄》）明文規定流人每季一配遣，流人判決後並非立即上道。皇帝爲了顯示仁慈，也會給流人以準備行程所需物品的時間。但期限的鬆與緊也因罪行輕重而異。如唐玄宗開元十年六月十二日敕文云：「自今以後，准格及敕應合決杖人，若有便流移左貶諸色，決訖，許一月內將息，然後發遣。其緣惡逆指斥乘輿者，臨時發遣。」（《唐會要》卷四十一）但有時也會有一些較爲人性化的變通。《唐律疏議》卷三〈名例三〉：「祖父母、父母老疾應侍，家無期親成丁者。」、「犯流罪者，權留養親，不在赦例，課調依舊。若家有進丁及親終期年者，則從流。」這些都體現了唐律制定者的仁孝觀念。但也有的官員在執行流刑時比較苛刻嚴厲。如崔日知爲京兆尹時，「處分長安、萬年及諸縣左降流移人，不許暫停，有違晷刻，所由決杖。」（《新安志》卷十）

也有的流人判決後，不必去往發配地，但是要以決杖、就地服役來代替流刑。其中一類人是工、樂、雜戶及太常音聲人，需留政府機構服役，故不發配。《唐律・名例三》規定：「諸工、樂、雜戶及太常音聲人，犯流者，二千里決杖一百，一等加三十，留住，俱役三年（原注：犯加役流者，役四年）。」

《唐律疏議》解釋說：「此等不同百姓，職掌唯在太常、少府等諸司，故犯流者不同常人例配，合流二千里者，決杖一百；二千五百里者，決杖一百三十；三千里者，決杖一百六十；俱留住，役三年。」還有一類人是婦女。《唐律・名例三》規定：「其婦人犯流者，亦留住。」《唐律疏議》解釋說：「婦人之法，例不獨流，故犯流不配，留住，決杖、居作。」

這兩類人決杖、服役後，不去發配地。但還有部分流人，在去往發配地之前先加決杖。

唐代的流人在正常情況下不先加杖刑。但多次犯流罪或徒罪的，在流配前要加決杖。這實際上是一種附加刑。《唐律・名例四》規定：「諸犯罪已發及已配而更爲罪者，各重其事。即重犯流者，依留住法決杖，於配所役三年。若已至配所而更犯者，亦准此。即累流、徒應役者，不得過四年。若更犯流、徒罪者，准加杖例。」《唐律疏議》解釋說：「犯流未斷，或已斷配訖、未至配所，而更犯流者，依工、樂留住法：流二千里，決杖一百；流二千五百里，決杖一百三十；流三千里，決杖一百六十；仍各於配所役三年，通前犯流應役一年，總役四年。若前犯常流，後犯加役流者，亦止總役四年。已至配流之處而更犯流者，亦准上解留住法，決杖、配役。其前犯處近，後犯處遠，即於前配所科決，不復更配遠流。有犯徒役未滿更犯流役、流役未滿更犯徒役，或徒、流役內復犯徒、流，應役身者，並不得過四年。假有原犯加役流，後又犯加役流，前後累徒雖多，役以四年爲限。若役未訖，更犯流、徒罪者，准加杖例。犯罪雖多，累決杖、笞者，亦不得過二百。」

杖刑過百，容易傷命。所以，唐高宗總章二年五月十一日下敕：「別令於律外決杖一百者，前後總五十九條。決杖至多，或至於死……今後量留一十二條，自餘四十七條並宜停。」但後來皇帝往往根據自己的意願隨意在流刑之外，濫用附加刑。如唐德宗貞元十九年十一月，「監察御史崔薳入臺近，不練故事，違式入右神策軍。上怒，笞四十，配流崖州。」（《舊唐書・德宗紀下》）崔薳僅僅因爲違反規定到了宦官統領的神策軍，就被配流崖州，還被打了四十大板。而這都是「上怒」的結果。可見，封建社會是一個人治大於法治的社會，律令不過是相對的規定，一切以統治者的個人意願爲轉移。

唐律對流人行程亦有嚴格的規定：「行程，依令：馬，日七十里；驢及步人，五十里；車，三十里。其水程，江、河、餘水沿溯程各不同，但車馬及步人同行遲速不等者，並從遲者爲限。」（《唐律疏議・名例三》）即按交通工具的遲速規定每天應走的路程。

在流放途中，流犯一般還得著枷或戴鎖，但不用杻。唐《獄官令》規定：「禁囚：死罪枷、杻，婦人及流以下去杻，其杖罪散禁。」又條：「應議、請、減者，犯流以上，若除、免、官，當並鎖禁。」（《唐律疏議・斷獄上》），《舊唐書・職官二》：「凡死罪，枷而杻。婦人及徒、流，枷而不杻。官品及勛散之階第七已上，鎖而不枷。」可見，官員享有優惠特權，只要鎖禁就可以了。著枷或戴鎖，或許是爲了防止逃亡。

流人若在行程內逃亡的話，就會被加以嚴厲的笞、杖的責罰。《唐律疏義・捕亡》規定：「一日笞四十，三日加一等；十九日合杖一百，過杖一百，五日加一等……」而且，還要追究監守者的責任：「主守不覺失囚，減囚罪三等……故縱者，各與同罪。」

若在途中無故稽留，也要受到懲罰。《唐律疏議・斷獄下》：「諸徒流應送配所，而稽留不送者，一日笞三十，三日加一等；過杖一百，十日加一等，罪止徒二年。」途中無故稽留的流人要受到笞、杖的責罰，嚴重的在流刑期滿後還要被囚禁兩年。容留流人的官員也要同受懲罰。據《唐會要》卷四十一〈左遷官與流人〉條記載，唐玄宗「天寶五載七月六日敕：應流貶之人，皆負譴罪，如聞在路多作逗留，郡縣阿容，許其停滯，自今以後……更因循所由，官當別有處分。」到了晚唐，這種懲處更爲嚴厲、具體。唐武宗開成五年十月敕：「配流囚人，行李所在州縣，申報到發時刻，月日頗甚違遲。今再條流，其遞過流囚，准律日行五十里。所在州縣，各具月日時刻，相承申報。自今更或停滯，囚徒有淹申發，其本判官，罰五十，直縣令，罰三十，直本典，決脊杖五十。」（《冊府元龜》卷六一三〈刑法部・定律令五〉）

押送流人的差役只負責把流人從京師送到配遣地所在各府，當地政府再派人將流人押付流配之州。《大唐六典》卷六「刑部郎中員外郎」條注記載：「配西州、伊州者，送涼府。江北人配嶺南者，送桂、廣府。非劍南人配姚、嶲州者，送付益府。取領即還。其涼府等，各差專使領送。所領送人，皆有程限，不得稽留遲緩。」

流人的管理

流人到了流配地後，還要強制勞作一年。加役流要強制勞作三年。按《大唐六典》卷六「刑部郎中員外郎」條注，被判流刑的人，「在京送將作監，婦人送少府監縫作。外州者供當處官役，及修理城隍倉庫及公廨雜使。犯流應住居作者，亦准此，婦人亦留當州縫作及配舂。」而且在居役期間，他們還得戴著刑具：「諸流徒罪居作者，皆著鉗。若無鉗者，著盤枷。病及有保者聽脫。不得著巾帶。」

對於流人在居作期間的怠工和逃亡，處罰也很嚴厲：「諸領徒應役而不役，及徒囚病癒不計日令陪役者，過三日笞三十，三日加一等；過杖一百，十日加一等，罪止徒二年。」（《唐律疏議・斷獄下》）、「諸流徒囚，役限內而亡者，一日笞四十，三日加一等；過杖一百，五日加一等。」（《唐律疏議・捕亡》）

對於居作的流人，政府也有一些較爲人性化的管理措施。如流人居作期間也有假日。「每旬給假一日，臘、寒食各給二日，不得出所役之院。」（《大唐六典》卷六「刑部郎中員外郎」條注）又如，「囚有疾病，主司陳牒，請給醫藥救療。」（《唐律疏議・斷獄上》）如果流人在期限內死亡，又無親屬，則由政府負責殯葬：「諸囚死，無親戚者，皆給棺，於官地內權殯。」（《通典》卷一六八）

流人在居作期滿後，雖獲人身自由，但還得在配役地生活一段時間，並承擔相應的賦稅徭役，直到流刑期滿才放還原籍。據《唐律疏議・名例三》，流人「役滿及會赦免役者，即於配處從戶口例……課役同百姓」，其隨行家屬亦隨其附籍。但「若流、移人身喪，家口雖經附籍，三年內願還者，放還」。

唐代流刑的期限

唐代流刑的一般期限爲六年。《唐會要》卷四十一「左降官及流人」條載太宗貞觀十五年（六四一）四月敕：「犯反逆免死配流人，六歲之後，仍不聽仕。」可見，除了反逆免死配流外，一般的流人六歲之後「聽仕」。由此可推斷，一般的流人，流放期是六年。《唐會要》卷四十一本條又載，唐憲宗元和八年（八一三）正月，刑部侍郎王播奏：「自今已後，流人及先流人等，准格例，滿六年後，並許放還。」又載唐文宗開成四年（八三九）十月五日敕：「今後流人，宜准名例律，及獄官令，有身名者，已後聽赦。無官爵者，六年滿日放歸。」（同上）由此可見，初唐的貞觀、中唐的元和以及晚唐的開成年間，流人都是六年放歸。只有唐穆宗長慶四年（八二四），「准今年正月德音，諸色流人與減一年，除贓減限外，滿五年即放還收斂。其配流在德音以後者，不在減限。」（同上）但這五年的流期只是統治者爲了昭示德音而進行的暫時的權變，因爲其後不久的開成敕中就又明確規定，流放期限還是六年。

另外，流放期限的長短還要視流人所犯之罪的性質和輕重程度以及流放地點而有所區別。《新唐書・刑法志》載：「非反逆緣坐，六歲縱之，特流者，三歲縱之，有官者，得復仕。」特流者指本犯不應流而特配流者，三年即可放還。

唐代又有一種「長流」流刑，是一種無期流刑。如《通典》卷一七〇錄有〈開元格〉的內容：武周朝酷吏來子珣、萬國俊等二十三人，因「殘害宗支，毒陷良善，情狀尤重，身在者，宜長流嶺南遠處，縱身沒，子孫亦不許仕宦」。又有因反逆緣坐而被長期流放者，他們大多是政治鬥爭的犧牲品。如李白坐永王案長流夜郎，再如高力士之長流巫州、韋堅之長流臨封、第五琦之長流夷州等。也有很多人是因爲犯了贓罪、殺人、姦淫等重罪而被長流的。如天寶六年（七四七）南海太守彭果坐贓，決杖，長流溱溪郡，結果「死於路」（《舊唐書・玄宗紀》）。唐德宗貞元中，蕭鼎、韋恪等因「出入主（部國公主）第，穢聲流聞」，被決四十，長流嶺表（《舊唐書・蕭復傳》）。

配流在邊鎮以實邊和戍邊的流人，流放期限也達十年。唐宣宗大中四年春，「大赦天下，徒流比在天德者，以十年爲限。既遇鴻恩，例減三年。但使循環添換，邊不闕人，次第放歸，人無怨苦。

其秦、原、威、武諸州諸關，先准格徒流人，亦量與立限，止於七年。如要住者，亦聽。」（《舊唐書》卷十八下）

唐統治者或在新君即位時，或在進行郊祀時，或在遇到祥瑞時，或欲昭示皇恩時，都往往要詔敕德音，恩沾流人，大赦天下。在這些情況下，流人往往被提前釋放。而且，唐代的這些恩赦比較頻繁，這就使得流放期限具有了某些隨機性和不確定性。但是，長流的流人一般不在範圍內。長流非遇特赦不得返還。例如武后寵臣李義府獲罪長流巂州，但乾封元年大赦，而長流人卻不許還，李義府憂憤發疾而卒。李白〈放後遇恩不沾〉說：「獨棄長沙國，三年未許回。」寫的也是常赦不免長流之怨望。直到唐肅宗改乾元三年（七六〇）爲上元元年，於年初發布〈改元上元赦文〉，大赦天下，發布特赦令後，李白才得以提前獲釋。他作〈流夜郎半道承恩放還〉詩說：「去國愁夜郎，投身竄荒谷。半道雪屯蒙，曠如鳥出籠。」

流放官員的量移

唐統治者對流人還有一種恩赦，謂之「量移」。顧炎武在《日知錄》卷三十二「量移」條說：「唐朝人得罪，貶竄遠方，遇赦改近地，謂之量移。」量移就是流人在遇到赦宥時，未到刑滿期限就從原先配流的邊遠地方移向近些的內地。《舊唐書．宋璟傳》記載，宋璟的兒子宋渾因罪「流嶺南高要郡」，後來遇赦，即「量移至東陽郡下」。再如宋之問因附二張及武三思，詔流欽州，後來因赦而改爲近一點的桂州。

量移之法也適用於貶謫左遷的官吏。《舊唐書．玄宗紀上》載，開元二十年（七三二）「大赦天下，左降官量移近處」。遭遇貶謫的官吏可以按照有關制度的規定，在遇到恩赦時由現在的任官地酌情移於近地任職。如韓愈曾被貶爲連州陽山令，量移爲江陵府掾曹。後來被貶潮州後，也曾獲量移，有詩〈從潮州量移袁州，張韶州端公以詩相賀，因酬之〉云：「明時遠逐事何如，遇赦移官罪未除。」再如劉長卿有詩〈初聞貶謫，續喜量移，登干越亭贈鄭校書〉，寫他開始聽說自己被貶謫，正在愁悶時，忽然又聽說了量移的消息，非常高興：「何事還邀遷客醉，春風日夜待歸舟。」而且，左降官可以按規定量移在唐代日趨制度化。如白居易遭貶後三年未量移，作詩〈自題〉：「一旦失恩先左降，三年隨例未量移。」看到同僚量移，也非常羨慕：「春歡雨露同沾澤，冬嘆風霜獨滿衣。留滯多時如我少，遷移好處似君稀。」（〈送韋侍御量移金州司馬〉）而後來白居易也於元和「十三年冬，量移忠州刺史」。

據《冊府元龜》卷八十五〈帝王部．赦宥四〉載，開元三年（七一五）十二月，唐玄宗駕幸鳳泉，有司奏稱，凡是皇帝御駕所經過的地方，流以上囚奏聽進止，凡罪至死刑，「宜決一百，配流遠惡處；其犯杖配流者，宜免杖依前配流，已決及流三千里者，節級稍移近處；二千五百里以下，並宜配徒以殿。」這可能是使用量移之法的最早記載。「已決及流三千里者，節級稍移近處」，就是把流人向近些的內地轉移以示恩赦。以後唐政府也常用量移之法。如《唐大詔令集》卷七十七〈典禮親謁〉載有玄宗開元十七年十一月〈謁五陵赦〉，其赦云：「大辟罪以下，罪無輕重，已發覺未發覺、已結正未結正、繫囚見徒常赦所不免者，咸赦除之。自天寶以來，有雜犯經移近處、流人並配隸磧西瓜州者，朕舍其舊惡，咸與維新，並宜放還。其逆黨緣坐、長流及城役量移近處，編附爲百姓。左降官量移近處。」這裡，玄宗令「逆黨緣坐、長流及城役」等重刑流人量移近處，又赦原已經過量移的流人免刑回籍。這說明：量移是在刑流人被放還原籍之前的一種過渡狀態；而且，量移只是在距離上移近內地，和流人刑滿放還原籍有質的差別。完全恢復自由，須流刑期滿或再經皇帝恩赦。

唐代關於流人的量移，不但自玄宗開始一直存在，而且有一套相應的規章制度。《唐會要》卷四十一「左降官及流人」就更加具體地說明了唐代量移流人的一般作法和程序。穆宗長慶四年四月刑部奏：「准其年三月三日起請，准制，以流貶量移，輕重相懸，貶則降秩而已，流爲擯死之刑，部論理，條件聞奏。今謹詳赦文，流爲減死，貶乃降資，量移者卻限年數，流放者便議歸還。准今年三月赦文，放還人其中有犯贓死及諸色免死配流者，如去上都五千里外，量移較近處；如去上都五千里已下者，則約一千里內。與量移近處，如經一度兩度移，六年未滿者，更與量移，亦以一千里爲限；如經三度兩度量移，如本罪不是減死者，請准制放還。」穆宗許之。這又表明，量移的距離與原判流刑的輕重相關，原判流刑至遠的，往往要經過「三度兩度量移」。

流人經過三度量移之後，原先所受的約束也相應解除了。《唐會要》卷四十一「左降官及流人」記載，唐宣宗大中年間，御史臺疏奏云：「（流人）經三度量移者，赦書後，委所在長吏仔細檢勘，無可疑者，便任東西，訖具名聞奏。」據此可見，流人經過三度量移後，由所在流配地的地方官仔細檢查核實後，就可放還了，只須地方官具名上報即可。這樣，自然也會使有些流人在刑期未滿時就被提前放還原籍了。

流放官員的起復

按唐律規定，流人刑期滿後就可以錄用爲官。原來就有官職的，可參原職聽敘。《唐六典》卷六「刑部郎中員外郎」條注：「流移之人……至六載然後聽仕（其犯反逆緣坐流及免死役流，不在此例）。即本犯不應流而特配流者，三載以後聽仕（有資者，各依本犯收敘法）。」例如，《新唐書·和逢堯傳》記載，武后時和逢堯詣闕上書，以狂妄流於莊州，後歸，舉進士高第，擢爲監察御史。

甚至有時朝廷急需用人，刑期未滿的流人，如果曾經做官，也在被考察之列。《冊府元龜》卷六十八〈帝王部·求賢二〉：「諸色流人及左降官，其中有行業夙著、情狀可矜、久踐朝班、曾經任用者，委在朝五品以上清望官及郎中御史，於流貶人中素相諳悉，爲眾所推者，各以名薦，須當才實，文武不墜。」這樣，其中一部分曾經爲官、在朝中有靠山或熟人的流人，就可以脫身爲官了。

還有部分流人是因爲政治鬥爭而被流放的，他們的仕宦命運也隨政治鬥爭的形勢而時沉時浮。如武則天時朝臣魏元忠數次遭誣而被逐流，又數次復官。又如郭元振坐失軍容而被流於新州，後又因軍功而起用。再如盧藏用被流放，後因助平交趾蠻亂而起用。更有意思的是，高宗儀鳳二年（六七七），朝議大夫、中書侍郎劉禕之，「有姊在宮中爲內職，天后令省榮國夫人之疾，禕之潛伺見之，坐是配流嶲州。歷數載，天后表請高宗召還，拜中書舍人。」（《舊唐書·劉禕之傳》）劉禕之僅因私與其姊談話就被流放，後來爲武后一請，竟自流人高擢爲中書舍人，眞是大落大起。可見最高統治者往往會將個人的喜怒凌駕於律法之上。

一方面，確有部分流人不到期限就得到起復甚至做了高官；可另一方面，也有不少遭流放的官員難逃厄運。有些流人在流放途中，又被賜死或者殺死。如王（金共）被告謀反，其子「長流嶺南，至故驛殺之」（《舊唐書・王鉷傳》）；又如黎幹與宦官劉忠交往圖謀，被「除名長流，俄賜死藍田驛」（《新唐書・黎幹傳》）。有些流人遭受杖刑後，身體嚴重受損，往往死於流放途中。如開元二十四年（七三六）十一月，監察御史周子諒「於朝堂決杖，配流瀼州，行至藍田而死」（《舊唐書・牛仙客傳》）。也有不少流放的官吏客死於流配之地，如宇文節坐房遺愛謀反之事，「配流桂州而卒」（《舊唐書・宇文融附宇文節傳》）。

流人的淒楚感受

山高水長，阻絕路途；馬倦人煩，勞苦不堪；瘴氣襲人，途中罹病。這些都是流放途中不可避免的磨難，更使人痛楚的是遠離故鄉的悵惘、失落和無奈。宋之問〈題大庾嶺北驛〉說：

陽月南飛雁，傳聞至此回。我行殊未已，何日復歸來？
江靜潮初落，林昏瘴不開。明朝望鄉處，應見隴頭梅。

這是宋之問流放欽州、途經大庾嶺時寫的一首詩。大庾嶺在今江西大庾，古人認爲此嶺是南北分界線。宋之問眼望那蒼茫山色、長天雁群，想到明日就要過嶺，一嶺之隔便與中原咫尺天涯，遷

兩岸猿聲啼不住，輕舟已過萬重山

謫失意的痛苦，懷土思鄉的憂傷，頓時一起湧上心頭。

是啊，在被流貶之時，有多少親友含淚相送，殷切致意！《全唐詩》中有幾首〈送流人〉詩：

見說長沙去，無親亦共愁。陰雲鬼門夜，寒雨瘴江秋。
水國山魈引，蠻鄉洞主留。漸看歸處遠，垂白住炎州。（王建〈送流人〉）

獨向長城北，黃雲暗塞天。流名屬邊將，舊業作公田。
擁雪添軍壘，收冰當井泉。知君住應老，須記別鄉年。（張籍〈送流人〉）

聞說南中事，悲君重竄身。山村楓子鬼，江廟石郎神。
童稚留荒宅，圖書託故人。青門好風景，為爾一沾巾。（司空曙〈送流人〉）

流人親臨流貶之地，方知景況更有甚於親友們的料想，常被前所未見之荒寒野僻的風土景象所震懾：「有蛇類兩首，有蟲群飛遊。窮冬或搖扇，盛夏或重裘。颶起最可畏，訇哮簸陵丘。雷霆助光怪，氣象難比侔。」流所的生活，更讓流人難服水土，多生疾病：「癘疫忽潛遘，十家無一瘳。」（韓愈〈赴江陵途中寄贈王二十補闕、李十一拾遺、李二十六員外三學士〉）

於是，悲憤、屈辱、孤寂、恐懼，甚至自棄、自傷，各種感受，湧上心頭。箇中滋味，可謂愁苦萬端。然而，又能向誰傾訴呢？如李白長流夜郎途中所寫的〈竄夜郎於烏江留別宗十六璟〉詩，表達了對妻弟「千里遠從」的感激：「遙瞻明月峽，西去益相思。」他還有〈南流夜郎寄內〉一詩，表達對妻子宗氏的深深懷念。李白後來遇赦北歸，有詩〈經亂離後天恩流夜郎憶舊遊〉，表達了自己重履康莊的欣喜：「五色雲間鵲，飛鳴天上來。傳聞赦書至，卻放夜郎回。」李白的天眞和幻想又復甦了，以爲從此「天地再新法令寬」，又有機會重申報國之志、以正平生之名了。於是，欲與苦難訣別的李白，急急地從夔州（今重慶奉節）乘舟飛流東下，留下了本文開頭提到的千古絕唱——〈早發白帝城〉。

讀書破萬卷，下筆如有神

——唐代的教育

甫昔少年日，早充觀國賓。
讀書破萬卷，下筆如有神。
賦料揚雄敵，詩看子建親。
——杜甫〈奉贈韋左丞丈二十二韻〉

讀書破萬卷 下筆如有神

唐玄宗天寶七年（七四八），杜甫贈詩給任尚書左丞的韋濟，希望得到他的提拔。從詩中可以看出，三十六歲的杜甫已經有了十分深厚的學問功底和文學創作才能。杜甫出生於一個「奉儒守官」的家庭，從小即接受了儒家教育。杜甫的祖父杜審言是武則天時期的著名詩人，杜甫遵守家世傳統，把讀書作詩以求聞達看成是自己的本分事業。在其〈壯遊〉詩中，杜甫說自己七歲能詩、九齡書字，這當是家學教育所致。杜甫也是這樣教育兒子的。他的小兒子宗武還在襁褓的時候，他就開始進行啟蒙教育了：「驥子好男兒，前年學語時。問知人客姓，誦得老夫詩。」（〈遣興〉）後來安史之亂後，杜甫攜家輾轉飄泊，當兩個兒子的學業稍有鬆懈時，杜甫不勝唏噓：「失學從兒懶，長貧任婦愁。」（〈屏跡三首其二〉）字裡行間透露出對於家教鬆懈的深切自責。

其實，關心子女教育問題的，不止杜甫。唐人特別是士大夫之家，普遍關注教育。唐代文學文化空前繁榮，與唐代教育的方式和特點有著極爲密切的關係。

唐代的教育包括官學和私學兩類。官學又有中央官學和設置於各州、縣的地方官學。私學既包括學校形態的鄉里村學，也包括非學校形態的自學。

唐代的中央官學

唐初，中央官學教育比較發達。中央主要是六學二館，即國子學、太學、四門學、律學、書學、算學和弘文館、崇文館。《新唐書．選舉志》載：

凡學六，皆隸於國子監：國子學，生三百人，以文武三品以上子孫若從二品以上曾孫及勛官二品、縣公、京官四品帶三品勛封之子為之；太學，生五百人，以五品以上子孫、職事官五品期親若三品曾孫及勛官三品以上有封之子為之；四門學，生千三百人，其五百人以勛官三品以上無封、四品有封及文武七品以上子為之，八百人以庶人之俊異者為之；律學，生五十人；書學，生三十人；算學，生三十人，以八品以下子及庶人之通其學者為之。

凡館二：門下省有弘文館，生三十人；東宮有崇文館，生二十人。以皇緦麻以上親，皇太后、皇后大功以上親，宰相及散官一品、功臣身食實封者、京官職事從三品、中書黃門侍郎之子為之。

由上面的記載，我們知道，唐代中央官學六學在設立時帶有非常明顯的等級特徵，即各種中央官學對入學人數、入學資格都有較爲嚴格的規定，招生對象隨等級的不同而不同。這些學校，等級愈高，名額愈少，等級低些，名額漸次增多。國子學地位最高，六學多隸屬於國子監。國子監學生由尚書省選送。弘文館、崇文館是高於六學的貴族學校，只有皇帝、皇太后近親及宰相等一品功臣子弟才能入學。

「六學二館」的在學者，大都是年齡在十四至十九歲的青少年學生，只有律學規定爲十八至二十五歲。中央和地方的官學學生在入學時要交學費，即行束修禮：「國子太學各絹三匹，四門學絹二匹，俊士及律書、算學、州縣各絹一匹，皆有酒脯。其束修三分入博士，二分入助教。」(《唐會要》卷三十五)學生的學費有一半是做爲老師的工資或獎金的。

「六學二館」的教學內容具有一定的可選擇性。國子學、太學、四門學的教學方式相同。《孝經》、《論語》是必修課，學制一年。另外設置大經（《禮記》、《春秋左氏傳》）、中經（《詩》、《周禮》、《儀禮》）、小經（《易》、《尚書》、《春秋公羊傳》、《穀梁傳》）爲選修課。選修課的學制是：小經（除《易》外）各一年半；《易》和中經各兩年；大經各三年。只有通二中經（通大經、小經各一也可）、通三經（大經、中經、小經各一）、通五經（大經皆通，餘經各一）者，才允許畢業。書學、算學的情況是：學書者除學習石經三體、《說文》、《字林》、《爾雅》等專業課，還要「日紙一幅」，進行練習，還要學習時務策、讀《國語》等以提高知識水準；學算者，要學習《孫子》、《五曹》、《九章》、《海島》、《張丘建》、《夏侯陽》、《周髀》、《五經算》、《綴術》、《緝古》、《記遺》、《三等數》等專業課。

「六學二館」的日常管理制度也比較明確。學校每十天放假一天，是爲旬假。每年還有兩次較長的假期，一次是在五月，稱爲「田假」；一次是在九月，稱爲「授衣假」，各十五日，讓學生回鄉省親，路程如超過兩百里的，則按遠近酌加路程假。如果不按規定日期返回學校、或者一年中曠課累計滿三十日、請事假超過一百日、請病假超過兩百日的，都予以退學處分。

「六學二館」的考試制度也很明確。每個旬假放假前先考試，考背誦和講解，不及格者予以處罰。學年結束後，有期末考試。在一年所學的全部課程中，問大義十條，答對八條的爲上等，答對六條的爲中等，答對五條以下的爲下等。如果三次考下等，或者在學九年還不符合舉送參加科舉考試的標準者，則勒令退學。畢業考試，以通兩經爲基數，由國子監組織考試，合格者送尚書省參加科舉考試。國子學、太學、四門學因當時科舉考試中有通五經、三經、二經三個科目，學生如果已通二經、三經，還願意繼續學習者，可以提升一級學習以作鼓勵，即四門學生補太學、太學生補國子學。

唐代的地方官學

唐朝地方興辦的學校，有官學，也有私學。一般說來，唐朝設置在州、縣一級的，多是地方官學。按《新唐書・選舉志上》，唐政府規定地方官學的學生數額：

> 京都學生八十人，大都督、中都督府、上州各六十人，下都督府、中州各五十人，下州四十人，京縣五十人，上縣四十人，中縣、中下縣各三十五人，下縣二十人。國子監生，尚書省補，祭酒統焉。州縣學生，州縣長官補，長史主焉。

地方官學開始時也有較爲嚴格的紀律規定和獎懲政策。《全唐文》卷四三八馮伉〈科處應解補學生奏〉：「國家崇儒，本於勤學。既居庠序，宜在交修。其有藝業不勤、遊處非類、樗蒱六博、酗酒喧爭、凌慢有司、不修法度，有一於此，並請解退。又有文章帖義不及格、限頻經五年不堪申送者，亦請解退。」對於學習成績好的學生，地方可以保送入中央官學。中央學校因爲貢舉及第或辭退學生出現空缺時，便由地方學生補充。

僅從唐朝政府的有關規定來看，唐代地方學校的設置似乎已頗具規範。而實際上，由於資金籌措、師資配備、校舍興建等諸多方面的困難，唐代地方學校遠未達到政府的相關要求。曾有學者對唐代太湖地區的官學進行考察後發現：唐前期，太湖地區州縣學校絕大多數沒有建立起來，鄉里學校吏不見記載（顧向明〈唐代太湖地區學考析〉，《臨沂師範學校學報》二〇〇三年第一期）。蘇、湖、常三州安史之亂以前，只有湖州一州有州學的較詳細的文字記載，說唐初置孔子廟附有學堂。「學置經學博士、助教、生員六十員」。而在天寶中，「詔廢，惟留補州助教一人、學生二人，備春秋二社，歲賦鄉飲酒而已」。蘇、湖、常三州所屬十七個縣中，在安史之亂前有縣學記載的，也只有蘇州昆山一縣，後來「以兵火廢」。蘇、湖、常三州在當時是比較富庶的地方，當地政府還不能對興辦學校提供足夠的資金支援，其他一些地方的辦學情況也就可想而知了。很多縣即使在和平時期也有相當長的時間沒有學校，更談不上有學生了。如上引《封氏聞見記》，到玄宗時，州縣之學已經「絕無舉人」了。

唐代官學教師這一職位也被士人所輕視。《唐大詔令集》卷一〇五〈求儒學詔〉載，時人「謂儒官爲冗列，視之若遺」。杜甫的好友鄭虔曾官廣文館博士，待遇很差，杜甫爲他鳴不平：「諸公袞袞登臺省，廣文先生官獨冷。甲第紛紛厭粱肉，廣文先生飯不足。」（〈醉時歌〉）中央官學的教師尚且如此，地方州縣的教師待遇就更差了。《封氏聞見記》卷一載：「國朝以來，州縣皆有博士，縣則州補，州則吏曹授焉。然博士無吏職，唯主教授，多以醇儒處之。衣冠俊人恥居此任。」看來，如果不是以弘揚道義爲己任的「醇儒」，是沒有人願意作州、縣官學的教師的。

唐朝政府在有學校的地方州、縣裡，似乎也並沒有專職分管教育的機構和人員。韓愈在潮州興學時請屬縣的「攝海陽縣尉，爲衙推官，專勾當州學，以督生徒」（韓愈〈潮州請置鄉校牒〉），這位被韓愈賞識並任用的縣尉是趙德，韓愈〈別趙子〉注：「趙子名德，潮州人。愈刺潮，德攝海陽尉，督州學生之徒。愈以袁州，欲與俱，不可，詩以別之。」州裡沒有主管教育的官員，韓愈只好先請一位縣尉來代管。可見州、縣官學凋敝的大概情況。

地方學校的設置與否，以及設置的規模和辦學品質的好壞，與地方官對文化教育的重視程度相關。一些比較注重文教的官員在開辦地方學校的過程中起了很大的作用。如〈大周故朝議大夫上柱國行隆州西水縣宰董府君墓誌銘並序〉言，董希令於幽州良鄉縣宰任上「開學校，勸農桑，家餘粟帛，里成鄒魯」（周紹良等《唐代墓誌彙編》，上海古籍出版社，一九九二年，第九一〇頁）；〈大唐故朝議大夫行洋州長史上柱國王府君墓誌銘並序〉說，王震於曹州乘氏縣令任上「敦勸耕桑，人知榮辱，闡揚學校，家識禮儀」（同上，第一一〇四頁）；〈唐故南陽郡內鄉丞吳府君墓誌銘並序〉講，吳曄於南陽內鄉縣丞任上，「將欲勸耕桑，崇學校，鄉問敦孝，少長有禮」（同上，第一六九三頁）。上述三人，一為縣宰，一為縣令，一為縣丞，都熱中於興學辦校。這是基層的縣官重視學校教育的例子。至於州、府以上官員致力於辦學者，史書亦多有記載，此不贅舉。

有的地方官員還親自視察學校，過問學校的課程設置情況。有的官員在公務之餘親自去學校聽課。如常州州學講授《論語》時，刺史獨孤及就曾「與二三賓客躬往觀焉」，他還認為，《論語》「括五經英華，使夫子微言不絕」，特意讓「儒者陳生以《魯論》二十篇於郡學之中率先講授」（梁肅〈陪獨孤常州觀講論語序〉）。還有的地方官員親自登壇講課。如柳宗元〈道州文宣王廟碑〉記載，道州刺史薛伯高就曾「攝衣登席，親釋經旨，不諭本統」。正是由於這些官員的努力，再加上朝廷的政策支持和鄉紳的慷慨捐助，地方官學和私學一度曾有過相當數量的學生。如睿宗時，裴耀卿在〈請行禮樂化導三事表〉中曾提到，全國州縣學生總數大約「不減五六萬人」。

唐代官學的興衰

唐代的中央官學「六學二館」在唐初就開始設立了。武德元年（六一八），唐政府就下令京都設國子學、太學、四門學。《唐會要》卷三十五：

> 貞觀五年以後，太宗數幸國學太學，遂增築學舍一千二百間。國學太學四門，亦增生員。其書算等，各置博士，凡三千二百六十員。其屯營飛騎，亦給博士，授以經業。無何，高麗、百濟、新羅、高昌、吐蕃諸國部長，亦遣子弟請入國學。於是國學之內八千餘人。國學之盛，近古未有。

貞觀年間，大量興辦學校，京都弘文館、崇文館都是此時創建的，國子監也增置書學、算學，後又加置律學，學生數量快速增加，加上鄰國派遣的留學生，六學二館共計八千多人，唐代官學達到極盛。

自唐高宗顯慶末（六六一）至武后長安四年（七〇四），是武后執政時期。這四十多年中，唐代官學開始走向衰微。嗣聖元年（六八四），陳子昂上〈諫政理書〉，說：「堂宇蕪穢，殆無人蹤，詩書禮樂，罕聞習者。」聖曆二年（六九九），韋嗣立上〈請崇學校疏〉，說：「國家自永淳已來，二十餘載，國學廢散，冑子衰缺，時輕儒學之官，莫存章句之選。貴門後進，競以僥倖升班；寒族常流，復因陵替弛業。」由陳、韋兩人所上奏疏可知：武后執政至永淳（六八二）前後二十年間，官學已顯露衰微之勢；

自永淳前後到韋上〈疏〉時，又將近二十年，官學已經是「國學廢散，胄子衰缺」了。再經過十年左右，張說在景雲二年（七一一）〈上東宮請講學〉中說：「今禮經殘缺，學校陵遲，歷代經史，率多紕繆。」所以他「伏願崇太學，簡明師，重道尊儒，以養天下之士」。

唐玄宗大約是受了老師張說的影響，較爲留意官學。他爲了迅速恢復發展官學，實行了一些改革措施。在中央官學方面，他於「天寶九年（七五〇）七月，詔於國子監別置廣文館，以舉常修進士業者，斯亦救生徒之離散也」（《唐摭言》卷一〈廣文〉）。在地方官學方面，他提高教師的地位，「改諸州博士爲文學，品秩在參軍之上」。更爲有力的舉措是，要求「天下舉人不得充鄉試，皆須補國子學生及郡縣學生，然後聽舉」（《唐文拾遺》卷二〈舉人不得充鄉試詔〉）。

唐玄宗此舉實在是出於無奈。唐朝取士，允許兩類人應試：一類是來自官學的學生；另一類是鄉貢，即由州縣選拔的自學成材的舉子。科舉入選的人數有限，所以出現了這兩類舉子的錄取比例問題。唐初應試者重視官學，武后時期入仕則多由鄉貢，故舉子入官學學習者就很少了。唐玄宗爲了把地方官學辦下去，只好把鄉貢停下來。《封氏聞見記》卷一載：「玄宗時，兩京國學有明經、進士，州縣之學絕無舉人。於是敕停鄉貢，一切令補學生，然後得舉。無何，中原有事，乃復爲鄉貢。」《新唐書．選舉志》也說：「舉人舊重兩監，後世祿者以京兆、同、華爲榮，而不入學。（天寶）十二載（七五三），乃敕天下，罷鄉貢，舉人不由國子及郡縣學者，勿舉送。……十四載（七五五），復鄉貢。」可見，玄宗的改革措施僅僅推行了兩年，還來不及走向規範，就因安史之亂而匆匆作罷了。

安史之亂又使得唐代官學迅速衰微。《舊唐書》卷一九〇〈賈至傳〉載，代宗寶應二年（七六三），「禮部侍郎楊綰上疏，請依古制，縣令舉孝廉於刺史，試其所通之學，送名於省」，代宗詔臣下商議。

大臣中多認爲楊綰的建議可行。楊綰等的意見實際上是主張廢除官學，選舉全由鄉貢。賈至則說：「今西京有太學，州縣有小學；兵革一動，生徒流離；儒臣師氏，祿廩無由；貢士不稱行實，冑子何嘗講習。」這實際道出了安史之亂後官學衰微的原因和情狀。所以，賈至主張恢復官學，尊崇學校。雖然大臣們也認爲賈至說的有道理，但他的建議並未馬上實行，當年的選舉仍然以鄉貢爲主。與賈至友善的杜甫，觀點與賈至是相近的。他在〈題衡山縣文宣王廟新學堂呈陸宰〉詩中，感慨「金甲相排蕩，青衿一憔悴。嗚呼已十年，儒服弊於地。征夫不遑息，學者淪素志」的現實局面，提出「周室宜中興，孔門未應棄」，對於衡山縣令立學堂一事大加褒揚，說「衡山雖小邑，首唱恢大義」，力圖「高歌激宇宙，凡百慎失墜」。

中唐時期，官學凋敝更甚。唐德宗年間，李觀所上〈請修太學書〉說：「在昔學有六館，……今存者三，亡者三。」還記載：「博士、助教鋤犁其中，播五稼於三時，……堂宇頹廢，磊砢屬聯。」很顯然，唐朝最高學府裡的教授們由於沒有受到政府的重視與撥款，索性把太學當成了農場。憲宗元和時，李絳〈請崇國學疏〉說：「頃自胡寇亂華，乘輿避狄，中夏凋耗，生人流離，儒碩解散，國學毀廢，生徒無鼓篋之志，博士有倚席之譏，馬廄園蔬，殆恐及此。」這也說出了當時「國學毀廢」的情景。元和八年（八一三），進士舒元輿曾寫了〈問國學記〉，敘述自己到中央官學參觀的情況。他說，到太學後，看到人去堂虛，院子裡被人們種滿了蔬菜，屋子裡也沒有座椅，只有「苔草沒地」。官學凋敝的情況，一直持續至晚唐，以至於有些官員實在看不下去了，宣導把百官的俸祿捐獻出一點兒來助修國學（例見鄧小軍《唐代文學的文化精神》第五六〇頁，臺灣文津出版社，一九九三年）。

唐代的鄉里村學

唐代設在縣下的鄉學，大多不是官學，而是私學性質或半私學性質的學校。

唐高祖武德七年（六二四）下〈興學詔〉，詔諸「州縣及鄉里，並令置學」（《唐大詔令集》卷一〇五）。唐玄宗開元二十六年（七三八）敕：「古者鄉有序，黨有塾，將以弘長儒教，誘進學徒，化人成俗，率由於是……宜令天下州縣，每鄉之內，各里置一學，仍擇師資，令其教授。」（《唐大詔令集》卷七十三）天寶三年（七四四）又下詔，要「鄉學之中，倍增教授；郡縣官吏，明申勸課」（《唐大詔令集》卷七十四）。都說明從唐代開國，到安史之亂前的正常社會狀態下，不但有州縣官辦的學校，還有鄉里村學的設置。

這些鄉里村學，有一些是富裕之家興建以專門教育本家族子弟的。如元稹幼年喪父，家境困窘，靠「母兄乞丐以供資養」，他看到鄰居家的兒童「有父兄爲開學校」，但自己「幼年之學，不蒙師訓」（元稹〈同州刺史謝上表〉），很是傷感。也有的是官員致仕或歸鄉時捐資興辦的。如《舊唐書．苗晉卿傳》載，苗晉卿在天寶年間（七四二—七五六）歸鄉里時，「出俸錢三萬爲鄉學本，以教授子弟」。還有的是官員改造廢舊的寺廟、祠堂等爲學校的。如《唐會要》卷三十五〈學校〉云：「貞元三年正月，右補闕宇文炫上言：請京畿諸縣鄉村廢寺，並爲鄉學。」詔許之。

在鄉學讀書的子弟生徒，也有成績優異者。盧藏用〈陳子昂別傳〉說陳子昂，「始以豪子馳俠使氣，至年十七八，未知書。嘗從博徒入鄉學，慨然立志，因謝絕門客，專精墳典。數年之間，經史百家，罔不該覽，尤善屬文，雅有相如、子雲之風骨。初爲詩，幽人王適見而驚曰：『此子必爲文宗矣。』年二十一，始東入咸京，遊太學，歷抵群公，都邑靡然矚目矣。由是為遠近所稱籍甚。」陳子昂經過三、四年的鄉學苦讀，竟能從「未知書」到被人許以文宗，可見有的鄉學是大有益於士子的學業長進的。

但並非所有的鄉學都有很好的教學條件和良好的師資。對於鄉里村學，唐朝政府只給政策支持，而經費和師資似乎都要由各地方自行籌措解決。所以，鄉學的辦學條件往往很差。《因話錄》卷六〈羽部〉「竇相易直」條載：「竇相易直，幼時名祕，家貧，受業村學。教授叟有道術，而人不知。一日，近暮，風雨暴至，學童悉歸家不得，而宿於漏屋之下。寒，爭附火……」可見村學校舍是多麼破爛不堪。校舍尚且如此簡陋，村學教師的窮困，更是不言而喻了。唐人薛用弱《集異記》「蔣琛」條載：「蔣琛精通一經，常教授鄉里。每秋冬於太湖中流設網罟以給食。」這位蔣老師如果不去打漁，恐怕吃飯都要成問題。《玄怪錄》卷二「齊饒州」條講，村學校舍為「草堂」，該村學的田先生有時需要「轉食」，「少求食於牧豎」，這是真的要飯了。可以看出，鄉學教師居住條件惡劣、待遇微薄，很難維持生活，或者僅能勉強糊口。在這樣的條件下能有高品質的教學效果的，委實不多。

對於年齡較小的鄉童來說，鄉里村學的教學內容要從蒙童讀物教起。首先，要解決「句讀之不知」的問題，如學習《千字文》、《開蒙要訓》、《俗務要名林》等，以掌握一般的文字知識。其他，如以《太公家教》教孩子們一些基本的倫理道德規範；以《蒙求》教孩子們一些典章制度、重要典故；以《兔園冊府》等仿照科舉考試的形式做模擬訓練等。唐時科舉還專設童子科。童子科是常科科目中的一個小科目，招舉年幼、聰慧的童子。唐初規定：「凡童子科，十歲以下能通一經及《孝經》、《論語》，卷誦文十，通者予官；通七，予出身。」（《新唐書．選舉志上》）唐宣宗大中十年（八五六），因諸道所薦送童子有許多超過了規定年齡，所以又將年齡放寬到十二歲以下。故學業極爲優異的鄉童，有機會舉童子科。

對於掌握了基本知識的學生，鄉學則主要教習他們儒家經籍、名家詩文等。《新五代史・梁太祖本紀上》載，朱溫的父親朱政「以《五經》教授鄉里」。這裡的《五經》當是貞觀中孔穎達等人奉敕所修撰的《五經正義》。當代名家的詩文，也是鄉校非常重要的教學內容。白居易在〈與元九書〉中說：「自長安抵江西，三四千里，凡鄉校、佛寺、逆旅、行舟之中，往往有題僕詩者；士庶、僧徒、孀婦、處女之口，每每有詠僕詩者。」元稹作〈白氏長慶集序〉曰：「予於平水市中，見村校諸童競習詩，召而問之，皆對曰：『先生教我樂天、微之詩。』」皮日休〈傷嚴子重〉序云：「余爲童在鄉校時，簡上抄杜舍人牧之集，見有與進士嚴惲詩。」可見，當時成名的詩人如白居易、元稹、杜牧等人的詩作，也成了鄉校村學的教材。

唐代士人的自學、切磋與應試

鄉里村學大多爲鄉童識句讀、明常識、粗通文理而設。如果家裡有條件讀書，士子們則多選擇在家自學。因爲學習詩賦並不像學習經書那樣，需要指點講解，而是在很大程度上靠學習者自己的揣摩、倣效，心思靈秀者自能成材。韓愈〈答崔立之書〉說：

及來京師，見有舉進士者，人多貴之，僕誠樂之，就求其術，或出禮部所試詩、賦、策等以相示，僕以為可無學而能，因詣州縣求舉。

韓愈得知考進士須考詩賦，就認爲「可無學而能」，認爲沒有什麼了不起，於是滿懷信心地去應試了。韓愈說自己「生七歲而讀書，十三而能文，二十五而擢第於春官」（〈與鳳翔邢尚書書〉）。韓愈是怎樣學習，以至於這樣迅速成材的呢？其實韓愈早年的身世經歷不佳，成材全靠自己的勤苦自學。李漢〈唐吏部侍郎昌黎先生諱愈文集序〉說韓愈「幼孤，隨兄播遷韶嶺。兄卒，鞠於嫂氏。辛勤來歸。自知讀書爲文，日記數千百言。比壯，經書通念曉析，酷排釋氏。諸史百子，皆搜抉無隱」。皇甫湜〈韓文公神道碑〉也說韓愈「七歲屬文，意語天出。長悅古學，業孔子、孟軻，而侈其文」。兩文所言之「自知讀書爲文」、「意語天出」，即是韓愈自學成材的明證。

像韓愈這樣在家自學感覺火候已到就去應考，是當時一般舉子的習慣作法。韓愈〈進士策問〉說：「今之舉者，不本於鄉，不序於庠，一朝而群至乎有司，有司之不之知也，宜矣。」這是說，當時不通過學校的自學已成風氣，也就難怪當時官學的花名冊中沒有名字了。

士子自學成材，是唐人最爲重要的教育形態。士子們在能夠識文斷字、能夠粗解文義後，往往獨立研讀經史著作，寫作詩賦文章，或交遊切磋，以資長進。唐代的進士、學者、詩人，大都有自學經歷。除了韓愈外，我們再來看幾位唐代著名詩人的情況：

李白，自敘其「五歲誦六甲，十歲觀百家」（〈上安州裴長史書〉）、「十五觀奇書，作賦凌相如」（〈贈張相鎬〉二首之二）、「三十成文章」（〈上韓荊州書〉）。可知李白在青少年時代，曾經有很長的一段時間，有過刻苦勤奮的自學。

杜甫〈壯遊〉自述：「七齡思即壯，開口詠鳳凰。九齡書大字，有作成一囊。」又說「脫略小時輩，結交皆老蒼」。可見杜甫也經歷了少年自學、並自覺與年長者切磋學習的過程。

白居易也是典型的自學成材者。白居易〈與元九書〉自言其少年自學之甘苦：「及五六歲，便學爲詩，九歲諳識聲韻。十五六，始知有進士，苦節讀書。二十已來，晝課賦，夜課書，間又課詩，不遑寢息矣。以至於口舌成瘡，手肘成胝，既壯而膚革不豐盈，未老而齒髮早衰白，瞥瞥然如飛蠅垂珠在眸子中也，動以萬數，蓋以苦學力文所致。」最爲明確地講出了自學的甘苦。

唐代還有一些士人，或隱居山林，或寄宿寺廟、道觀以讀書自學。茲舉數例：

李白在出蜀前，曾隱於大匡山讀書，並與趙蕤切磋。《唐詩紀事》卷十八引宋楊天惠《彰明逸事》稱：李白「隱居戴天大匡山，往來旁郡，依潼江趙征君蕤，蕤亦節士，任俠有氣，善爲縱橫學，著書號《長短經》。太白從學歲餘。……今大匡山猶有讀書臺。」

岑參做於天寶二年的〈感舊賦並序〉，敘其早年經歷：「五歲讀書，九歲屬文，十五隱於嵩陽，二十獻書闕下……荷仁兄之教導，方勵己以增修。無負廓之數畝，有嵩陽之一丘。」從文中所敘可知，岑參於十五至二十歲之間（即開元十七至二十二年）隱於嵩山之陽，刻苦自修。曾讀書嵩山的，還有劉長卿、孟郊、崔曙、張謂等。

廬山風景秀美，也是個讀書的好去處，所以唐代也多有士子隱居廬山讀書，如李端、杜牧、溫庭筠、杜荀鶴等詩人，都有讀書廬山的經歷。

一些寺廟、道觀可能會對寒門士人提供免費的膳食與住宿，所以也往往吸引他們前來讀書。唐相李紳少時家境貧寒，曾經寄居於無錫惠山寺，在寺中讀書。其〈憶題惠山寺書堂〉詩寫其重過惠山寺書堂的感受：「故山一別光陰改，秋露清風歲月多。松下壯心年少去，池邊衰影老人過。」惠山寺今有李紳讀書臺。惠山寺風景之秀美怡人，可從李紳〈別泉石〉序見其一斑：「惠山寺，松竹之下，甘爽乃人間靈液。清澄鑑肌骨，含漱開神慮。」在這樣的環境下讀書，自然十分愜意。

士子們在山林、寺廟和道觀中自學，徜徉於山林清幽明秀的景色之間，陶醉於安寧和諧的環境氛圍之中，有利於他們陶冶情趣，培養審美趣味。皎然〈裴秀才往會稽山讀書〉云：「一身齎萬卷，編室寄煙蘿。硯滴穿池小，書衣種楮多。吟詩山響答，泛瑟竹聲和。鶴板求儒術，深居意若何。」正是讀書山林者心緒的傳神寫照。

「獨學而無友，則孤陋而寡聞。」士子們懂得這個道理。所以他們在讀書自學的同時，也經常以文會友，相互切磋詩藝文章。竹溪六逸、大曆十才子等，都是歌詩唱和的詩人群落。張籍〈逢王建有贈〉說：「新作句成相借問，閑求義盡共尋思。」盧綸〈宴趙氏昆季書院因與會文並率爾投贈〉說：「詩禮挹餘波，相歡在琢磨。」都寫出了文友切磋帶給彼此間的收益和快樂。白居易〈醉後走筆酬劉五主簿長句之贈兼簡張大賈二十四先輩昆季〉云：「劉兄文高行孤立，十五年前名翕習。是時相遇在符離，我年二十君三十。得意忘年心跡親，寓居同縣日知聞。衡門寂寞朝尋我，古寺蕭條暮訪君。朝來暮去多攜手，窮巷貧居何所有。秋燈夜寫聯句詩，春雪朝傾暖寒酒。……張賈弟兄同里巷，乘閒數數來相訪。雨天連宿草堂中，月夜徐行草橋上。」寫的是白居易青年時期與劉、張、賈諸人唱和交遊的經歷。他們秋夜聯句，賦詩贈別，切磋鍛鍊。

大批士子經過刻苦的詩文鍛鍊，認真的切磋探討，深入挖掘出了個體潛在的創作能力，從而提高了社會整體的詩文創作水準。《新唐書．藝文志》說：「歷代盛衰，文章與時高下。……藏書之盛，莫盛於開元，其著錄者，五萬三千九百一十五卷，而唐之學者自爲之書者，又二萬八千四百六十九卷。嗚呼，可謂盛矣！」唐人自撰之書達到了唐前書籍總數的一半以上，實際上正是唐代教育注重自學和切磋這一特有的教育方式所結出的文化碩果。

當士子們自認爲通過平日的積累和訓練，已經業有所成的時候，他們就通過州、縣去參加科舉考試。《新唐書．選舉志》載：「每歲仲冬，州、縣、館、監舉其成者送之尚書省；而舉選不繇館、學者，謂之鄉貢，皆懷牒自列於州、縣。」「牒」是姓名、籍貫、學歷等資訊資料。這就是說，官學學生合格者被直接送到尚書省應試；而在家自學者，須到所在州、縣報名登記，經過測試合格者，隨鄉貢入京省試。韓愈〈贈張童子序〉比較具體地說明了當時的具體程序：「天下之以明二經舉於禮部者，歲至三千人。始自縣考試，定其可舉者，然後升於州若府；其不能中科者，不與是數焉。州若府總其屬之所升，又考試之如縣，加察詳焉，定其可舉者，然後貢於天子，而升之有司。其不能中科者，不與是數焉，謂之鄉貢。有司者，總州府之所升而考試之，加察詳焉，第其可進者，以名上於天子而藏之，屬之吏部，歲不及二百人，謂之出身。能在是選者，厥惟艱哉！」看來，能成爲「與乎三千之數」的鄉貢就殊爲不易，若欲「與乎二百之數」而進吏部，就更難了。至於進士，那更是鳳毛麟角了。

唐代教育傾向：重文學輕經史

唐代科舉諸科，以進士科最爲尊貴。《唐摭言》卷一〈試雜文〉說：「進士科……至調露二年，考功員外劉思玄奏請加試帖經與雜文，文之高者放入策。尋以則天革命，事復因循。至神龍元年（七〇五），方行三場試，故常列詩賦題目於榜中矣。」調露二年亦即唐高宗永隆二年（六八一），唐高宗曾下詔：「自今已後，考功試人，……進士試雜文兩首，識文律者，然後並令試策……即爲常式。」（《冊府元龜》卷六三九〈貢舉〉）進士考雜文，就是考文學。清代學者徐松在考證唐代科舉制的著作《登科記考》中說：「按雜文兩首，謂箴、銘、論、表之類，開元間始賦居其一，或以詩居其一，亦有全用詩賦者，非定制也。雜文之專用詩賦，當在天寶之間。」他認爲，專以詩賦取士，開始於唐玄宗天寶年間。

其實，箴、銘、論、表之類，也屬於文學範圍。唐玄宗之前，有時也考詩賦。如武則天垂拱元年（六八五），吳師道、顏元孫等二十七人進士及第，當時的試題就是〈九河銘〉、〈高松賦〉（顏眞卿〈朝議大夫守華州刺史上柱國贈祕書監顏君神道碑銘〉）。《文苑英華》卷七五九載：

> 太后頗涉文史，好雕蟲之藝，永隆中始以文章選士。及永淳之後，太后君臨天下二十餘年，當時公卿百辟無不以文章因循，遐久浸以成風……故太平君子唯門調戶選，徵文射策，以取祿位，此行己立身之美者也。父教其子，兄教其弟，無所易業，大者登臺閣，小者任郡縣，資身奉家，各得其足，五尺童子，恥不言文墨焉。是以進士為士林華選，四方觀聽，希其風采，每歲得第之人，不浹辰而周聞天下。

這裡透露了兩個重要資訊：一是以詩賦文章取士，早在武后朝；二是士人學習多於家中，「父教其子，兄教其弟」。杜佑是本朝人，所言必有據。如此，徐松詩賦取士始於玄宗之說，就須商榷了。

可以肯定的是：「開元以後，四海晏清，士無賢不肖，恥不以文章達。」（《通典》卷十五）唐玄宗後，進士取士專以詩賦，成爲定制，而帖經只做參考。所以，士子們也就不願意到官學研習經書，專以治九《經》（即《禮記》、《左傳》、《詩》、《周禮》、《儀禮》、《易》、《尚書》、《公羊傳》、《穀梁傳》）爲務的唐代官學日漸衰微。而鄉里村學及個人自學者，更加看重詩賦。

「事出乎沉思，義歸乎翰藻」的《文選》，是唐代士子們學習文學的良好範本。李善爲其作注後，影響更大，號爲「《文選》學」。杜甫《宗武生日》詩教育其子「熟精文選理，休覓彩衣輕」。李德裕也曾對唐武宗說：「臣祖天寶末以仕進無他技，勉強隨計，一舉登第。自後家不置《文選》，蓋惡其不根藝實。」（《新唐書．選舉志》）可見李德裕之祖，就是以《文選》做爲科舉的應對之具的。

至代宗時，唐詩名家已多，士子們又直接學習當代名家的詩作。詩人戎昱〈贈岑郎中〉說他童年讀書時就學習岑參詩：「童年未解讀書時，誦得郎中數首詩。」杜牧〈冬至日寄小侄阿宜詩〉表達的意思更顯豁：

李杜泛浩浩，韓柳摩蒼蒼。近者四君子，與古爭強梁。
願爾一祝後，讀書日日忙。一日讀十紙，一月讀一箱。
朝廷用文治，大開官職場。願爾出門去，取官如驅羊。

他教育子侄以李白、杜甫、韓愈、柳宗元的詩歌做爲範本閱讀，並說如果堅持下去，「取官如驅羊」。杜牧的方法，也是當時多數士子爲科舉成名而學習詩賦時所採取的一種簡捷而有效的方法。

因爲前人的精思妙語，確能對後學者有所啓發。王昌齡〈詩格〉曰：「凡作詩之人，皆自抄古人詩語精妙之處，名爲隨身卷子，以防苦思。作文興若不來，即須看隨身卷子，以發興也。」（《文鏡祕府論校注》第二九〇頁，中國社會科學出版社，一九八三年）

既然科舉考試偏重文學，也就難怪專在詩賦上下工夫，而忽略經史了。《舊唐書・儒學》序說：「高宗嗣位，政教漸衰，薄於儒術，尤重文吏。……因是生徒不復以經學爲意，唯苟希僥倖。」楊綰疏也說：「（高宗朝）又奏進士加雜文，明經填帖，從此積弊，浸轉成俗。幼能就學，皆誦當代之詩；長而博文，不越諸家之集。……六經則未嘗開卷，三史則皆同掛壁。」（《舊唐書・楊綰傳》）《舊唐書・李揆傳》載，李揆做主考官，知道經史是舉子們的弱項，就乾脆把《五經》、諸史鋪了一院子，讓舉子們任意翻檢。說：「大國選士，但務得才，經籍在此，請恣尋檢。」輕視經史乃至於此！

儘管如此，唐代還是頗有一些遠見卓識的學者、詩人和政治家，能謹守經史以爲學術根底，而不爲時風所浸染。

例如，唐代名相張說早在任東宮侍讀時，就向唐玄宗提出崇禮興學的主張，說：「經天地緯禮俗者，文教也。社稷定矣，固寧輯於人和；禮俗興焉，在刊正於儒範……臣愚伏願崇太學，簡明師，重道尊儒，以養天下之士。」（張說〈上東宮請講學啓〉，《張燕公集》卷十七）這對玄宗後來立意復興官學，無疑具有重要的引導作用。

再如具有「奉儒守官」傳統的杜甫，就非常注重儒家人文傳統的教育。他聲言「法自儒家有」（〈偶成〉），懷念「文物多師古，朝廷半老儒」（〈行次昭陵〉）的貞觀年代，而不滿於「儒服弊於地」（〈題衡山〉）的現實景況。他教育自己的孩子：「應須飽經術，已似愛文章。十五男兒志，三千弟子行。曾參與游夏，達者得升堂。」(〈又示宗武〉)杜甫對孩子學習經史的程度和層次的要求是很高的，他看到夔州少年讀書很少時，就感嘆：「小兒學問止《論語》，大兒結束隨商旅。」(〈最能行〉)在杜甫看來，《論語》只不過是入門之學，還遠遠不夠。

韓愈在〈答李翊書〉曾講自己自學的感受和體會：「學之二十餘年矣。始者，非三代兩漢之書不敢觀，非聖人之志不敢存。處若忘，行若遺，儼乎其若思，茫乎其若迷。」這表明韓愈在刻苦自學的同時，還能自覺地選擇閱讀書籍，以求學養根底之正。韓愈特別強調儒學修養對於創作的重要性：「將蘄至於古之立言者，則無望其速成，無誘於勢利，養其根而俟其實，加其膏而希其光。根之茂者，其實遂；膏之沃者，其光曄。仁義之人，其言藹如也。」

李德裕是唐武宗時的宰相和能臣，宋王讜《唐語林》卷一〈言語〉載：「李德裕太尉未出學院，盛有詞藻，而不樂應舉。」「盛有詞藻」，即完全有考取進士的可能，但他卻不去應舉，原因就在於他「幼有壯志，苦心力學，尤精《西漢書》、《左氏春秋》」(《舊唐書．李德裕傳》)，有深厚的經史基礎，同時又認爲爭逐進士的貢士們皆重文采、輕時務，不願與他們爲伍。

張說、杜甫、韓愈、李德裕，分別生活在初、盛、中、晚唐，張、李以政治才能見長，杜、韓以詩文創作名世，他們都能不囿於時風，在潛心詩文的同時，不廢經史，故能有卓然成就。

自學成材和崇尚文學，以及以經史爲根基，是唐代教育的特色。

三月三日天氣新，長安水邊多麗人——唐詩中的節令風俗

三月三日天氣新，長安水邊多麗人

三月三日天氣新 長安水邊多麗人

三月三日天氣新，長安水邊多麗人。
態濃意遠淑且真，肌理細膩骨肉勻。
——杜甫〈麗人行〉

三月三日是上巳節。杜甫〈麗人行〉中的「水邊」，指唐都城長安東南角的曲江池邊，是景色秀麗的遊覽勝地。唐人司馬扎〈上巳日曲江有感〉詩云：「萬花明曲水，車馬動秦川。此日不得意，青春徒少年。」劉駕〈上巳日〉詩也說：「上巳曲江濱，喧於市朝路。相尋不見者，此地皆相遇。」可見，唐代上巳節這一天，曲江之濱確實是遊人如織、美女如雲。

「風俗因時見」（孟浩然〈九日龍沙寄劉大慎虛〉）。全面展示唐代生活畫卷的唐詩，爲我們尋繹唐代的社會文化習俗提供了一個最好的基礎。我們正可以通過唐詩，特別是歲時節日詩，了解唐代多姿多采的節令風俗。

唐代的歲時節日很多。除上巳節外，還有元日、人日、上元節、晦日、中和節、社日、寒食節、清明節、端午節、七夕、中秋節、重陽節、冬至、臘日、除夕等。茲依據唐詩，分別介紹。

元日：門館賀新正

元日爲一歲之首，又稱爲元旦、元正、元朔等。這天，宮中皇帝臨朝，百官齊列，地方、節鎮攜禮上貢，四方番邦使臣也遠道而來，向皇帝朝賀新正。唐太宗〈元日〉詩云：「高軒曖春色，邃閣媚朝光。彤庭飛彩旆，翠幌曜明璫。恭己臨四極，垂衣馭八荒。霜戟列丹陛，絲竹韻長廊。」又〈正日臨朝〉云：「百蠻奉遐贐，萬國朝未央。」從中透露出太宗君臨天下、躊躇滿志的自矜之態。再從諸臣的元日詩來看，包佶〈元日觀百僚朝會〉云：「萬國賀唐堯，清晨會百僚。」王建〈元日早朝〉云：

「大國禮樂備，萬邦朝元正。」張祜〈元日仗〉云：「文武千官歲仗兵，萬方同軌奏升平。」和凝〈宮詞〉云：「正旦垂旒御八方，蠻夷無不奉梯航。群臣舞蹈稱觴處，雷動山呼萬歲長。」我們可以想見元旦朝賀之時，皇帝坐朝，朝臣祝酒；四方使臣梯山航海而來，山呼萬歲；朝廷儀仗威嚴，雅樂頻奏，氣勢宏大。

在舉行朝賀之禮後，皇帝有賜群臣柏葉、飲椒柏酒的慣例。椒柏象徵長壽，元正服之，有祝願之意。唐中宗賜群臣柏葉後，武平一作詩拜謝：「綠葉迎春綠，寒枝歷歲寒。願持柏葉壽，長奉萬年歡。」（〈奉和正旦賜宰臣柏葉應制〉）

在民間，元日這一天就沒有朝堂上那樣拘束了。這天是庶民百姓最爲高興的日子。尤其開心的是兒童，他們穿著新衣服跑出家門，相互炫耀，縱情嬉戲：「燎火委虛燼，兒童衒彩衣。」（劉禹錫〈元日感懷〉）孩子們還要燃爆竹以增加喜慶氣氛。唐時的爆竹又叫「爆竿」，大概是將一支較長的竹竿逐節燃燒，連續發出爆破之聲。這可能起源於唐時舊俗用火燒竹、以驅山鬼瘟神：「照潭出老蛟，爆竹驚山鬼。」（劉禹錫〈畬田行〉）後來，人們更多用爆竹裝點節日氣氛。除夕、元日燃放爆竹驅邪逐疫這一習俗，當時已經十分盛行。張說〈岳州守歲〉二首其二云：「桃枝堪辟惡，爆竹好驚眠。」來鵠〈早春〉詩也說：「新曆才將半紙開，小亭猶聚爆竿灰。」記述的都是元日燃燒竹竿的情景。

唐代還沒有貼春聯的習俗，往往用桃木板寫上神荼、鬱壘兩個名字，掛於門首，稱爲「仙木」或「桃符」。傳說神荼、鬱壘乃兄弟，居桃樹下，「性能執鬼」。北宋王安石〈元日〉詩中寫道：「千門萬戶曈曈日，總把新桃換舊符。」可見，元日掛桃符的習俗，宋時還在民間延續。也有在門前掛上桃枝來代替桃符的，所以張說詩說「桃枝堪辟惡」。

唐人元日要吃的特色飲食有五辛盤、膠牙餳、屠蘇酒等。五辛盤又叫春盤，由五種有辛辣氣味的食物拼成，據說服用後可以發散五臟中的陳氣。唐人薛能〈除夜作〉詩云：「茜旆猶雙節，雕盤又五辛。」此外，吃膠牙餳、飲屠蘇酒也是唐代元日習俗。白居易詩云：「歲盞後推藍尾酒，春盤先勸膠牙餳。」（〈歲日家宴戲示弟侄等〉）膠牙餳指的是用麥芽熬製成的黏糖，牙齒好的人可以吃。按洪邁《容齋四筆》記載，「藍尾酒」反映的是唐人的飲酒禮俗，即長者後飲，最後飲者稱「藍尾」。

元日這天人們要互相走訪拜賀。宗懍的〈荊楚歲時記〉載：「正月一日……長幼悉正衣冠，以次拜賀。」李郢〈元日作〉中的「鏘鏘華駟客，門館賀新正」，寫的就是互相拜賀的熱鬧氣氛。拜賀中當然要說些祝願、吉利的話。孟浩然〈田家元日〉云：「田家占氣候，共說此年豐。」節日的吉祥祝願不僅洋溢在城中的門館高樓，也充滿各地的鄉里村間。

元日過後，親戚朋友開始互相邀約宴飲，雅稱爲「傳座」。唐人唐臨《冥報記》載：「長安市里風俗，每至歲元日以後，遞作飲食相邀，號爲傳坐。」

人日：人勝參差剪

正月初七是人日。自南北朝以來，就有此習俗。據《北史・魏收傳》，晉朝議郎董勛《答問禮俗》云：「正月一日爲雞，二日爲狗，三日爲豬，四日爲羊，五日爲牛，六日爲馬，七日爲人。正旦畫雞於門，七日貼人於帳。」宗懍《荊楚歲時記》載：「正月七日爲人日……剪綵爲人，或鏤金箔爲人，以貼屏風，亦戴之頭鬢，又造華勝以相遺。」人們稱這類「剪綵爲人」的裝飾品爲「勝」或「巧勝」。

唐無己〈立春〉詩云：「巧勝向人眞耐老，衰顏從俗不宜新。」溫庭筠〈菩薩蠻〉詞云：「藕絲秋色淺，人勝參差剪。」都指此而言。人日還有飲酴醾酒的風俗，所謂「彩勝年年逢七日，酴醾歲歲滿千鍾」（閻朝隱〈奉和聖製春日幸望春宮應制〉）。在民間，人們還有以人日這天的天氣陰晴占卜一年收成好壞的習俗。託名東方朔的《占年書》稱：「人日晴，所生之物蕃育；若逢陰雨，則有災。」杜甫〈人日二首〉其一云：「元日到人日，未有不陰時。」杜甫擔心年景收成，體現的正是憐農憫農的仁者情懷。

此日，又有登高的習俗。《唐詩紀事》卷九載，唐中宗「景龍三年（七〇九）人日，清暉閣登高遇雪」。其時大臣宗楚客、劉憲、蘇頲、李嶠都有詩記述此事（宗楚客、劉憲、蘇頲有同題詩〈奉和人日清暉閣宴群臣遇雪應制〉，李嶠亦有〈上清暉閣遇雪〉）。鮑防〈人日陪宣州范中丞傳正與范侍御傳眞宴東峰亭〉云：「流光易去歡難得，莫厭頻頻上此臺。」韓愈〈人日城南登高〉詩云：「初正候才兆，涉七氣已弄。靄靄野浮陽，暉暉水披凍。聖朝身不廢，佳節古所用。親交既許來，子侄亦可從。盤蔬冬春雜，尊酒清濁共。」看來在這天，人們有攜親約友、共同登高、遊賞飲宴的習俗。

登高，則容易望遠思鄉，懷念親人。隋代薛道衡的〈人日思歸〉云：「入春才七日，離家已二年。人歸落雁後，思發在花前。」雁歸而人猶未歸，花未發而人先爲鄉思憔悴，薛道衡非常強烈地表達了自己盼望回家團聚的心情。後來晚唐李商隱的〈人日即事〉則引薛詩爲同調：「獨想道衡詩思苦，離家恨得二年中。」又如陸龜蒙〈人日代客子〉：「人日兼春日，長懷復短懷。遙知雙彩勝，並在一金釵。」也是人日懷親之作。

「人日書幡誦百千。」（蔡襄〈人日立春舟行寄福州燕二司封〉）人們念及遠方親友，這天往往要寄書贈詩。人日題贈，尤以杜甫和高適的故事最著名。杜甫旅居成都時，高適任蜀州（今崇慶縣）刺史。唐肅宗上元二年（七六一）人日，高適想起老朋友，寫詩寄贈杜甫：「人日題詩寄草堂，遙憐故人思故鄉……今年人日空相憶，明年人日知何處？」（〈人日寄杜二拾遺〉）詩中既表達了自己對杜甫的思念，也表達了他們不能在故鄉度過人日的悵惘。杜甫當時沒有能夠及時作答。大曆五年（七七〇）正月，杜甫整理文稿時，翻出高適的這首贈詩。其時，高適已歿四年。杜甫睹物思人，有感於亡友情深，做了〈追酬故高蜀州人日見寄〉詩：「自蒙蜀州人日作，不意清詩久零落。今晨散帙眼忽開，迸淚幽吟事如昨。」情眞意切，感人肺腑。就在作詩的這一年冬天，杜甫也溘然辭世。但兩位大詩人的人日唱和，卻成了千古佳話。

上元節：燈火家家市

正月十五爲上元節（與七月十五日的中元節和十月十五日的下元節相對應）。人們比較注重這天夜裡的節日活動，因爲這夜是新年的第一個月圓之夜，所以上元節又稱元夜、元夕、元宵節。

元宵節漢代已有，而特盛於隋唐。大業六年（六一〇）元宵，隋煬帝召集民間藝人至洛陽城外舉行盛大的百戲，以招待來朝的各族酋長。《隋書・音樂志下》記載當時的場面：「於端門外，建國門內，綿亙八里，列爲戲場。百官起棚夾路，從昏達旦，……大列炬火，光燭天地，百戲之勝，亙古無比，自是每年以爲常焉。」薛道衡詩：「萬戶皆集會，百戲盡前來。竟夕魚負燈，徹夜龍銜燭。」（〈和許給事善心戲場轉韻詩〉）寫的就是當時的熱鬧場面。隋煬帝本人也有詩寫元宵節：「燈樹千光照，花焰七枝開。」（〈元夕於通衢建燈夜升南樓〉）

唐代的元宵節更是熱鬧非凡。唐代張鷟《朝野僉載》卷三記載：「睿宗先天二年正月十五、十六夜，於京師安福門外做燈輪，高二十丈，衣以錦綺，飾以金玉，燃五萬盞燈，簇之如花樹。宮女千數，衣羅綺，曳錦繡，耀珠翠，施香粉。一花冠，一巾披皆萬錢，裝束一妓女皆至三百貫。妙簡長安、萬年少女、婦千餘人，衣服、花釵、媚子亦稱是，於燈輪下踏歌三日夜，歡樂之極，未始有之。」唐玄宗更是有過之而無不及。《明皇雜錄》載玄宗時的一次元宵節，以繒彩結紮爲燈樓，廣二十四間，高十五丈。燈樓四周懸掛著珠玉、金銀穗，清風吹來，發出錚錚的聲響，燈上則閃耀著繪製的各色騰躍的龍鳳虎豹。從唐人詩作也可以略見唐代元宵節盛況之一斑：武則天時的宰相蘇味道有〈上元〉詩：「火樹銀花合，星橋鐵鎖開。暗塵隨馬去，明月逐人來。遊騎皆穠李，行歌盡落梅。金吾不禁夜，玉漏莫相催。」唐玄宗開元時期的宰相張說有〈十五日夜御前口號踏歌詞二首〉：「花萼樓前雨露新，長安城裡太平人。龍銜火樹千燈焰，雞踏蓮花萬歲春。」、「帝宮三五戲春臺，行雨流風莫妒來。西域燈輪千影合，東華金闕萬重開。」都是寫元宵節的繁華景象，讀之令人神往。唐代長安實行宵禁，夜禁鼓一響，便禁止出行，否則要受處罰。唯獨上元節，皇帝特許開禁三天，稱爲「放夜」。蘇味道詩中「金吾不禁夜，玉漏莫相催」即指此。從張說詩中的「西域燈輪千影合」，我們還可以了解到，當時的彩燈花樣翻新，有的還具有異域風情。

據《古今事文類聚》前集卷七引雍洛《雍洛靈異小錄》說：「唐朝正月十五夜，許三夜夜行。其寺觀街巷，燈明若晝，山棚高百餘尺。神龍（中宗年號）以後，復加嚴飾，士女無不夜遊，車馬塞路，有足不躡地，浮行數十步者。」其熱鬧擁擠的程度簡直無以復加。張祜〈正月十五夜燈〉云：「千門開鎖萬燈明，正月中旬動帝京。三百內人連袖舞，一進天上著詞聲。」就是當時情景的生動寫照。

崔液〈上元夜六首〉道：「玉漏銀壺且莫催，鐵關金鎖徹明開。誰家見月能閒坐，何處聞燈不看來？」平時足不涉戶的閨閣女子，或許也能乘此機會與意中人相會談情，所以唐人崔知賢〈上元夜效小庾體〉詩云：「今夜啓城闉，結伴戲芳春。鼓聲撩亂動，風光觸處新。月下多遊騎，燈前饒看人。歡樂無窮已，歌舞達明晨。」

兩都元宵節之夜如此歡樂，全國城鄉豈肯落後。白居易描寫杭州的〈正月十五日夜月〉詩寫道：「燈火家家市，笙歌處處樓。無妨思帝里，不合厭杭州。」羊士諤〈上元日紫極宮門觀州民燃燈張樂〉描繪：「山郭通衢隘，瑤壇紫府深。燈花助春意，舞綬織歡心。」張蕭遠也在〈觀燈〉詩中說：「十萬人家火燭光，門門開處見紅妝。歌鐘喧夜更漏暗，羅綺滿街塵土香。」

元宵節次日，唐人稱爲耗磨日。明陳耀文《天中記》卷四載：「正月十六日，古謂之耗磨日……此日謂之耗日，官司不開倉庫而已。」唐張說〈耗磨日飲〉：「耗磨傳茲日，縱橫道未宜。但令不忌醉，翻是樂無爲。」、「春來半月度，俗忌一時閒。不酌他鄉酒，惟堪對楚山。」看來唐人這天，不必做事，只須喝酒。

正月半後，直到月末，悠閒無事，唐人有聚飲之俗。《藝文類聚．歲時部》引《荊楚歲時記》曰：「元日至於月晦（每月最後一天），並爲酺聚飲食。」《開元天寶遺事》卷四亦載：「都人士女，每至正月半後，各乘車跨馬，供帳於園圃或郊野中，爲探春之宴。」又說：「長安士女，遊春野步，遇名花則設席藉草，以紅裙遞相插掛，以爲宴幄。」（同上，卷三）這又可見少年輕薄者的節日放縱之態。可是，鄉野村夫更爲關注的還是桑麥的收成。孟郊〈長安早春〉詩云：「旭日朱樓光，東風不驚塵。公子醉未起，美人爭探春。探春不爲桑，探春不爲麥。日日出西園，只望花柳色。乃知田家春，不入五侯宅。」詩人通過對比手法對公子美人不知稼穡之艱難提出批評。

晦日：無人不送窮

正月的最後一天，即晦日，是個巫風濃重的節日。東晉葛洪《抱朴子內篇・微旨》稱：「月晦之夜，灶神亦上天白人罪狀。大者奪紀，紀者三百日也。小者奪算，算者三日也。」又有傳說云，上古時顓頊生一子，性喜穿破衣爛衫，人們叫他「窮子」，死於正月晦日。人們送葬時，就說：「今日送窮子。」（參見陳元靚《歲時廣記》引《文宗備問》）後世在這天設粥食敝衣於巷陌間相祭，稱「送窮」。所以晦日又有送窮日的說法。

送窮之俗在唐代相當盛行。韓愈曾寫〈送窮文〉，文章借「主人」與「窮鬼」的對話，表白自己四十餘年智窮、學窮、文窮、命窮、交窮，懇請「五窮鬼」離去。姚合〈晦日送窮三首〉其一云：「年年到此日，瀝酒拜街中。萬戶千門看，無人不送窮。」「無人不送窮」，意謂送窮風俗在當時已相當普遍。

既然晦日有灶神告狀，損人壽命，又有窮鬼相纏，妨人發財，唐人在心理上就不願意接受這個晦氣的節日。於是，貞元五年（七八九），唐德宗「自我爲古」，「廢正月晦，以二月朔爲中和節」（《新唐書・李泌傳》）。「皇心不向晦，改節號中和」（呂渭〈皇帝移晦日爲中和節〉），唐德宗把晦日推後了一天，以二月初一爲中和節，並下令以中和節和上巳節、九日（重陽節）合稱三令節。

在初盛唐時，人們就在逐步增強晦日的娛樂功能。楊炯〈晦日藥園詩序〉說：「於時丁丑之年，孟春之晦，歲陰入於星紀，斗柄臨於析木。衣冠雜遝，出城闕而盤遊；車馬駢闐，俯河濱而帳飲。」許多唐詩都描述晦日這天，人們紛紛借著祓除的機會，出城遊賞宴飲。如宋之問〈桂州陪王都督晦日宴逍遙樓〉：「晦節高樓望，山川一半春。」岑參〈晦日陪侍御泛北池〉：「春池滿復寬，晦節耐邀歡。」解琬〈晦日宴高氏林亭〉：「歡娛屬晦節，酩酊未還家。」唐德宗廢正月晦，以二月初一爲中和節，人們的遊賞活動，就更加名正言順了。

社日：家家扶得醉人歸

社日，是古代民間祭祀土地神的日子。一年中有兩次，稱爲春社和秋社，分別指立春和立秋後第五個戊日。人們通過祭祀表達他們對風調雨順的良好祝願。杜甫〈社日〉之「報效神如在，馨香舊不違」，就是代村民表達意願的詩句。

社日到來時，民眾集會競技，進行各種類型的表演，非常熱鬧。顧況〈永嘉〉：「東甌傳舊俗，風日江邊好。何處樂神聲，夷歌出煙島。」可見，南方有用音樂酬神的風俗。劉禹錫〈秋日送客至潛水驛〉：「楓林社日鼓，茅屋午時雞。」可知社日鼓樂喧天。如此熱鬧，燕子只好遠遠地躲起來。杜甫〈燕子來舟中作〉：「湖南爲客動經春，燕子銜泥兩度新。舊入故園常識主，如今社日遠看人。」

社祭完畢，鄉民往往集體歡宴。王駕〈社日〉：「鵝湖山下稻粱肥，豚柵雞棲半掩扉。桑柘影斜春社散，家家扶得醉人歸。」鄉民平日難得聚飲，如今喜逢社日，當然要喝個一醉方休了。據說，吃社日酒還專治耳聾。五代李濤〈春社從李昉乞酒〉：「社公今日沒心情，爲乞治聾酒一瓶。」

社日這天，婦女停止女紅，稱「忌作」，有的還下地勞動，以表示對社神（土地神）的敬重。

上巳節：三日最遨遊

三月三日是上巳節。唐人大都樂於在這天郊遊踏青。這與古時上巳節最初形成時的情況大不相同。古時以夏曆三月的第一個巳日稱爲「上巳」。三月初三多逢巳日，曹魏以後，就把這個節日固定在三月三日。這個節日起源於周代的水濱祓禊之俗。《周禮．春官．女巫》：「女巫掌歲時祓除釁浴。」鄭玄注：「歲時祓除，如今三月上巳，如水上之類；釁浴謂以香薰草藥沐浴。」到漢代，上巳已成爲節令。應劭《風俗通》解釋「上巳」的內容含意爲：「禊者，潔也，故於水上盥潔之也。巳者，祉也，邪疾已去，祈介祉也。」這一天，男男女女穿上新縫製的春裝，傾城而出，採摘香草，到水濱嬉戲洗浴，宴飲行樂。認爲這樣可以祓除不祥，名之曰春禊。

到了唐代，上巳節祭神沐浴的巫術色彩漸漸淡去，而逐漸演變成以郊遊踏青、水邊宴飲爲主要內容了。張九齡〈三月三日登龍山〉說：「禊飲豈吾事，聊將偶俗塵。」意思是說，我並不在乎「祓除釁浴」，只要玩得高興。張登〈上巳泛舟得遲字〉也說：

令節推元巳，天涯喜有期。初筵臨泛地，舊俗祓禳時。
枉渚潮新上，殘春日正遲。竹枝遊女曲，桃葉渡江詞。

他盼望上巳節，也主要是爲了在那天觀新潮、浴春陽、聽俗曲、會所愛，倒不願意理會祓禳的「舊俗」。

《天中記》卷四引李綽《秦中歲時記》載：「上巳，賜宴曲江，都人於江頭禊飲，踐踏青草，曰踏青。」飲酒設宴、踏青遊玩，才是唐人心目中上巳節的中心內容，祓禳之事不過是個幌子。沈佺期〈三日獨坐驩州思憶舊遊〉說：「兩京多節物，三日最遨遊。」唐彥廉〈上巳日寄韓公〉也說上巳節最適合踏青：「上巳接寒食，鶯花寥落晨。微微潑火雨，草草踏青人。」萬齊融〈三日綠潭篇〉則生動地描繪了上巳日的娛遊盛況：

春潭滉漾接隋宮，宮闕連延潭水東。
蘋苔嫩色含波綠，桃李新花照底紅。
垂菱布藻如妝鏡，麗日晴天相照映。
素影沉沉對蝶飛，金沙礫礫窺魚泳。
佳人祓禊賞韶年，傾國傾城并可憐。
拾翠總來芳樹下，踏青爭繞綠潭邊。
公子王孫恣遊玩，沙陽水曲情無厭。
禽浮似挹羽觴杯，鱗躍疑投水心劍。
金鞍玉勒騁輕肥，落絮紅塵擁路飛。
綠水殘霞催席散，畫樓初月待人歸。

詩寫上巳一日綠潭遊春，麗日晴天，蘋苔嫩色，桃李新花，蝶飛魚樂，佳人拾翠，公子恣遊，斑斕炫目，好一幅人間勝景。

寒食節：火燧知從新節變

寒食節據說是春秋時晉文公為紀念介之推而設的禁火日。相傳當年晉公子重耳出亡期間，介之推曾經割股為他充飢。後來重耳歸國為君後，分封群臣時卻忘記了介之推。介之推不願誇功爭寵，攜老母隱居於綿山。晉文公親自到綿山，遍尋不到，便下令放火燒山，想以此逼出介之推，但最後發現介之推與其母都被燒死。重耳十分後悔，便規定每年此日不得生火，一律吃冷食，稱為寒食節。也有人說，古代的火崇拜才是寒食節的真正來歷，《後漢書．周舉傳》李賢注曰：「龍星，木之位也，春見東方，必為大火，懼火之盛，故為之禁火。」

寒食節在冬至後的第一〇五日。杜甫〈一百五日夜對月〉云：「無家對寒食，有淚如金波。」南朝梁宗懍《荊楚歲時記》載：「（寒食）按曆合在清明前二日，亦有去冬至一百六日者。」所以元稹〈連昌宮詞〉有句云：「初過寒食一百六，店社無煙宮樹綠。」也有人說，唐人寒食禁火，有時是三天。宋金盈之《醉翁談錄》卷三〈京城風俗記〉：「今云斷火三日者，謂冬至後一百四日、一百五日、一百六日也。唐杜甫〈小寒食〉詩云：『佳辰強飲食猶寒。』乃知『食猶寒』，則是一百六日也。一百四日為大寒食，一百六日為小寒食，明矣。」

寒食節家家不得生火，是禁止煙火之日。李崇嗣〈寒食〉云：「普天皆滅焰，匝地盡藏煙。」但唐制特許宮中舉火，並燃燭傳火，賞賜近臣。大曆才子韓翃有〈寒食〉名作：「春城無日不飛花，寒食東風御柳斜。日暮漢宮傳蠟燭，輕煙散入五侯家。」

寒食之日適逢春日，唐人喜歡在此時踏青遊玩。如元稹〈寒食日〉：「今年寒食好風流，此日一家同出遊。」又如韋莊詩：「雕陰寒食足遊人，金鳳羅衣溼麝薰。」（〈丙辰年鄜州遇寒食城外醉吟五首〉其二）可見唐人寒食遊樂之盛。

寒食過後，宮內宦官便在殿前鑽榆柳木取火，然後派人將新火傳送給各大臣，以示皇恩。如韓愈〈寒食直歸遇雨〉云：「惟將新賜火，向曙著朝衣。」寒食日取新火，重在除舊布新，如張說〈奉和聖製寒食作應制〉詩：「改木迎新燧，封田表舊燒。」韋承慶〈寒食應制〉：「舊火收槐燧，餘寒入桂宮。」說的都是寒食改火的習俗。上行下效，民間也相延成俗。如杜甫〈清明二首〉有「朝來新火起新煙」、「家人鑽火用青楓」之句，陳潤〈東都所居寒食下作〉云：「浴蠶當社日，改火待清明。」朱灣〈平陵寓居再逢寒食〉：「火燧知從新節變。」賈島〈清明日園林寄友人〉：「晴風吹柳絮，新火起廚煙。」說的就是民間寒食改火的情形。

清明節：路上行人欲斷魂

寒食節後二日是清明節。杜牧〈清明〉詩云：「清明時節雨紛紛，路上行人欲斷魂。借問酒家何處有，牧童遙指杏花村。」「欲斷魂」的行人，都是趕去掃墓祭祖的。唐玄宗下詔，訂寒食、清明掃墓為當時「五禮」之一。所以，唐人每逢清明，「田野道路，士女遍滿，皂隸傭丐，皆得上父母丘墓。」（柳宗元〈與許京兆書〉）清明漸漸形成固定的掃墓時間。熊孺登〈寒食野望〉就說：「拜掃無過骨肉親，一年唯此兩三辰。」

唐人每於寒食開始上墳掃墓。如徐凝〈嘉興寒食〉云：「嘉興郭里逢寒食，落日家家拜掃歸。唯有縣前蘇小小，無人送與紙錢來。」寒食掃墓，有一點不方便：寒食期間禁火，墓祭不能火化紙錢。人們只好將紙錢插、掛在墓地或墓樹上，有的壓在墳頭。張籍〈北邙行〉云：「寒食家家送紙錢，烏鳶作窠銜上樹。」薛逢〈君不見〉詩云：「清明縱便天使來，一把紙錢風樹杪。」說的都是這種情況。王建〈寒食行〉把掃墓情形描述得更爲具體：「寒食家家出古城，老人看屋少年行。丘壟年年無舊道，車徒散行入衰草。牧兒驅牛下塚頭，畏有家人來灑掃。遠人無墳水頭祭，還引婦姑望鄉拜。三日無火燒紙錢，紙錢那得到黃泉！但看壟上無新土，此中白骨應無主。」

《歲時百問》解釋清明的取名緣由說：「萬物生長此時，皆清潔而明淨，故謂之曰清明。」時節如此，又值四野如市，因而人們在上墳之餘，往往還伴有一系列郊遊、踏青等娛樂活動。王維〈寒食城東即事〉云：「少年分日作遨遊，不用清明兼上巳。」

唐高宗曾發布詔令：「或寒食上墓，復爲歡樂。坐對松檟，曾無戚容。既玷風猷，並宜禁斷。」（《全唐文》卷十二〈禁止臨喪嫁娶及上墓歡樂詔〉）但敕令並不能眞正發揮效用。因爲，統治者本身就不能做到。《開元天寶遺事》卷三記載：「天寶宮中至寒食節，競豎秋千。令宮嬪輩戲笑，以爲宴樂。帝呼爲半仙之戲。都中士民因而呼之。」張說〈奉和聖製寒食作應制〉：「寒食春過半，花濃鳥復嬌。從來禁火日，會接清明朝。鬥敵雞殊勝，爭毬馬絕調。晴空數雲點，香樹百風搖。改木迎新燧，封田表舊燒。皇情愛嘉節，傳曲與簫韶。」詩中提到，皇親國戚已把寒食、清明看成「嘉節」，又是鬥雞，又是爭毬，任情嬉戲。王建的〈宮詞〉說：「殿前鋪設兩邊樓，寒食宮人步打毬。一半走來爭跪拜，上棚先謝得頭籌。」連唐代的許多皇帝也都喜愛蹴鞠之戲。唐僖宗就是一個「蹴鞠皇帝」，他曾得意地說：「朕若應擊球進士舉，須爲狀元。」

蹴鞠和秋千也是寒食、清明民間最有代表性的室外活動。王維〈寒食城東即事〉：「蹴鞠屢過飛鳥上，秋千競出垂楊裡。」杜甫〈清明二首〉其二：「十年蹴鞠將雛遠，萬里秋千習俗同。」秋千尤其爲女孩子所鍾愛。韋莊〈丙辰年鄜州遇寒食城外醉吟〉五首其一：「滿街楊柳綠絲煙，畫出清明二月天。好是隔簾花樹動，女郎撩亂送秋千。」可見，秋千、球戲都是唐人寒食節的重要習俗。

宮方的禁令成爲一紙空文，人們在拜掃之餘，也常常踏青郊遊、擊毬、走馬、盪秋千，樂而忘返。杜甫〈清明〉一詩爲我們描繪了潭州（今湖南長沙）百姓清明踏青的盛況：「著處繁華務是日，長沙千人萬人出。渡頭翠柳豔明眉，爭道朱蹄驕齧膝。」「人面桃花」的典故，也來自詩人崔護的清明踏青郊遊。《唐詩紀事》載，唐德宗貞元初年，博陵才子崔護科舉落第，清明獨遊都城南，口渴了，看見花木叢中有一人家，遂扣門求飲，有一女孩開門送水給崔護喝。女孩「獨倚小桃斜柯佇立」，脈脈含情。崔護別後情思難忘，第二年清明再訪，但已經是門鎖人空了。於是，滿懷惆悵的崔護就在院門上寫下了這首〈題都城南莊〉詩：「去年今日此門中，人面桃花相映紅。人面不知何處去，桃花依舊笑春風。」

端午節：船爭先後渡

五月五日爲端午節。俗以五月爲惡月，五日爲惡日。據說陰惡從五而生，五月五日惡癘病疫多氾濫，因此，唐人於此日身佩「五色長命縷」，以驅邪辟邪。如權德輿曾於端午得到禮部賞賜的彩帶，有詩云：「良辰當五日，偕老祝千年。綵縷同心麗，輕裾映體鮮。」（〈端午日禮部宿齋有衣服綵結之貺以詩還答〉）又於此日飲菖蒲酒，以保健健身。如殷堯藩〈端午〉：「少年佳節倍多情，老去誰知感慨生。不效艾符趨習俗，但祈蒲酒話昇平。」從詩中還可知道懸掛艾蒿，也是當時人驅邪辟邪的習俗。唐代還有五月五日在揚州造江心鏡的獨特習俗。白居易〈百煉鏡〉：「江心波上舟中鑄，五月五日日午時。瓊粉金膏磨瑩已，化爲一片秋潭水。鏡成將獻蓬萊宮，揚州長史手自封。人間臣妾不合照，背有九五飛天龍。」這種銅鏡的獨特之處在於，選擇專門的地點，在專門的時刻鑄造，送給專門的人使用。「人間臣妾不合照」，因爲這是專門進貢皇上，供妃嬪使用的物品，所以又叫「天子鏡」。

在南方，端午節最熱鬧的活動就是龍舟競渡了。唐人范慥〈競渡賦〉形容其場面：「爾其月維仲夏，節次端午，則大魁分曹，決勝河滸，飾畫舸以爭麗，建彩標而競取，聿來肇自於北津，所屆眇期於南浦。」（《全唐文》卷九五七）儲光羲〈官莊池觀競渡〉詩：「落日吹簫管，清池發棹歌。船爭先後渡，岸激去來波。」李群玉〈競渡〉：「雷奔電逝三千兒，彩舟畫楫射初暉。喧江雷鼓鱗甲動，三十六龍銜浪飛。」張建封〈競渡歌〉最爲生動：

五月五日天晴明，楊花繞江啼曉鶯。

……

鼓聲三下紅旗開，兩龍躍出浮水來。

棹影斡波飛萬劍，鼓聲劈浪鳴千雷。

鼓聲漸急標將近，兩龍望標目如瞬。

坡上人呼霹靂驚，竿頭彩掛虹霓暈。

前船搶水已得標，後船失勢空揮橈。

瘡眉血首爭不定，輸岸一朋心似燒。

……

從以上詩賦中，我們大體可以想像得到唐人端午競渡的場面：音樂鳴奏，船歌激昂，眾舟齊發，吶喊如潮，眞是驚心動魄！

七夕：家家乞巧望秋月

東晉葛洪《西京雜記》卷一載：「漢彩女常以七月七日穿七孔針於開襟樓，俱以習之。」這是關於乞巧的最早記載。七月七日爲七夕，又稱七巧節，源於牛郎織女天河相會的故事：織女下凡與牛郎結爲夫妻，被王母娘娘拆散，分隔在天河南北，只允許他倆每年農曆七月七日可以相聚一次，於是這天喜鵲搭橋，牛郎織女相會。由於這個故事寄託了人們對於美好婚姻愛情的嚮往，所以唐人經常以此做爲七夕詩的題材，佳作精采紛呈。如李嶠〈奉和七夕兩儀殿會宴應制〉：「靈匹三秋會，仙期七夕過。查來人泛海，橋渡鵲填河。」杜甫〈牽牛織女〉：「牽牛出河西，織女處其東。萬古永相望，七夕誰見同？」白居易〈七夕二首〉：「煙霄微月澹長空，銀漢秋期萬古同。幾許歡情與離恨，年年并在此宵中。」李商隱〈七夕〉：「鸞扇斜分鳳幄開，星橋橫過鵲飛回。爭將世上無期別，換得年年一度來。」曹松〈七夕〉還想像出牛女相會的全過程：「牛女相期七夕秋，相逢俱喜鵲橫流。彤雲縹緲回金輅，明月嬋娟掛玉鉤。燕羽幾曾添別恨，花容終不更含羞。更殘便是分襟處，曉箭東來射翠樓。」劉禹錫〈七夕〉更想像牛女相會的心理感受：「河鼓靈旗動，嫦娥破鏡斜。滿空天是幕，徐轉斗爲車。……誰知觀津女，竟夕望雲涯。」「餘霞張錦幛，輕電閃紅綃。非是人間世，還悲後會遙。」

天上的愛情故事，也逗引出人間男女對於美好愛情的期盼。相傳唐明皇與楊貴妃曾在七夕發誓，願生生世世爲夫妻。白居易〈長恨歌〉結尾歌詠此事：「七月七日長生殿，夜半無人私語時。在天願作比翼鳥，在地願爲連理枝。」可貴妃後來還是在馬嵬兵變時被賜死，所以李商隱〈馬嵬〉藉此諷刺玄宗：「此日六軍同駐馬，當時七夕笑牽牛。如何四紀爲天子，不及盧家有莫愁？」

李楊悲劇固然值得人們嘆惋，然而，更值得同情的是久居深宮的宮女們。杜牧〈秋夕〉云：「銀燭秋光冷畫屏，輕羅小扇撲流螢。天街夜色涼如水，臥看牽牛織女星。」這首詩描寫的是宮女們在七夕之夜的孤寂之情。「故國三千里，深宮二十年」，她們既難受君王恩寵，又難與親人相聚，七夕之夜，只好無奈地看著牛郎織女歡聚。於是，有些較有人情味的皇帝，就在七夕格外開恩，特許宮嬪的女眷進宮來見見面，說說話。王建〈宮詞〉「每年宮裡穿針夜，敕賜諸親乞巧樓」，即詠此事。

織女是神話中的織紡能手，因而唐代七夕節，婦女們要向織女「乞巧」。《開元天寶遺事》卷四「乞巧樓」條載：「宮中以錦結成樓殿，高百尺，上可以勝數十人，陳以瓜果酒炙，設坐具，以祀牛女二星。嬪妃各以九孔針、五色線向月穿之，過者爲得巧之候。動清商之曲，宴樂達旦，士民之家皆效之。」王涯〈宮詞〉二十一：「迥出芙蓉閣上頭，九天懸處正當秋。年年七夕晴光裡，宮女穿針盡上樓。」寫的就是宮女們上乞巧樓穿針乞巧的習俗。和凝〈宮詞〉也說：「闌珊星斗綴朱光，七夕宮嬪乞巧忙。」

七夕乞巧習俗在民間也非常普遍。林傑〈乞巧〉詩云：「七夕今宵看碧霄，牽牛織女渡河橋。家家乞巧望秋月，穿盡紅絲幾萬條。」在七夕夜的月光下，用紅絲線穿七孔針，成了婦女們大顯身手的機會。祖詠〈七夕〉：「向月穿針易，臨風整線難。不知誰得巧，明旦試相看。」權德輿〈七夕〉：「家人競喜開妝鏡，月下穿針拜九霄。」李商隱〈七夕偶題〉：「靈歸天上匹，巧遺世間人。花果香千戶，笙竽濫四鄰。」李中〈七夕〉：「星河耿耿正新秋，絲竹千家列彩樓。可惜穿針方有興，纖纖初月苦難留。」

《開元天寶遺事》卷二還提到一種當時比較流行的乞巧方法：「七月七日夜……各捉蜘蛛於小盒中，至曉開，視蛛網稀密以爲得巧之候。密者言巧多，稀者言巧少。」許多詩人都在詩中涉及這種乞巧之法。如杜甫〈牽牛織女〉：「蛛絲小人態，曲綴瓜果中。」劉言史〈七夕歌〉：「碧空露重新盤溼，花上巧得蜘蛛絲。」李商隱〈辛未七夕〉：「豈能無意酬烏鵲，惟與蜘蛛乞巧絲。」李郢〈七夕寄張氏兄弟〉：「好與檀郎寄花朵，莫教清曉羨蛛絲。」盧綸〈七夕詩〉：「何事金閨子，空傳得網絲。」唐代有一首竹枝詞〈蛛絲乞巧〉，可以稱得上是對這種乞巧方法的詳細介紹：「七夕織女賜新妝，挑來蛛絲盒中藏。明朝結成玲瓏網，試比阿誰稱巧娘。」

七夕也是少女少婦們禱告上蒼、傾吐心願的日子。崔顥〈七夕詞〉：「班姬此夕愁無限，河漢三更看斗牛。」被禮教阻隔的少女們倒羨慕起一年一度才能相見一次的牛郎織女了。甚至發誓：「乍可爲天上牽牛織女星，不願爲庭前紅槿枝。七月七日一相見，故心終不移。」（元稹〈決絕詞〉三首其一）

中秋節：最團圓夜是中秋

八月十五爲中秋節，是我國的傳統佳節。從唐代開始，中秋定爲全國性的節日。歐陽詹〈長安玩月詩序〉云：「八月於秋，季始孟終；十五於夜，又月之中。稽於天道，則寒暑均；取於月數，則蟾魄圓，故曰中秋。」

唐時，中秋賞月之俗開始盛行。宋人朱弁《曲洧舊聞》卷八說：「玩月盛於中秋，其在開元以後乎？」玩月賦詩，是唐人雅致。人們往往鍾情於八月十五月色的皎潔。唐僧棲白〈八月十五夜玩月〉云：「尋常三五夜，不是不嬋娟。及至中秋滿，還勝別夜圓。清光凝有露，皓色爽無煙。自古人皆望，年來復一年。」韓愈〈八月十五夜贈張功曹〉云：「一年明月今宵多。」李朴〈中秋〉：「平分秋色一輪滿，長伴雲衢千里明。」劉禹錫〈八月十五日夜玩月〉：「天將今夜月，一遍洗寰瀛。暑退九霄淨，秋澄萬景清。星辰讓光彩，風露發晶英。能變人間世，翛然是玉京。」

有人爲賞月終宵不眠。崔備〈和武相公中秋錦樓玩月〉：「清景同千里，寒光盡一年。竟天多雁過，通夕少人眠。」王建〈和元郎中從八月十二至十五夜玩月〉：「月似圓來色漸凝，玉盆盛水欲侵稜。夜深盡放家人睡，直到天明不炷燈。」、「合望月時常望月，分明不得似今年。仰頭五夜風中立，從未圓時直到圓。」

雅興未盡者，在十六、十七日還是賞玩不已。如杜甫賞中秋月作〈八月十五夜月〉，仍意猶未盡，就又在後兩天寫下了〈十六夜玩月〉、〈十七夜對月〉兩首賞月詩。

唐人在盡情賞月之際，會情不自禁地想念遠遊在外、客居異鄉的親人。殷文圭〈八月十五夜〉云：「萬里無雲鏡九州，最團圓夜是中秋。」王建〈十五夜望月寄杜郎中〉詩云：「今夜月明人盡望，不知秋思在誰家。」是啊，晶瑩明澈的中秋朗月之下，該有多少不得與親戚朋友相聚的人，因而不免生發出悠悠思念之情。白居易的〈中秋月〉設想失意之人的中秋之夜：「萬里清光不可思，添愁益恨繞天涯。誰人隴外久征戍，何處庭前新別離。失寵故姬歸院夜，沒蕃老將上樓時。照他幾許人腸斷，玉兔銀蟾遠不知。」而中秋之夜，左遷江州的白居易本人，又該有多少宦海沉浮、際遇變遷的感慨。白居易〈八月十五日夜湓亭望月〉云：「昔年八月十五夜，曲江池畔杏園邊。今年八月十五夜，湓浦沙頭水館前。西北望鄉何處是，東南見月幾回圓。臨風一嘆無人會，今夜清光似往年。」

重陽節：卻邪萸入佩，獻壽菊傳杯

九月九日重陽節也是唐人十分看重的節日。魏文帝曹丕〈九日與鍾繇書〉：「歲往月來，忽復九月九日。九爲陽數，而日月並應，俗嘉其名，以爲宜於長久，故以享宴高會。」這說明曹魏時，就以此日爲節了。《易經》定「九」爲陽數，兩九相重，故稱「重九」，日月並陽，因名重陽。「九」諧音「久」，含有長壽之意，故「俗嘉其名」。

唐人於重陽節，最好登高和飲菊花酒。有的登山極目，如孟浩然〈秋登蘭山寄張五〉：「北山白雲裡，隱者自怡悅。……相望始登高，心隨雁飛滅。何當載酒來？共醉重陽節。」杜牧〈九日齊山登高〉：「江涵秋影雁初飛，與客攜壺上翠微。」有的登臺遠眺，如崔曙〈九日登望仙臺呈劉明府容〉：「漢文皇帝有高臺，此日登臨曙色開。三晉雲山皆北向，二陵風雨自東來。」杜甫〈登高〉：「萬里悲秋常作客，百年多病獨登臺。」客居他鄉的遊子，登高之時，自然難抑鄉情。盧照鄰〈九月九日登玄武山〉：「九月九日眺山川，歸心歸望積風煙。他鄉共酌金花酒，萬里同悲鴻雁天。」王勃〈蜀中九日〉：「九月九日望鄉臺，他席他鄉送客杯。人情已厭南中苦，鴻雁那從北地來。」

重陽節飲菊花酒，唐人頗引為節日樂事。如王縉〈九日作〉：「今日登高樽酒裡，不知能有菊花無。」杜甫因病戒酒，重陽節不得暢飲，心有不足之意，其〈九日〉說：「重陽獨酌杯中酒，抱病起登江上臺。竹葉於人既無分，菊花從此不須開。」好酒的李白重陽飲酒未盡興，第二天就借「小重陽」（《歲時記》載：「京師士庶多於重九後一日再會，謂之『小重陽』。」）的名義再次舉杯，其〈九月十日即事〉云：「昨日登高罷，今朝再舉觴。菊花何太苦，遭此兩重陽。」菊花酒有延年益壽的功效，所以重陽節獻菊花酒含有祝壽的意義。上官婉兒〈九月九上幸慈恩寺登浮圖群臣上菊花壽酒〉：「帝里重陽節，香園萬乘來。卻邪萸入佩，獻壽菊傳杯。」所描寫的就是群臣向唐中宗獻菊花酒祝壽的情形。

唐人還有在重陽節賞菊的風俗。重九芳菊盛開，引得唐人遊賞賦詩。如王維〈奉和聖製重陽節宰臣及群官上壽應制〉：「無窮菊花節，長奉〈柏梁篇〉。」孟浩然〈過故人莊〉：「待到重陽日，還來就菊花。」楊衡〈九日〉：「黃花紫菊傍籬落，摘菊泛酒愛芳新。」杜牧〈九日齊山登高〉：「塵世難逢開口笑，菊花須插滿頭歸。」

重陽節插茱萸，也是唐人非常流行的習俗。據《續齊諧記》載，後漢時汝南人桓景聽方士費長房說，九月九日將有大災降於其家，宜率家人佩茱萸，外出登高飲菊花酒，可避災。以後遂成風氣。茱萸香氣濃烈，能驅蟲，除溼，辟邪。杜甫〈九日藍田崔氏莊〉「明年此會知誰健，醉把茱萸仔細看」，講的正是茱萸具有辟邪、健身的功效。杜甫〈九日〉云：「茱萸賜朝士，難得一枝來。」可知皇帝也常在重陽節把茱萸當作禮物賞賜給近臣。王維〈九月九日憶山東兄弟〉：「獨在異鄉爲異客，每逢佳節倍思親。遙知兄弟登高處，遍插茱萸少一人。」更是廣爲流傳的思鄉名作，而詩中提到插茱萸已是其鄉人在重陽節裡的慣常習俗了。

至日：想得家中夜深坐，還應說著遠行人

冬至，唐人常稱「至日」，在十一月二十二或二十三日，或大雪後第十五日。這是一年中白晝最短、其後漸長的日子。唐代皇帝每年冬至日都要到都城南郊圜丘祭祀昊天上帝（即玉皇大帝）。按《舊唐書．褚無量傳》載，褚無量向唐中宗建議說：「冬至圜丘，祭中最大……故唯皇帝親行其禮，皇后不合預也。」可見唐朝廷對於至日的重視程度。

皇帝祭天之時，清早出發，百官隨同，儀仗富麗堂皇。杜甫〈至日遣興奉寄北省臺閣老兩院故人〉二首其一：「去歲茲辰捧御床，五更三點入鵷行。」其二：「憶昨逍遙供奉班，去年今日侍龍顏。麒麟不動爐煙上，孔雀徐開扇影還。玉几由來天北極，朱衣只在殿中間。」正是回憶前一年自己跟隨唐肅宗至日行祭之事。

在民間，人們對冬至也十分重視。人們認爲冬至是陰陽兩氣的自然轉化，是上天賜予的福氣。此

日皇帝祭天，民間則祀祖。人們在這一天要向先人祭拜，闔家歡聚，飲宴過節。客居他鄉的羈旅之人，不能回家團聚，這天就顯得格外傷感。杜甫〈至後〉：「冬至至後日初長，遠在劍南思洛陽。」又〈小至〉：「天時人事日相催，冬至陽生春又來。……雲物不殊鄉國異，教兒且覆掌中杯。」又〈冬至〉：「年年至日長爲客，忽忽窮愁泥殺人。江上形容吾獨老，天邊風俗自相親。杖藜雪後臨丹壑，鳴玉朝來散紫宸。心折此時無一寸，路迷何處見三秦。」杜甫家在三秦，而漂泊至蜀，人地生疏，所以自覺「天邊風俗自相親」，而心念地處三秦之地的家鄉。劉商〈合肥至日愁中寄鄭明府〉則痛悔自己未能及早隱遁：「失計爲卑吏，三年滯楚鄉。不能隨世俗，應是昧行藏。」再如，白居易〈邯鄲冬至夜〉：「邯鄲驛裡逢冬至，抱膝燈前影伴身。想得家中夜深坐，還應說著遠行人。」本來是自己客中孤單，不能在冬至與家人團聚，卻偏說家人夜深難寐，思念自己，懸想反說，倍添悵惘。

臘日：口脂面藥隨恩澤

臘日在十二月初八日。梁宗懍《荊楚歲時記》載：「十二月八日爲臘日。」臘，是祭祀之名。東漢蔡邕《獨斷》：「臘者，歲終大祭。」應劭《風俗通》引《禮傳》：「臘者，獵也，言田獵取禽獸，以祭祀其祖也。」

一般臘日時節，天寒地凍。所以唐人的臘日詩，極言其寒。如李中〈臘中作〉：「冬至雖云遠，渾疑朔漠中。勁風吹大野，密雪翳高空。」寒則思家。戎昱〈桂州臘夜〉：「坐到三更盡，歸仍萬里賒。雪聲偏傍竹，寒夢不離家。曉角分殘漏，孤燈落碎花。二年隨驃騎，辛苦向天涯。」寒則思隱。

李德裕〈近臘對雪有懷林居〉：「蓬門常晝掩，竹徑寂無人。鳥起飄松霰，麋行動谷榛。應知禽魚侶，合與薜蘿親。遙憶平臯望，溪煙已發春。」寒則思聚。權德輿〈臘日龍沙會絕句〉：「簾外寒江千里色，林中樽酒七人期。寧知臘日龍沙會，卻勝重陽落帽時。」

由於臘日天氣較冷，民間盛行相互贈送禮物。唐代帝王也有賜給朝臣、妃嬪口脂、面藥的習俗。口脂、面藥都是用來塗臉面以防止寒冬口唇凍裂的東西。杜甫〈臘日〉：「臘日常年暖尚遙，今年臘日凍全消。侵陵雪色還萱草，漏泄春光有柳條。縱酒欲謀良夜醉，還家初散紫宸朝。口脂面藥隨恩澤，翠管銀罌下九霄。」又王建〈宮詞〉：「月冷天寒迎臘時，玉街金瓦雪漓漓。浴堂（殿名）門外抄名入，公主家人謝口脂。」唐段成式《酉陽雜俎》卷一記載，中宗景龍中，「臘日，賜北門學士口脂、蠟脂，盛以碧鏤牙筒。」看來皇帝也要表現出一些人情味兒。可也有霸道的皇帝。據說武則天有〈臘日宣詔幸上苑〉詩：「明朝遊上苑，火急報春知。花須連夜發，莫待曉風吹。」據《唐詩紀事》，天授二年（六九一）臘日，大臣們詐稱上苑花開，請武則天觀賞，圖謀發難。武則天起疑，作此詩不去。次日凌晨，百花果然齊齊盛開，大臣皆驚。《鏡花緣》故事即源於此。《鏡花緣》說，武則天要百花仿效臘梅臘日開放，百花不敢違命，次日齊放，唯有牡丹未開。武則天大怒，將牡丹貶去洛陽。此詩可能是後人杜撰，可能是為了表現武則天的驕橫跋扈之態而編造出來的。

除夕：闔門守初夜

除夕，即十二月三十，是一年的最後一天。除夕夜，唐代宮廷有一種迷信儀式，稱為「儺」或「大儺」。《唐會要・十二衛》：「大儺者，所以驅除群厲。」由樂人戴上面具，打扮作鬼神模樣，擊鼓舞蹈以驅除疫鬼瘟疫。姚合〈除夜〉：「儺聲方去疫，酒色正迎春。」係指此類活動。王建〈宮詞〉描寫儺前的準備比較詳細：「金吾除夜進儺名，畫袴朱衣四隊行。院院燒燈如白日，沉香火底坐吹笙。」「大儺」儀式，人數眾多。沈佺期〈守歲應制〉：「殿上燈人爭烈火，宮中侲子亂驅妖。宜將歲酒調神藥，聖祚千春萬國朝。」這種儀式或許來自民間的驅儺表演。孟郊的〈弦歌行〉：「驅儺擊鼓吹長笛，瘦鬼染面惟齒白。暗中崒崒拽茅鞭，裸足朱褌行戚戚。相顧笑聲衝庭燎，桃弧射矢時獨叫。」就描寫了儺的形狀和人們擊鼓吹笛驅儺的歡樂情緒。

唐人除夕最爲普遍的習俗，就是守歲。無論宮中，還是民間，此夜燈火長明，終宵不眠。

宮中守歲，君臣唱和，應制作詩。如唐太宗〈守歲〉：「共歡新故歲，迎送一宵中。」又〈除夜〉：「對此歡終宴，傾壺待曙光。」看來，皇帝除夕也不睡覺。沈佺期〈守歲應制〉：「天子迎春取今夜，王公獻壽用明朝。」許敬宗〈奉和守歲應制〉：「送寒終此夜，延宴待晨暉。」可知君臣要在宮中飲宴一夜。

民間守歲，也是其樂融融。全家團聚在一起，點起蠟燭或油燈，通宵守夜，意在驅走一切邪瘟病疫，祈禱新年的吉祥如意。儲光羲〈秦中守歲〉：「闔門守初夜，燎火到清晨。」孟浩然〈除夜有懷〉：「守歲家家應未臥。」又〈歲除夜會樂城張少府宅〉：「續明催畫燭，守歲接長筵。舊曲梅花唱，新正柏酒傳。」寫的就是守歲的情景：燭火長明，長筵不散，伴著這梅花小曲，何其愜意！看著孩子們又長一歲，漸漸成人，也是一種幸福。白居易〈三年除夜〉：「堂上書帳前，長幼合成行。」還有人挺有意思，要在除夕把一年的工作成績拿出來，仔細端詳一番。元辛文房《唐才子傳》卷五記載了唐代詩人賈島除夕「祭詩」的一段佳話：「（賈島）每至除夕，必取一歲所作置几上，焚香再拜，酹酒祝曰：『此吾終年苦心也。』痛飲長謠而罷。」還有的詩人把自己的年齡寫在除夕詩裡做爲紀念。杜甫四十歲作〈杜位宅守歲〉：「守歲阿戎家，椒盤已頌花。盍簪喧櫪馬，列炬散林鴉。四十明朝過，飛騰暮景斜。誰能更拘束，爛醉是生涯。」白居易四十九歲時作〈除夜〉：「歲暮紛多思，天涯渺未歸。老添新甲子，病減舊容輝。鄉國仍留念，功名已息機。明朝四十九，應轉悟前非。」六十歲時作〈除夜〉：「病眼少眠非守歲，老心多感又臨春。火銷燈盡天明後，便是平頭六十人。」

有的人在除夕之夜，團聚之時，不免想念起自己的親戚朋友。如白居易思念弟妹，有〈除夜寄弟妹〉：「萬里經年別，孤燈此夜情。」思念好友元稹，有〈除夜寄微之〉：「共惜盛時辭闕下，同嗟除夜在江南。家山泉石尋常憶，世路風波子細諳。」元稹則悼念心愛的亡妻，其〈除夜〉云：「憶昔歲除夜，見君花燭前。今宵祝文上，重疊敘新年。」

遠客他鄉的人，面對這家家團圓的環境氛圍，更有說不出的孤寂失落之感。如高適的〈除夜作〉：「旅館寒燈獨不眠，客心何事轉淒然。故鄉今夜思千里，愁鬢明朝又一年。」孟浩然〈除夜〉：「迢遞三巴路，羈危萬里身。亂山殘雪夜，孤燭異鄉人。漸與骨肉遠，轉於奴僕親。那堪正漂泊，來日歲華新。」白居易〈客中守歲〉詩：「守歲尊無酒，思鄉淚滿巾。」對於流貶於荒遠之地的人，更是情有不堪。盛唐時被流貶嶺南的張說，有〈欽州守歲〉：「故歲今宵盡，新年明旦來。愁心隨斗柄，東北望春回。」被流貶海南的李德裕有〈嶺外守歲〉：「冬逐更籌盡，春隨斗柄回。寒暄一夜隔，客鬢兩年催。」在新年將至之時，計日而待回轉的日期，其悲涼心境可知。

也有少年英氣之人，年終之際，雖有念歸之心，但無傷感之意。如王灣〈次北固山下〉：「海日生殘夜，江春入舊年。」含蓄地表現了新舊交替的哲理，寫得大氣磅礴。所以張說爲宰相時，親筆將此聯題於政事堂，令朝中文士做爲楷模。

「風俗歲時觀」（孟浩然〈盧明府九日峴山宴袁使君張郎中崔員外〉）。歲時節令的風俗一般是由一個民族共同體在漫長的歲月裡形成的以時節爲標誌的文化活動。它的情感輻射面與接受性幾乎具有全民性。它們是具有鮮活畫面的活的歷史。

參考文獻

唐吳兢《貞觀政要》，《四部叢刊續編》影明成化刊本。
唐杜佑《通典》，中華書局，一九八八年。
唐姚汝能《安祿山事蹟》，上海古籍出版社，一九八三年。
唐韓愈撰、馬其昶校注《韓昌黎文集校注》，上海古籍出版社，一九八五年。
唐封演撰、趙貞信校注《封氏聞見記校注》，中華書局，一九五八年。
唐玄宗撰《大唐六典》，三秦出版社，一九九一年。
唐長孫無忌等撰、劉俊文點校《唐律疏議》，中華書局，一九八三年。
五代王定保《唐摭言》，上海古籍出版社，一九七八年。
後晉劉昫等《舊唐書》，中華書局，一九八六年。
宋歐陽修、宋祁《新唐書》，中華書局，二〇〇三年。
宋司馬光《資治通鑑》，中華書局，一九八二年。
宋宋敏求編《唐大詔令集》，商務印書館，一九五九年。
宋王欽若等《冊府元龜》，中華書局，一九八二年。
宋王欽若等編《宋本冊府元龜》，中華書局影印本，一九八九年。
宋李昉等《太平廣記》，中華書局，一九六年。
宋王溥《唐會要》，中華書局，一九八五年。
清彭定求等編《全唐詩》，中華書局，一九六〇年。
清董誥等編《全唐文》，中華書局，一九八三年。

清仇兆鼇《杜詩詳注》，中華書局，一九七九年。
清徐松《登科記考》，中華書局，一九八四年。
清沈家本《歷代刑法考》，中華書局，一九八〇年。
瞿蛻園、朱金城校注《李白集校注》，上海古籍出版社，一九九八年。
陳寅恪《唐代政治史述論稿》，上海古籍出版社，一九八〇年。
向達《唐代西域與長安文明》，三聯書店，一九五六年。
鄧小軍《唐代文學的文化精神》，臺灣文津出版社，一九九三年。
鄧小軍《詩史釋證》，中華書局，二〇〇四年。
劉後濱《唐代中書門下體制研究》，齊魯書社，二〇〇四年。
汪篯《漢唐史論稿》，北京大學出版社，一九九五年。
傅璿琮《唐代科舉與文學》，陝西人民出版，一九八六年。
郁賢皓主編《李白大辭典》，廣西教育出版社，一九九七年。
鄺健行《杜甫新議集》，臺灣萬卷樓圖書股份有限公司，二〇〇四年。
石雲濤《唐代幕府制度研究》，中國社會科學出版社，二〇〇三年。

歷史選書 56

唐史可以這樣讀：讀唐詩觀大唐盛世

作　　者　鄧小軍・鮑遠航
責任編輯　關惜玉・林俶萍
封面設計　蔡南昇

編輯總監　劉麗真
總 經 理　陳逸瑛
發 行 人　凃玉雲
出　　版　麥田出版
地址：10483台北市中山區民生東路二段141號5樓
電話：(02)2500-7696　傳眞：(02)2500-1966
blog：ryefield.pixnet.net/blog
發　　行　英屬蓋曼群島商家庭傳媒股份有限公司城邦分公司
地址：10483台北市中山區民生東路二段141號11樓
網址：http://www.cite.com.tw
客服專線：(02)2500-7718｜2500-7719
24小時傳眞專線：(02)2500-1990｜2500-1991
服務時間：週一至週五09:30-12:00｜13:30-17:00
劃撥帳號：19863813　戶名：書虫股份有限公司
讀者服務信箱：service@readingclub.com.tw
香港發行所　城邦（香港）出版集團有限公司
地址：香港灣仔駱克道193號東超商業中心1樓
電話：+852-2508-6231　傳眞：+852-2578-9337
電郵：hkcite@biznetvigator.com
馬新發行所　城邦（馬新）出版集團【Cite(M) Sdn. Bhd. (458372U)】
地址：11, Jalan 30D/146, Desa Tasik, Sungai Besi,
57000 Kuala Lumpur, Malaysia
電話：+603-9056-3833　傳眞：+603-9056-2833
麥田部落格　http:// ryefield.pixnet.net
印　　刷　前進彩藝股份有限公司
排　　版　浩瀚排版有限公司
初版一刷　2011（民100）06月09日
售　　價　新台幣350元
ISBN 978-986-120-867-1

城邦讀書花園
www.cite.com.tw

國家圖書館出版品預行編目(CIP)資料

唐史可以這樣讀 / 鄧小軍, 鮑遠航著. -- 初版. -- 臺北市：麥田, 城邦文化出版：家庭傳媒城邦分公司發行, 民100.06

面； 公分. --（歷史選書；56）

ISBN 978-986-120-867-1（平裝）

1. 唐史

624.1 100010127